Marketing social e ético nas cooperativas

Helnon de Oliveira Crúzio

Marketing social e ético nas cooperativas

ISBN — 85-225-0427-X

Copyright © 2003 Helnon de Oliveira Crúzio

Direitos desta edição reservados à
EDITORA FGV
Rua Jornalista Orlando Dantas, 37
22231-010 — Rio de Janeiro, RJ — Brasil
Tels.: 0800-021-7777 — 21-3799-4427
Fax: 21-3799-4430
e-mail: editora@fgv.br
web site: www.fgv.br/editora

Impresso no Brasil / *Printed in Brazil*

Todos os direitos reservados. A reprodução não autorizada desta publicação, no todo ou
em parte, constitui violação do copyright (Lei nº 9.610/98)

1ª edição — 2003
1ª reimpressão — 2007
2ª reimpressão — 2012

REVISÃO DE ORIGINAIS: Luiz Alberto Monjardim

EDITORAÇÃO ELETRÔNICA: FA Editoração Eletrônica

REVISÃO: Fatima Caroni, Mariflor Rocha e Mauro Pinto de Faria

CAPA: Ricardo Bouillet, Sergio de Carvalho Filgueiras

ILUSTRAÇÃO DE CAPA: Aliedo

Ficha catalográfica elaborada pela Biblioteca
Mario Henrique Simonsen/FGV

Crúzio, Helnon de Oliveira, 1956-
 Marketing social e ético nas cooperativas / Helnon de Oliveira
Crúzio. — Rio de Janeiro : Editora FGV, 2003.
 332 p. — (Coleção FGV Negócios)

 Inclui bibliografia.

 1. Cooperativas. 2. Cooperativismo. 3. Marketing social.
I. Fundação Getulio Vargas. II. Título

CDD — 334

Ofereço este livro àqueles dedicados à socialização do conhecimento e, em especial, aos meus pais, João e Orquidéa, pessoas simples e de pouco estudo, mas que sempre prezaram o correto em seus negócios.

A Helena Zaio, minha grande amiga.

Sumário

Prefácio	9
Apresentação	11

PARTE I — DESENVOLVIMENTO DO MARKETING SOCIAL E ÉTICO NAS COOPERATIVAS

1. Conceito e desenvolvimento de marketing social nas cooperativas	23
2. Conceito e desenvolvimento de marketing ético nas cooperativas	37
3. Públicos, mercados, valores de troca e estilo de marketing nas cooperativas	73

PARTE II — MERCADOS INTERNOS E EXTERNOS DAS COOPERATIVAS

4. Método da auditoria de marketing nas cooperativas	91
5. Problemas de demanda nos mercados internos e externos	97
6. Análise dos mercados internos e externos	109
7. Análise dos consumidores internos e externos	137

PARTE III — DESENVOLVIMENTO DO PROGRAMA DE MARKETING NAS COOPERATIVAS

8. Decisões sobre o mix de produtos e serviços nas cooperativas	147
9. Decisões sobre o mix de preços nas cooperativas	185
10. Decisões sobre o mix do ponto-de-venda	215
11. Decisões sobre o mix da promoção	233

PARTE IV — PLANEJAMENTO, SISTEMAS DE INFORMAÇÕES E ORGANIZAÇÃO DA ESTRUTURA DE MARKETING NAS COOPERATIVAS

12. Planejamento estratégico orientado para os mercados	265
13. Sistemas de informações	277

14. Organização e evolução da estrutura de marketing	285
15. Questões básicas sobre o marketing social e ético nas cooperativas	305
Referências bibliográficas	307
Apêndice 1 Estudo de caso: cooperativa de trabalho médico	317
Apêndice 2 Informações básicas sobre a organização e administração das cooperativas de crédito	325
Sobre o autor	331

Prefácio

Laureado com o prêmio Nobel de economia em 1977, James Eduarde Meade (1907-1995) trata em suas obras de sua longa viagem em busca de Utopia. Por mais que navegasse, não conseguiu encontrá-la. No caminho de volta, entretanto, deparou-se com Agathotopia. Ali se tornou amigo de um economista que lhe disse: "Os agathotopianos até sabem onde fica Utopia, mas não vão lhe dizer, pois eles têm enorme diferença com eles que são seres humanos perfeitos, que vivem num lugar perfeito; enquanto os agathotopianos são seres imperfeitos, que cometem as suas bobagens e perfídias, mas que, entretanto, conseguiram construir um bom lugar" (o termo grego *agathotopia* quer dizer um bom lugar). Começou a estudar suas instituições e arranjos sociais e chegou à conclusão de que eram as melhores que até então havia encontrado para alcançar simultaneamente os objetivos que de há muito a humanidade almejava: o da liberdade, no sentido de cada pessoa poder trabalhar de acordo com sua vocação e gastar o que recebe conforme a sua vontade; de igualdade, no sentido de não haver grandes disparidades de renda; e de eficiência, no sentido de se alcançar o maior padrão de vida possível com os recursos disponíveis e a tecnologia vigente.

E quais eram os arranjos institucionais? Muita flexibilidade de preços e salários, de maneira a possibilitar a locação eficiente de recursos; muita interação entre empresários e trabalhadores, capital e trabalho, estimulando a remuneração dos trabalhadores não apenas por salário, mas também por resultado, e a instituição de uma renda básica de cidadania que viesse a garantir a todos o direito de participar da riqueza da nação.

As formas cooperativas de produção constituem, portanto, em um dos elementos importantes para constituirmos uma sociedade civilizada e justa. O trabalho do professor Helnon de Oliveira Crúzio é um apanhado muito completo sobre a evolução das formas cooperativas de produção no Brasil e no mundo, com ênfase em como se desenvolver o marketing ou todo o esforço de vendas, para que elas possam ser bem-sucedidas.

Senador Eduardo Suplicy

Apresentação

As sociedades cooperativas passaram a operar em quase todos os setores da economia brasileira, principalmente no que diz respeito à terceirização dos serviços, como por exemplo as cooperativas de trabalho, formadas por consultores nas áreas de engenharia, tecnologia, telecomunicações e informática; as cooperativas de profissionais tradutores e corretores; as cooperativas de trabalho médico ou de serviços de hotelaria, manutenção predial ou transporte urbano e rodoviário; as cooperativas franquiadas para os serviços de lavanderias etc.[1] As causas de seu surgimento podem ser sociais e/ou econômicas, como é o caso das cooperativas especiais para o ensino de ofícios, das cooperativas de artesãos que mantêm o "comércio solidário" com empresários da Europa, ou mesmo das cooperativas de empregados, constituídas para autogerir empresas falidas e assim garantir emprego e renda para os trabalhadores a elas vinculados.[2]

Segundo dados da Organização das Cooperativas Brasileiras (OCB, 1999), "são mais de 6 mil cooperativas, com 6 milhões de cooperados e 167 mil empregados — 50% a mais que os empregados das poderosas indústrias automobilísticas nacionais —, as quais somam mais de 21 milhões de brasileiros ligados ao cooperativismo, entre cooperados, funcionários e seus familiares". As cooperativas

---

[1] *O Estado de S. Paulo*, 23-7-2002; *Gazeta Mercantil*, 30 e 31-3-2002; 30-9-2002; 3-7-2002; 23, 24, 25-8-2002; 17-9-2001; *DCI*, 29-9-2002; *Diário de S. Paulo*, 16-12-2001; *O Globo*, 11-11-2001; *Administrador Profissional*, 2002; *Folha de S. Paulo*, 7-4-2002; 23-7-2000; 19-7-2000.

[2] Ver, por exemplo, a Cooperativa Agropecuária e de Apicultura de Jacobina, que gera emprego e renda para a comunidade local de Jacobina, pequena cidade do Piauí, um dos estados mais pobres do país (*O Globo*, 10-11-2002; 10-6-2001). No estado do Acre, outras três cooperativas reúnem cerca de 300 famílias de seringueiros, duas delas na cidade de Xapuri e outra na cidade de Sena Madureira. Criadas por pequenos produtores, elas não só geram emprego e renda, como também evitam a migração para as grandes cidades. As cooperativas de seringueiros praticam o extrativismo combinado com o cultivo, de modo a preservar a natureza; em parceria com a Pirelli, destinam toda a produção da borracha cultivada para a fabricação e exportação do pneu ecológico Xapuri (*Jornal da Tarde*, 2-11-2000; *Gazeta Mercantil*, 11-9-2002; 30-1-2001; *O Globo*, 7-7-2002; *Valor Econômico*, 2-7-2002; 18-3-2002; 21-2-2002; *O Estado de S. Paulo*, 15-7-2001; 5-11-2000).

brasileiras, em seus diversos segmentos, respondem por cerca de 6,5% do produto interno bruto (PIB) e 3% das exportações, faturando anualmente em torno de R$50 bilhões.[3] Elas representam uma alternativa ao emprego tradicional, gerando mais de 1,5 milhão de postos de trabalhos em todo o Brasil.[4]

Além disso, a diversidade operacional das cooperativas locais tem possibilitado atender a milhares de empresas com ofertas variadas de produtos e serviços, contribuindo para aumentar a produtividade, reduzir custos, encargos e juros, e gerar receitas e lucros. Quanto à redução dos juros, enquanto os bancos privados cobram taxas em torno de 11,10% ao mês, as cooperativas de crédito, em franca expansão no Brasil, oferecem aos associados taxas que variam de 1,5 a 3,2% ao mês.[5]

Vale destacar que algumas cooperativas de crédito locais fazem acordos com outras cooperativas do mesmo segmento, sediadas nos países que formam o bloco Mercosul. Trata-se de parcerias para oferecer aos associados os serviços adicionais de cartão de crédito de âmbito local e internacional, talão de cheques etc., até então monopolizados pelos bancos privados.[6] As recentes cooperativas de crédito mútuo, vinculadas a indústrias e/ou empresas, oferecem até mesmo adiantamentos financeiros para empregados ou comerciantes.[7]

Com relação a lucros, as cooperativas agrícolas e de trabalho médico têm movimentado vultosos recursos financeiros, a ponto de constituir importante

---

[3] *Agroanalysis*, 2001a; *Jornal do Brasil*, 4-2-2001.

[4] As cooperativas estão presentes em 101 países, envolvendo 12% da população economicamente ativa, ou 751 milhões de pessoas. No Canadá, por exemplo, a média de cooperados é de cerca de 50% da população, índice que em Quebec chega a 60%. Nos Estados Unidos, são 150 milhões, cerca de 60% da população. Nos países da Europa, o número de cooperados equivale a 70% da população. Na China, são 180 milhões de cooperados. No Brasil, o número de cooperados corresponde a 7% da população, o que reflete a grande capacidade de expansão do cooperativismo local (*Jornal do Brasil*, 3-7-2002). A Mondragón Corporación Cooperativa (MCC), sediada na Espanha, é considerada uma das mais bem-sucedidas experiências em cooperativismo no mundo. Fundada em 1956 pelo padre José Maria Arizmendiarrieta, objetivando ampliar o mercado de trabalho local, hoje ela reúne cerca de 160 cooperativas com mais de 60 mil cooperados, produzindo desde autopeças até componentes aeronáuticos e faturando 8 bilhões de euros por ano. Além disso, mantém uma universidade para reproduzir o ideário do cooperativismo e formar os futuros gestores de suas cooperativas (*Administrador Profissional*, 2002; Barelli, 2002; *Valor Econômico*, 24-9-2002; *Gazeta Mercantil*, 31-12-2001; 11-7-2000; 7-6-2000; 3-11-1996).

[5] *DCI*, 12-9-2002; *Valor Econômico*, 7 e 8-9-2002; 4-2-2002; *Folha de S. Paulo*, 18-6-2001.

[6] *Gazeta Mercantil Latino-Americana*, 1-1-2001.

[7] *Folha de S. Paulo*, 7-4-2002; *Gazeta Mercantil*, 5-3-2002; 11-10-2000; *DCI*, 21-5-2002.

carteira de negócios do maior banco financeiro do país.[8] As cooperativas de coletores de artefatos recicláveis não só fazem o lixo dar lucro, como geram emprego e
renda e contribuem para a preservação do meio ambiente.[9] As empresárias de
moda-praia reúnem-se em cooperativas para exportar biquínis para a Europa.[10]
As cooperativas de vendedores ambulantes padronizam tanto os meios de produção quanto o sistema de vendas, passando a concorrer com as tradicionais lanchonetes dos bairros sofisticados das grandes cidades.[11]

Verifica-se o avanço das cooperativas em seus diversos segmentos e em todas as regiões brasileiras. Algumas cooperativas agropecuárias da região Sul têm
encontrado novos nichos de mercado, tanto para a avicultura quanto a suinocultura de exportação.[12] As grandes cooperativas de laticínios da região Sudeste criaram *tradings* para exportar seus itens.[13] Certas cooperativas da região Nordeste
passaram a exportar, diretamente para os Estados Unidos e a Europa, subprodutos
do coco de babaçu e bebidas regionais.[14] Nas regiões Norte e Centro-Oeste, as
cooperativas de produtores estão consolidando novas frentes agrícolas e
agropecuárias.[15]

Além de permitirem a flexibilização dos contratos temporários, as cooperativas também viabilizam plenamente o empreendedorismo, uma vez que o asso-

---

[8] *Gazeta Mercantil*, 12 a 18-9-2001.

[9] Por exemplo, as cooperativas Coopamare, Coopcicla e Coolimpa, no estado de São Paulo, dão
emprego a pessoas com pouca ou nenhuma instrução e que moram sob os viadutos das grandes
metrópoles (*Folha de S. Paulo*, 11-2-2002; *Diário do Grande ABC*, 28-9-2002; 30-11-2001).

[10] A Cooperativa de Trabalhadores Artesanais e de Costura da Rocinha (Coopa-Roca), instalada no
morro da Rocinha, no Rio de Janeiro, vende bordados até para os mercados internacionais, mediante parceria com a famosa marca M. Officer (*Gazeta Mercantil*, 25-7-2000). Outro exemplo
bem-sucedido de emprego, renda e inclusão social é a Cooperativa de Costureiras (Coopec), instalada no Jardim Horizonte Azul, região considerada mais violenta da periferia da cidade de São
Paulo. Criada pelos próprios moradores locais, com apoio de algumas ONGs, a Coopec, em parceria com o Centro de Estudos e Pesquisas em Educação, Cultura e Ação Comunitária, tenta
suprir a ausência do poder público no bairro, que até 1991 contava apenas com duas linhas de
ônibus e não tinha água encanada nem luz elétrica (*Jornal do Commercio*, 25-3-2000; *O Estado de
S. Paulo*, 7-3-1999).

[11] Por exemplo, os membros da Cooperativa dos Vendedores Autônomos do Parque do Ibirapuera,
na cidade de São Paulo, trocaram as velhas caixas de isopor por carrinhos padronizados e higiênicos
(*Folha de S. Paulo*, 3-2-2002).

[12] *Gazeta Mercantil*, 14-1-2002; *DCI*, 25-2-2002.

[13] *Valor Econômico*, 16-9-2002; 9-9-2002; 25-2-2002.

[14] *Folha de S. Paulo*, 6-1-2002; *O Estado de S. Paulo*, 3-4-2002.

[15] Crúzio, 1991; *Agroanalysis*, 2001d.

ciado é gestor e fiscal do produto e/ou serviço oferecido a terceiros e, ao mesmo tempo, dono do estabelecimento comercial na forma de sociedade cooperativa.[16]

Todavia, à medida que aumentam a diversidade operacional e o número de cooperativas, bem como a escala de sua produção, comercialização e serviços, aumentam igualmente os problemas de gestão. Estudos sobre organizações cooperativas locais[17] mostram que seus dirigentes dedicam poucos esforços gerenciais para examinar periódica e sistematicamente as necessidades, preferências e grau de satisfação de seus associados enquanto fornecedores, consumidores e, também, proprietários. Tais descuidos de gestão se estendem também aos mercados externos das cooperativas — consumidores, revendedores, fornecedores, agentes financeiros, membros da comunidade local etc.

Tal negligência acaba por inviabilizar as atividades de algumas cooperativas. Por exemplo, o associado beneficia-se da economia da cooperativa, mediante a compra de bens de produção e consumo ou serviços a preços e prazos melhores que as ofertas de mercado, e em seguida desvia suas mercadorias a terceiros, quando isso lhe convém em termos de preços, contratos, serviços etc. Surgem assim os conflitos de interesses produtivos e comerciais, já bastante pesquisados e normalmente atribuídos à infidelidade dos associados.[18]

Algumas cooperativas enfrentam também outros problemas no mercado externo, uma vez que carecem de programas de marketing para criar atrativos em suas ofertas de produtos e serviços. Melhor dizendo, não conseguem agregar valor às relações de troca, principalmente com o mercado externo, e por isso perdem competitividade. São esses descuidos na gestão mercadológica que, ao longo do tempo, enfraquecem a economia da cooperativa a ponto de levá-la a encerrar suas operações. Foi o que aconteceu com certas cooperativas agropecuárias e agroindustriais brasileiras.[19] Algumas só permanecem no mercado graças à ajuda financeira do governo federal, através do Programa de Revitalização das Cooperativas (Recoop).[20]

Aos problemas de gestão somam-se também as questões organizacionais de ordem social e ética. Alguns dirigentes deixam de valorizar as relações de troca

---

[16] Ver o caso da Cooperativa de Costureiras da Vila Mara, no bairro São Miguel Paulista, na cidade de São Paulo. As costureiras não precisam bater cartão de ponto nem chegar em horário predeterminado; tampouco existe pressão do chefe ou risco de demissão. Mas, segundo elas, "isto não quer dizer que não tenhamos responsabilidades. Trabalhamos no mínimo oito horas por dia e temos regras e normas para que a cooperativa funcione direito" (*O Estado de S. Paulo*, 8-10-2000; *Gazeta Mercantil*, 3-7-2002; *O Globo*, 14-7-2002).

[17] Crúzio, 1989, 1990, 1991, 1993, 1994, 1997, 1999a, 1999b e 2002.

[18] *Agroanalysis*, 2001d.

[19] Crúzio, 1999b.

[20] *Valor Econômico*, 3-7-2002; *Agroanalysis*, 2001c; 2000; *Gazeta Mercantil*, 2-5-2002.

entre a cooperativa e seus associados, ou seja, a administração acaba por distanciar-se da própria missão social enaltecida nos estatutos sociais de quaisquer tipos de cooperativas. Assim, em vez de buscar o lucro exclusivamente em seus mercados externos, algumas cooperativas passam a lucrar nas transações produtivas, comerciais ou de serviços com seus próprios associados e donos.[21]

Quanto às questões éticas, à medida que se expandem em suas operações, estruturas de funções, cargos e órgãos, as cooperativas tendem a afastar os cooperados dos assuntos que mais os vinculam à associação. Ou melhor, distanciam seus próprios donos das decisões e ações, principalmente no tocante aos resultados financeiros ou às sobras líquidas.[22]

Dessa forma, as cooperativas acabam ficando sob o poder de determinados grupos de sócios, perpetuados nos cargos do conselho de administração (CA) e do conselho fiscal (CF), ou mesmo sob o comando de profissionais contratados para cargos-chave da cooperativa. Isso dificulta a autogestão enquanto mecanismo próprio das cooperativas, donde os desvios dos princípios básicos do cooperativismo, o descumprimento dos regimentos estatutários, os desfalques financeiros e o comprometimento do patrimônio da cooperativa e dos associados, como ocorreu recentemente em cooperativas dos mais diversos segmentos.[23]

Tais questões organizacionais se agravam à medida que proliferam as falsas cooperativas e, portanto, as decisões e ações eticamente incorretas. Trata-se, nesse caso, de associações ilegais, empresas agenciadoras de mão-de-obra etc., disfarçadas de cooperativas, principalmente as multifuncionais.[24]

As cooperativas multifuncionais normalmente mantêm em seus quadros profissionais de diversas áreas, muito embora conste na sua razão social o registro de cooperativas de profissionais da saúde, sendo este o exemplo mais comum de falsas cooperativas. Elas são criadas por ex-patrões e/ou administradores de empresas sem nenhum vínculo funcional com a atividade-fim da cooperativa e visam tão-somente reduzir para terceiros os custos da força de trabalho de seus supostos associados.[25]

Tais cooperativas ficam assim desobrigadas do registro empregatício na carteira de trabalho, não recolhem as contribuições previdenciárias e não constituem os fundos previstos na Lei nº 5.764/71 para garantir a segurança social dos associados ou cobrir eventuais acidentes sofridos por eles. Essas negligências adminis-

---

[21] Singer, 2002; Tibúrcio, 1993.

[22] Crúzio, 1991, 1993 e 1994.

[23] *Diário do ABC*, 30-4-2002; *Jornal do Brasil*, 9-11-2001; *Diário Popular*, 26-11-2000; *O Estado de S. Paulo*, 5-7-2000; Fleury, 1983; Loureiro, 1981; Prochnow, 1978; Novaes, 1981; Crúzio, 1989 e 1994.

[24] Fausto, 2002; Pinto, 2000.

[25] Santos, 2002; Singer, 2002.

trativas lesam os trabalhadores em dobro, pois não lhes são repassados os resultados das sobras líquidas (cerca de 30 a 38%), montantes relativos aos encargos trabalhistas de que estão isentas as cooperativas.

As cooperativas multifuncionais descaracterizam a organização cooperativa porque infringem o princípio "um homem, um voto" e o princípio do controle democrático pelos sócios. Além disso, direta ou indiretamente sonegam impostos, pois infringem o ato cooperativo com seus supostos associados.

Tais são as disfunções organizacionais e administrativas observadas em muitas das cooperativas multifuncionais existentes no Brasil, uma vez que elas incorrem nos requisitos básicos da relação emprego, conforme o art. 3º da Consolidação das Leis do Trabalho:[26] serviço não-eventual, subordinação e contraprestação remuneratória.[27] Vale observar que essas cooperativas, principalmente as de profissionais da saúde, exploram a força de trabalho tanto do pessoal da suposta atividade-fim (médicos, enfermeiras etc.) quanto da área de apoio administrativo ou operacional (recepcionistas, arquivistas etc.), todos considerados associados.[28]

Se a proposta original do cooperativismo concebia um modelo de organização cooperativa visando substituir intermediários, atravessadores, agiotas, prestamistas, agenciadores de mão-de-obra etc., aqui estes se encontram instalados na direção dos conselhos de administração, camuflados de associados. Assim, nas cooperativas multifuncionais e similares, as sobras líquidas não são repassadas aos associados, e sim desviadas pelos empresários enquanto donos.

A principal conseqüência disso para o movimento cooperativo brasileiro é o enfraquecimento das cooperativas que atuam dentro da lei: os trabalhadores e a opinião pública passam a desacreditá-las; os fornecedores e os agentes financeiros preferem não supri-las de matérias-primas, produtos acabados ou recursos financeiros, temendo a quebra dos contratos; as empresas deixam de contratar seus serviços para evitar as severas multas dos órgãos do Ministério Público do Trabalho, caso se constatem irregularidades na prestação de serviços a terceiros, e assim por diante.[29]

Este livro tem por objetivo mostrar ao leitor como a cooperativa pode competir na economia de mercado e, ao mesmo tempo, obter lucros nos segmentos visados (consumidores, redes de varejo, atacadistas, contratantes de serviços etc.). Ou seja, como elas podem atrair recursos financeiros externos, recolher os

---

[26] Saad, 1999.

[27] Fausto, 2002; Rangel, 2002.

[28] Cooperativa de Profissionais da Saúde (Cooperplus), por exemplo, anuncia vagas para emprego em todas as áreas ou profissões, tal como ocorre nas empresas comuns (*Informativo Cooperplus*, Tatuapé, 2002; *Diário do Grande ABC*, 2001; MP, 2002).

[29] TST, 2002; *Valor Econômico*, 4-4-2002.

Apresentação 17

percentuais para a sua manutenção e, principalmente, remunerar seus associados na forma de sobras líquidas.

Tais conquistas nos mercados internos e externos das cooperativas se fazem por meio das decisões estratégicas do marketing. Trata-se de decisões gerenciadas e executadas com base nos elementos do composto de marketing, isto é, os 4 pês: produto, preço, ponto-de-venda e promoção.[30] Tudo isso sem infringir os princípios básicos do cooperativismo, sem explorar a força de trabalho de seus associados e sem desviar a cooperativa de sua missão social, política e econômica.

Visa mostrar, também, como dirigir uma cooperativa profissional e ao mesmo tempo mercadologicamente perceptiva no que diz respeito às necessidades, preferências e grau de satisfação de seus diversos públicos, em oposição às cooperativas não-perceptivas ou às falsas cooperativas.[31] Ou seja, como satisfazer às expectativas produtivas, comerciais, sociais e éticas tanto do público interno (associados, dirigentes e empregados) quanto externo (consumidores, contratantes de serviços, fornecedores, agentes financeiros, membros da comunidade local, familiares dos associados, representações de classe, agentes governamentais etc.).

Apresentamos aqui um conjunto de valores prioritários que devem presidir às relações de troca dentro e fora da cooperativa. Tais valores permitem criar e manter relações produtivas e comerciais duradouras, ou melhor, permitem implementar o marketing "customizado".[32] Veremos como desenvolver a cultura corporativa da associação e como praticá-la no seu cotidiano operacional, visando cumprir a missão social, política e econômica da cooperativa. Veremos, ainda, como integrar as diversas cooperativas num sistema nacional através de culturas compartilhadas[33] e de organizações representativas de classes. Esses e outros temas mercadológicos serão aqui abordados à luz dos fundamentos do marketing social e ético, ou seja, o marketing societal.[34]

Entende-se por marketing social e ético nas cooperativas a arte e a técnica de dirigir, gerenciar e executar o composto de marketing (os 4 pês: produto, preço, ponto-de-venda e promoção) e ao mesmo tempo promover o desenvolvimento social, político e econômico dos associados, empregados, familiares e membros da comunidade local. Significa, ademais, prezar a honestidade (veracidade, integridade e confiabilidade) nas relações produtivas, comerciais ou de serviços dentro e fora da cooperativa, bem como a eqüidade (justeza e imparcialidade) nas

---

[30] Kotler, 1988 e 2000; McCarthy, 1964.

[31] Ver também Crúzio, 2001; *Gazeta Mercantil*, 31-7-2001.

[32] Kotler, 2000.

[33] Ferrel, 2001.

[34] O marketing societal exige que as empresas e/ou organizações não-lucrativas incluam considerações sociais e éticas em suas práticas de marketing; ver Kotler, 2000 e 1988.

transações financeiras com associados, empregados, fornecedores, consumidores, agentes financeiros, membros da comunidade local e o público em geral. E, por fim, honrar os regulamentos estatutários, as leis que regulam o cooperativismo e as demais leis civis relativas às organizações.

Neste livro procura-se mostrar ao leitor, numa linguagem o menos técnica possível, como aplicar as modernas técnicas de marketing nos negócios dentro e fora das cooperativas, conforme as atividades próprias de cada uma. Enfim, procura-se capacitar mercadologicamente os associados, dirigentes e empregados das diversas cooperativas, sejam elas pequenas, médias ou grandes, a atuar competitivamente na economia de mercado e assim garantir seus nichos de mercado.

O livro está dividido em quatro partes. Na primeira, referente à conceituação do marketing social e ético, o capítulo 1 focaliza os valores sociais, políticos e econômicos que se transformaram nos princípios básicos do cooperativismo, donde a importância de fazê-los prevalecer nas relações dentro e fora da cooperativa. A negligência desses valores pode pôr em risco a continuidade da própria associação.

O capítulo 2 contém vários exemplos de condutas eticamente incorretas, as quais devem ser evitadas para garantir a lisura nos negócios das cooperativas e preservar os princípios básicos do cooperativismo. Assim, traçamos algumas diretrizes para uma conduta ética nas cooperativas e mostramos a importância da cultura corporativa para integrar e fortalecer o sistema cooperativista brasileiro.

O capítulo 3 aborda a parte mais técnica e operacional do marketing, mostrando como identificar e classificar os diversos públicos e mercados dentro e fora das cooperativas. Enumeram-se aqui os aspectos prioritários a considerar nas relações da cooperativa com seus associados, consumidores externos, revendedores, comunidade local, instituições de governo, organizações de classe etc. Identificam-se, igualmente, as cooperativas perceptivas e não-perceptivas, conforme os estilos mercadológicos adotados em suas relações de troca.

A parte II, referente aos mercados internos e externos das cooperativas, trata da parte propriamente tática do marketing. O capítulo 4 aborda os aspectos da auditoria de marketing nas cooperativas, enquanto o capítulo 5 enumera os possíveis problemas de demanda nas relações de troca dentro e fora das cooperativas.

O capítulo 6 mostra como analisar a estrutura dos mercados internos e externos das cooperativas em função de seus objetivos de marketing, apresentando também vários exemplos de estratégias de marketing não-diferenciado, concentrado e diferenciado.

O capítulo 7 trata da análise dos consumidores internos e externos das cooperativas, mostrando como desenvolver e aplicar uma pesquisa de marketing nos diversos públicos-alvo das cooperativas, levando em conta suas necessidades, percepções, preferências e grau de satisfação.

A parte III focaliza o desenvolvimento do programa de marketing nas cooperativas. Assim, no capítulo 8 apresentamos as principais decisões sobre o *mix* de produtos e o *mix* de serviços, bem como suas respectivas estratégias.

O capítulo 9 trata das decisões sobre o *mix* de preços, levando em conta combinações estratégicas de preço e qualidade, a maximização do lucro atual e da participação no mercado, e a liderança na qualidade. Mostra como analisar custos, preços e ofertas para formular as respectivas estratégias de marketing.

O tema do capítulo 10 são as principais decisões sobre o *mix* de pontos-de-venda, considerando os canais de marketing acessíveis às cooperativas. Mostramos como desenvolver o projeto do canal de marketing e como gerenciar os diversos níveis de canal: vertical, horizontal e multicanal, canal de varejo e canal de atacado.

No capítulo 11, focalizamos as decisões sobre o *mix* de promoção, levando em conta o plano de propaganda, isto é, os objetivos das mensagens, a adequação da mídia às comunicações dentro e fora da cooperativa, e também os métodos orçamentários em cada atividade. Veremos como desenvolver o plano de promoção de vendas, publicidade e relações públicas, a força de vendas interna e/ou externa da cooperativa, e o marketing direto.

Na parte IV, referente a planejamento, sistemas de informações e organização da estrutura de marketing nas cooperativas, o capítulo 12 mostra como elaborar o planejamento estratégico orientado para o mercado de cada cooperativa, levando em conta a missão corporativa e as perspectivas das unidades estratégicas de produção, comercialização ou serviços. Mostra, igualmente, como analisar oportunidades e ameaças, conforme as carteiras de negócios pretendidas, como fazer alianças estratégicas e como planejar novos negócios ou desativar negócios deficitários.

O capítulo 13 trata do sistema de informações da cooperativa e mostra como desenvolver uma pesquisa de marketing: tipo de abordagem e instrumentos utilizados, determinação de amostras, coleta e análise de dados etc.

O capítulo 14 examina a estrutura de marketing e as mais recentes tendências organizacionais, como reengenharia, terceirização, parcerias, fusões ou incorporações, globalização, achatamento, focalização e *empowerment*. Descrevem-se aqui as diferentes formas de estruturar o departamento de marketing nas cooperativas: por função, produto, área geográfica, clientes, projeto etc.

No último capítulo, relacionamos as características básicas de uma cooperativa social e ética, plenamente perceptiva e proativa. Em outras palavras, mostramos como distinguir as verdadeiras cooperativas das falsas cooperativas.

O apêndice 1 contém estudo de caso de uma determinada cooperativa de trabalho médico. Nele mostramos um exemplo de conselho fiscal ético e cônscio de suas responsabilidades fiscais estatutárias, no tocante à lisura dos negócios dentro e fora da cooperativa. Veremos também como os associados, reunidos numa assembléia geral, podem fazer um diagnóstico e intervir na organização e administração da cooperativa.

Já o apêndice 2 orienta o leitor sobre a organização e administração das cooperativas de crédito.

Parte I

Desenvolvimento do marketing social e ético nas cooperativas

Capítulo 1

Conceito e desenvolvimento de marketing social nas cooperativas

O conceito de *marketing social* nas cooperativas está fundamentado nos valores que moldaram os primeiros movimentos cooperativistas. São eles:

- ☐ *eqüidade* — ser justo e imparcial nos negócios dentro e fora da cooperativa;
- ☐ *liberdade* — direito de participar das grandes decisões e ações da cooperativa;
- ☐ *fraternidade* — respeito para com o outro nos negócios internos e externos da cooperativa.

Atualmente, esses valores se refletem nos princípios básicos do cooperativismo e estão incorporados nos estatutos sociais de todos os tipos de cooperativas.[35]

Quadro 1
O conceito de marketing social nas cooperativas

> É a arte de dirigir, gerenciar e executar o composto de marketing (os 4 pês: produto, preço, ponto-de-venda e promoção) e, ao mesmo tempo, promover o desenvolvimento social, político e econômico dos associados, empregados, familiares e membros da comunidade local. Compete ao conselho de administração (CA) construir relacionamentos de longo prazo com os consumidores, revendedores, contratantes de serviços, agentes financeiros, representantes de classe etc.

---

[35] Sobre a organização e administração de cooperativas, ver Crúzio, 2002.

O marketing social nas cooperativas difere do marketing empresarial em muitos aspectos, como se pode ver no quadro 2.

Quadro 2
Diferenças básicas entre marketing social e marketing empresarial

No que diz respeito à *concepção* do marketing: na empresa comum, o marketing empresarial é fundamentado no marketing *reativo*, isto é, procura encontrar uma necessidade declarada no mercado e, simplesmente, a preenche. Nas cooperativas, o marketing social é baseado no marketing *proativo*, ou seja, procura antecipar-se às necessidades, interesses, preferências ou percepções que os mercados internos e externos possam vir a ter no futuro próximo.

Quanto a *idéias e veículos da mídia*: o marketing empresarial faz uso de idéias e veículos da mídia para inserir no mercado-alvo os produtos ou serviços da empresa. Nas cooperativas, o marketing social utiliza idéias e veículos da mídia para que os associados criem relações produtivas e comerciais de longo prazo com consumidores, revendedores, contratantes de serviços etc.

Com relação à *propaganda*: na empresa comum, o marketing empresarial faz uso da propaganda para induzir ao consumo possíveis mercados-alvo. Nas cooperativas, o marketing social utiliza a propaganda para que os associados divulguem seus produtos ou serviços entre os consumidores, revendedores etc.

No tocante ao *lucro*: na empresa comum, o marketing empresarial emprega os elementos do composto de marketing (os 4 pês: produto, preço, ponto-de-venda e promoção) para aumentar as vendas e remunerar os investidores, conforme o volume do capital investido. Nas cooperativas, o marketing social gerencia o composto de marketing para atender às necessidades e preferências de associados, consumidores, fornecedores, revendedores, membros da comunidade local etc., sendo o lucro (*sobras líquidas*) distribuído entre os associados proporcionalmente ao volume da atividade de cada um dentro ou fora da cooperativa.

As primeiras cooperativas

As primeiras cooperativas surgiram no início do século XVIII na Europa, especialmente na Inglaterra, como meio de enfrentar as conseqüências econômicas e sociais da Revolução Industrial, que opusera a classe dos capitalistas, proprietários dos meios de produção, à classe dos proletários, que vendiam sua força de trabalho.[36]

---

[36] Cole, 1944.

Os capitalistas tinham muitas vantagens sobre os proletários, o que lhes possibilitava acumular riqueza em detrimento da maioria da população, principalmente dos trabalhadores do campo atraídos pelas novas fábricas. Tais vantagens eram:

❑ *quanto à participação na política* — somente a partir de determinado nível de renda o cidadão tinha o direito de votar e ser votado; tal restrição ficou conhecida como o "voto censitário";[37]

❑ *quanto à posse dos meios de produção* — as políticas discriminatórias, impostas pela "Lei dos Pobres", possibilitaram aos capitalistas dominar os meios de produção, agravando assim as desigualdades sociais, políticas e econômicas entre as classes;

❑ *quanto à imposição das condições de trabalho nas indústrias* — sem direito a voto e sem quaisquer posses, a classe operária era obrigada a vender sua força de trabalho, submetendo-se a várias formas de exploração pelos patrões. Por exemplo:

a) submeter os trabalhadores a jornadas de trabalho de 14 a 15 horas por dia;

b) cometer arbitrariedades com relação ao pagamento e à dispensa do operário, sem conceder-lhe nenhum direito trabalhista;

c) negligenciar as medidas de higiene e segurança nos postos de trabalho;

d) descuidar da provisão de recursos tanto para acidentes de trabalho quanto para a aposentadoria dos operários;

e) empregar a mão-de-obra infantil e das mulheres em estado de gravidez.[38]

Foram essas condições sociais, políticas e econômicas desfavoráveis à classe dos operários que levaram um grupo de 32 alfaiates, carpinteiros e trabalhadores braçais a criar em 1844, na cidade de Rochdale, na Inglaterra, a primeira cooperativa oficialmente registrada como *friendly society*. Os membros do grupo, conhecidos como Pioneiros de Rochdale, passaram a promover freqüentes reuniões para discutir os *objetivos sociais* de sua cooperativa.

Tais propósitos, apresentados no quadro 3, seriam depois aprimorados e transformados nos princípios básicos do cooperativismo, constantes até hoje dos estatutos sociais de todo e qualquer tipo de cooperativa.[39]

---

[37] Jouvenel, 1947.

[38] Dawson, 1935.

[39] Lambert, 1970; Crúzio, 1989, 1990, 1991, 1993 e 1994.

Quadro 3
Os objetivos sociais da primeira cooperativa

A sociedade tem por objetivo tomar medidas com vistas ao interesse pecuniário e ao melhoramento das condições sociais e familiares de seus membros, reunindo uma quantidade suficiente de capitais divididos em participações de uma libra cada uma, para pôr em prática os seguintes projetos:

- estabelecer um armazém para a venda de víveres, vestuário etc.;
- comprar ou construir casas para os membros interessados em ajudar-se mutuamente para melhorar sua condição doméstica e social;
- fabricar produtos que a sociedade julgue convenientes para empregar os sócios que se encontrem sem trabalho ou que sofram repetidas reduções nos seus salários;
- para propiciar aos seus membros maiores benefícios e segurança, a sociedade comprará ou tomará em arrendamento terras que serão cultivadas pelos sócios que estejam sem emprego ou cujo trabalho seja mal remunerado;
- tão logo seja possível, esta sociedade empreenderá a organização das forças da produção, da distribuição, da educação e do governo ou, dito em outros termos, o estabelecimento de uma colônia que se baste a si mesma e na qual se reunirão os interesses, ou prestará ajuda a outras sociedades para estabelecer colônias dessa classe;
- para promover a sobriedade, abrir-se-á uma Sala de Temperança, tão logo se julgue conveniente, em uma das casas da sociedade.

Segundo os Pioneiros de Rochdale, o espírito que os orientaria em seus negócios deveria basear-se numa *cooperação eqüitativa*, ou seja, as atitudes de seus integrantes seriam *justas, igualitárias, sinceras e contrárias a qualquer fraude* na prestação de serviços a seus membros e/ou terceiros.

O *princípio da eqüidade* defendido pelos Pioneiros de Rochdale teve forte influência dos ideários de outros pensadores do cooperativismo, como mostra o quadro 4.

Uma vez definidos os objetivos sociais e o ideário da eqüidade, os Pioneiros de Rochdale passaram a desenvolver um conjunto de valores com base na justiça, liberdade, igualdade e segurança. Tais valores guiariam todas as relações de troca dentro e fora da cooperativa, as interações de ordem social, política e econômica entre os membros, seus familiares e a comunidade local (quadro 5).[40]

---

[40] Lars, 1988.

Conceito e desenvolvimento de marketing social nas cooperativas   27

Quadro 4

Os fundamentos da eqüidade na cooperativa dos Pioneiros de Rochdale

Por volta de 1825, na Inglaterra, William King, conhecido como o médico dos pobres, defendia os princípios de *eqüidade, liberdade* e *fraternidade* como a base para a democracia nas cooperativas. Segundo ele, tais princípios são interdependentes: nenhum pode funcionar bem isoladamente. E como a fraternidade não se traduz numa regra, visto que consiste na atitude de cada membro em relação ao outro, ela deve ser promovida e encorajada, mas nunca imposta.[41]

À mesma época, também na Inglaterra, Robert Owen propunha educar e formar o caráter do novo homem para o que chamava de "novo mundo moral". Seu objetivo era transformar a sociedade de exploradores e explorados a partir da criação de colônias ou comunidades de cooperativas.[42]

Na França, por volta de 1835, Charles Fourier, Philippe Buchez, Louis Blanc e Michel Derrion incentivaram a criação de cooperativas de operários, nas quais estes seriam co-proprietários e co-administradores.[43]

Quadro 5

Os valores sociais, políticos e econômicos dos Pioneiros de Rochdale

- ❑ Valores de auto-ajuda: a criatividade, o dinamismo, a responsabilidade, a independência e o espírito do faça você mesmo o que estiver ao seu alcance;
- ❑ valores de ajuda mútua: a cooperação, a unidade, a ação coletiva, a solidariedade e a paz;
- ❑ valores ligados ao interesse não-lucrativo: a conservação dos recursos, a rejeição do lucro como força orientadora, a responsabilidade social e a não-exploração do trabalho alheio;
- ❑ valores democráticos: a igualdade, a participação e a eqüidade;
- ❑ valores do esforço voluntário: a fidelidade aos compromissos assumidos, a criatividade e o pluralismo;
- ❑ valores do universalismo: a mentalidade aberta e esclarecida, e uma visão global que supere o espírito de seita;
- ❑ valores educacionais: o desejo de conhecer sempre mais;
- ❑ valores da determinação: a busca de benefícios para os membros.

---

[41] Bonner, 1961.

[42] Cole, 1988.

[43] Lambert, 1970.

Estabelecidos os valores sociais, políticos e econômicos, os Pioneiros de Rochdale instituíram os princípios básicos de sua cooperativa, conforme transcritos no quadro 6, e a definiram como *friendly society*.

Quadro 6
Princípios básicos da cooperativa dos Pioneiros de Rochdale

Livre adesão e livre saída dos associados	Retorno proporcional
Igualdade de direitos e deveres dos associados	Operação com terceiros
Compras e vendas à vista na cooperativa	Formação intelectual dos associados
Juro limitado ao capital investido	Devolução desinteressada dos ativos líquidos

O movimento cooperativista mundial, sob a coordenação da International Cooperative Alliance (ICA), procurou adequar os princípios básicos dos Pioneiros de Rochdale a uma realidade econômica e social em rápida transformação, mantendo-se fiel, no entanto, aos valores da eqüidade, liberdade e fraternidade. Tais valores, incorporados nos estatutos sociais das cooperativas na forma de normas e regulamentos, permitiriam identificar as verdadeiras organizações cooperativas em qualquer parte do mundo.[44]

Até hoje a ICA procura revitalizar o ideário cooperativista promovendo congressos anuais em diversas partes do mundo. Foi graças a esse ideário que a iniciativa dos Pioneiros de Rochdale pôde estender-se além das fronteiras nacionais, ideológicas, raciais, culturais e religiosas.[45]

A prática dos valores da democracia cooperativista no Brasil

No Brasil, muitas são as cooperativas que infringem os valores da eqüidade, da liberdade e da fraternidade. Eis algumas das irregularidades mais comuns:

❑ descaracterizar totalmente o ato cooperativo, ou seja, em vez de obter o lucro no mercado externo, a cooperativa passa a buscá-lo na comercialização com o próprio associado, dono da cooperativa;[46]

❑ explorar a força de trabalho de pessoas desempregadas, submetendo-as à relação empregado/empregador;[47]

---

[44] Lambert, 1970.

[45] Schneider, 1991.

[46] Singer, 2002; Tibúrcio, 1993; *Folha de S. Paulo*, 3-2-2002; *Jornal da Tarde*, 16-3-2002.

[47] *O Estado de S. Paulo*, 3-9-2000; 5-9-1999.

Conceito e desenvolvimento de marketing social nas cooperativas

❑ constituir cooperativa apenas para disfarçar atividades mercantis e/ou de capital, deixando de recolher os encargos trabalhistas de seus supostos associados e desobrigando-se de outros recolhimentos previstos para empresas comuns.[48]

Assim, inúmeras são as denúncias de trabalhadores lesados e dos sindicatos, bem como as investidas do órgão oficial do Ministério Público do Trabalho, o que fez veicular na mídia o perfil das falsas cooperativas, também já constatado em várias pesquisas. Apresentamos a seguir algumas das características mais comuns dessas cooperativas:[49]

❑ evitam esclarecer aos associados seus direitos e deveres na cooperativa, bem como reuni-los em assembléia geral para eleger o presidente da cooperativa e os demais membros do conselho de administração (CA) ou do conselho fiscal (CF), conforme previsto na Lei nº 5. 764/71;

❑ são dirigidas por grupos de empresários e/ou profissionais administradores, geralmente não-vinculados à atividade-fim da cooperativa;

❑ costumam prestar serviços nos mais variados ramos de atividades;

❑· admitem como associados profissionais de diversas áreas, anunciando empregos como empresas comuns;

❑ não têm sede própria ou estão sempre mudando de endereço;

❑ fogem de qualquer responsabilidade quando solicitadas a esclarecer a legalidade de suas operações ou atividades;

❑ evitam reunir os associados em assembléia geral para dar-lhes a conhecer as condições dos contratos de trabalho com terceiros;

❑ retêm as *sobras líquidas* (ou lucro líquido) que por direito cabem aos associados;

❑ deixam de recolher os percentuais previstos na Lei nº 5.764/71 para o Fundo de Reserva e o Fundo de Assistência Técnica, Educacional e Social (Fates), bem como a alíquota de 15% ao INSS;

❑ submetem os associados à hierarquia funcional da empresa que contrata seus serviços;

❑ exigem dos associados o registro em cartão de ponto ou impõem-lhes excessiva jornada de trabalho;

❑ submetem os associados a regime de trabalho não-eventual, além de emitir recibos de pagamento e oferecer descontos em nome deles;

❑ sonegam aos associados cópias do estatuto social ou outros documentos que comprovem sua vinculação com a cooperativa ou o registro desta na Junta Comercial e no Cadastro Nacional de Pessoas Jurídicas;

---

[48] *O Estado de S. Paulo*, 18-2-2001; 4-2-2001; 19-3-2000.

[49] *Jornal do Brasil*, 27-10-2002; *Diário de S. Paulo*, 20-1-2002; *Gazeta Mercantil*, 3-7-2002; *Diário Popular*, 28-12-2000.

Marketing social e ético nas cooperativas

❑ desprezam o regimento interno da cooperativa e se recusam a apresentar certidão negativa de débitos.

Essa situação é ainda agravada pela implantação, pelo poder público municipal ou estadual, de sistemas de cooperativas com determinados fins, como a assistência médico-hospitalar ou a geração de emprego e renda. Tais iniciativas acabam por desvirtuar o ato cooperativo, conforme a Lei nº 5.764/71, até mesmo em função de interesses eleitoreiros.[50]

Exemplo

No estado do Ceará, certo governador decidiu fomentar cooperativas de produção industrial bancando um centro de treinamento para a indústria de confecções, enquanto o Banco do Nordeste financiava as máquinas. Tudo isso em convênio com uma empresa de nome Yamacon.

Em 1998, porém, a Justiça do Trabalho fechou tais cooperativas, porque uma comissão de inquérito na Assembléia Legislativa daquele estado apurou vínculos empregatícios disfarçados entre a referida empresa e os supostos associados.[51]

No estado do Espírito Santo, no ano de 1988, investigações do Ministério Público comprovaram desvios financeiros relacionados à campanha do candidato a governador daquele estado, por intermédio da Cooperativa de Crédito dos Servidores da Escola Técnica (Coopetfes).[52]

Tais disfunções organizacionais e administrativas nas cooperativas brasileiras levaram o Tribunal Superior do Trabalho a formular proposta de combate às falsas cooperativas, conforme apresentada na 90ª Conferência Internacional do Trabalho promovida pela Organização Internacional do Trabalho em Genebra, na Suíça, em 2002:[53] "As políticas nacionais deveriam especialmente velar pela criação de cooperativas que não tenham por finalidade evadir a legislação do trabalho ou violar os direitos dos trabalhadores, assegurando que a legislação laboral se aplique a todas as empresas".

O quadro 7 mostra o perfil organizacional de cooperativas que descaracterizam totalmente o ato cooperativo do ponto de vista legal, embora sejam consi-

---

[50] *Folha de S. Paulo*, 28-4-2002; 24-7-2001; 28-12-2000.

[51] *Folha de S. Paulo*, 28-4-2002.

[52] *Folha de S. Paulo*, 24-7-2001.

[53] *O Estado de S. Paulo*, 21-7-2002; 14-7-2002.

deradas legais porque simplesmente têm estatuto social registrado na Junta Comercial.[54]

Quadro 7
A descaracterização do ato cooperativo

As cooperativas do Plano de Atendimento à Saúde (PAS) começaram a ser implantadas em 1996 pelo então prefeito da cidade de São Paulo e hoje são alvo de mais de 200 inquéritos civis públicos e ações do Ministério Público daquele estado.[55] As denúncias de corrupção incluem pagamentos por serviços não previstos ou que ultrapassam os limites contratuais, desembolsos realizados sem fatura ou comprovante de entrega do produto, serviços pagos duas vezes ou com juros inexplicáveis, superfaturamento e compras inexistentes etc.[56]

Nesse caso, consideramos falsas tais cooperativas porque não só infringem os princípios básicos do cooperativismo, como distorcem o ato cooperativo. Em primeiro lugar, os dirigentes de seu CA (oito representantes da prefeitura local, três da cooperativa e quatro usuários do Conselho Municipal de Saúde) eram nomeados por decreto, o que fere os princípios do controle democrático pelos sócios (um homem, um voto) e da autonomia e independência. Em segundo lugar, esses dirigentes, até a última mudança de prefeito, recebiam da prefeitura local jetons pela presença em cada reunião semanal realizada,[57] bem como recursos financeiros para custear salários, compra de materiais médicos e hospitalares, e demais despesas operacionais.[58]

Tais benefícios conflitam com o princípio da participação econômica dos sócios. Conforme a Lei nº 5.764/71, numa cooperativa "os sócios contribuem de forma eqüitativa e controlam democraticamente o capital". Além disso, devem existir as "sobras líquidas, que são a soma das receitas provenientes da realização de atos cooperativos, subtraídas as despesas".

Quanto à distorção do ato cooperativo, conforme o art. 79 da referida lei, "denominam-se atos cooperativos os praticados entre as cooperativas e seus associados, e pelas cooperativas entre si quando associadas, para a consecução dos objetivos sociais". Logo, tais órgãos da saúde não poderiam ser qualificados como cooperativas, pois, conforme a referida lei, não geravam renda própria, mas apenas

continua

---

[54] Singer, 2002; *O Estado de S. Paulo*, 12-11-2000; 22-10-2000; 10-12-2000; 3-9-2000.

[55] *Folha de S. Paulo*, 28-12-2000.

[56] *Folha de S. Paulo*, 24-7-2000.

[57] *Folha de S. Paulo*, 13-1-2001.

[58] *Folha de S. Paulo*, 6-12-2000.

recebiam recursos públicos para custear os salários dos chamados associados — médicos, enfermeiros e funcionários diversos. Nesse caso, o que se denomina associado é na verdade um funcionário público vinculado a alguma prefeitura local ou órgão de saúde. Prova disso é que havia indicação política dos diretores, assim como demissão de associado, caso ocorressem desavenças políticas ou disputa de poder para os cargos da direção do CA.[59]

Existem também algumas empresas do setor imobiliário que estão dando uma interpretação particular para o significado de cooperativa. Em vez de reunir previamente um grupo de cooperados, elas estão incorporando e vendendo imóveis em estandes, o que não é permitido pela Lei nº 5.764/71.[60]

Segundo o presidente da Associação de Dirigentes de Empresas do Setor (Ademi), a intenção "é fugir do pagamento de tributos e do Código de Defesa do Consumidor".[61] Nesse caso o associado, quando resolve deixar o grupo antes do término do plano, depara-se com despesas de corretagem, o que configura a venda de imóvel e, conseqüentemente, o ato empresarial em contraste com o ato cooperativo.

O quadro 8 apresenta alguns casos de cooperativas que incorrem em desvios, comprometendo os valores da eqüidade, justiça e bem comum nos negócios dentro e fora da associação.

Quadro 8
As infrações relativas ao valor da eqüidade nos negócios das cooperativas

Recentemente, no estado de São Paulo, os sócios de certa cooperativa de trabalho médico responsabilizaram os dirigentes do CA pelo fracasso da associação, acusando-os de omitir à AGS a real situação financeira da cooperativa, antes de ser deflagrada a sua crise econômica.[62] Além disso, os sócios recusavam o valor das contribuições, determinado pela direção, a fim de saldar os débitos da cooperativa com os credores.[63]

Outras denúncias de desvios financeiros, feitas igualmente por associados, envolveram os dirigentes do CA de uma cooperativa educacional do interior do esta-

continua

---

[59] *Folha de S. Paulo*, 24-7-2000.
[60] *Jornal da Tarde*, 16-3-2002.
[61] *Folha de S. Paulo*, 3-2-2002.
[62] *Diário Popular*, 26-11-2000; *O Estado de S. Paulo*, 26-11-2000.
[63] *DCI*, 28-11-2000.

do de São Paulo. Criada em 1993, ela chegou a ser considerada um modelo de cooperativa na área de educação. No entanto, já em 2000 estava em fase de liquidação. Nesse caso, as queixas diziam respeito a notificações para liquidar débitos com a cooperativa, sem que a direção do CA tivesse demonstrado a origem e a evolução de tais débitos.[64]

Cabe também mencionar as denúncias feitas por credores com relação aos débitos da maior cooperativa agrícola do país, a Cooperativa Agrícola de Cotia (CAC). Nesse caso, a direção do CA é acusada de ter tramado a falência econômica da cooperativa, ocorrida em 1994, e as investigações prosseguem até hoje. Vale observar que a CAC está entre os maiores devedores do Banespa (ex-banco público) e do Banco do Brasil (BB).[65] Além disso, associados provavelmente ligados ao grupo que se perpetuou no CA vinham tentando se aproveitar dos bens da associação, mas a Justiça os bloqueou até que sejam encontradas soluções para liquidar os débitos com os credores.

Até na Cooperativa de Crédito dos Servidores da Polícia Federal (Coopecred) ocorrem desvios financeiros. Segundo investigações da própria PF, há suspeitas de favorecimento na concessão de crédito para certos grupos de sócios ligados à direção do CA, o que fere o princípio da eqüidade nos negócios da cooperativa.[66]

O quadro 9 mostra o perfil organizacional de uma cooperativa que em geral negligencia os princípios básicos do cooperativismo.

Quadro 9
Os desvios dos princípios básicos do cooperativismo

Pesquisa feita em 2000 por alunos do curso de administração pública da Universidade Estadual Paulista (Unesp) revelou dados importantes sobre o funcionamento da Cooperativa de Cortadores de Cana de Araraquara, no estado de São Paulo: o cooperado não sabe que o seu trabalho é intermediado por uma cooperativa, tampouco que é seu associado. Qualquer informação a respeito de seu funcionamento é sistematicamente sonegada pela cooperativa. Esta já sofreu algumas intervenções da polícia local, mas costuma justificar a sua legalidade apresentando um documento em que diz pertencer à Organização das Cooperativas Estaduais do Estado de São Paulo (Ocesp).

continua

---

[64] *O Estado de S. Paulo*, 5-7-2000.
[65] *Folha de S. Paulo*, 5-3-2000.
[66] *Jornal do Brasil*, 9-11-2001.

No Paraná, os associados são obrigados a esperar em média 20 dias, após a entrega do produto na cooperativa, para receber sem correção o que lhes deveria ser pago à vista. Por outro lado, quando esse mesmo produtor compra insumos, fertilizantes ou adubos, a cooperativa dá-lhe um prazo para saldar a dívida e cobra juros diários.[67]

Pesquisas feitas nas cooperativas de beneficiamento de algodão do estado da Paraíba mostraram que somente as classes dominantes, instaladas nos cargos da diretoria, recebem os benefícios propiciados pela economia da associação.[68]

Nas cooperativas agrícolas da região Nordeste, os associados com renda mais elevada costumam receber mais serviços, principalmente no que se refere a assistência técnica, empréstimos financeiros e uso de equipamentos.[69]

Outros estudos têm demonstrado que a participação nos serviços da cooperativa é proporcionalmente maior para os associados que têm melhores condições econômicas e sociais fora da cooperativa.[70]

Nas cooperativas Contrijuí, Cotrisa e Fecotrigo, constatou-se haver grupos de associados que decidem sobre o destino dos lucros por elas gerados, enquanto outros grupos apenas comercializam seus produtos, aumentando tais lucros.[71]

Em entrevistas feitas nas cooperativas do Rio Grande do Sul, 80,7% dos sócios afirmaram ter pouca ou nenhuma participação nas decisões, enquanto para 60,1% a cooperativa é dirigida e controlada por uma minoria de sócios.[72]

Nas cooperativas de laticínios do estado de São Paulo, há grupos de sócios que controlam o poder por meio de eleições viciadas, sendo favorecidos na rentabilidade de suas propriedades em detrimento dos pequenos produtores.[73] Pesquisa na Cooperativa Agrícola de Cotia mostrou que o destino das sobras líquidas é teoricamente definido pela AGS e *de facto* pela direção do CA, porém referendado pelos votos da AGS.[74] O mesmo se verifica em algumas cooperativas agropecuárias e agroindustriais nos estados de São Paulo, Rondônia e Bahia.[75]

---

[67] Tibúrcio, 1993.

[68] Novaes, 1981.

[69] Rios, 1976.

[70] Schneider, 1991.

[71] Benetti, 1982.

[72] Prochnow, 1978.

[73] Fleury, 1983.

[74] Loureiro, 1981.

[75] Crúzio, 1993, 1991 e 1989.

No capítulo seguinte analisaremos a descaracterização do ato cooperativo, as infrações dos valores da eqüidade, justiça e bem comum nos negócios das cooperativas, assim como os desvios dos princípios básicos do cooperativismo do ponto de vista da ética nas organizações. Apresentaremos também possíveis alternativas gerenciais para monitorar decisões e/ou ações consideradas eticamente incorretas nas relações de troca dentro e fora das cooperativas. Ademais, veremos como capacitar o associado a gerir e fiscalizar a própria cooperativa, em sua condição de fornecedor de produtos ou prestador de serviços a terceiros e, ao mesmo tempo, proprietário.

Capítulo 2

Conceito e desenvolvimento de marketing ético nas cooperativas

O conceito de *marketing ético* nas cooperativas está fundamentado nos valores da eqüidade, justiça e bem comum, conforme refletidos nos princípios básicos do cooperativismo. Como vimos, esses valores e princípios constam nos estatutos sociais de todos os tipos de cooperativas na forma de normas ou regulamentos.

Quadro 10
Conceito de marketing ético nas cooperativas

> É a técnica de dirigir, gerenciar e executar o composto de marketing (os 4 pês: produto, preço, ponto-de-venda e promoção) e, ao mesmo tempo, promover a honestidade (veracidade, integridade e confiabilidade) nas relações de troca produtivas e comerciais da cooperativa com seus associados, dirigentes, empregados e terceiros. Compete ao conselho fiscal (CF) e à comissão de conduta ética fazer cumprir os princípios básicos do cooperativismo; promover a eqüidade nas transações financeiras com associados, empregados, fornecedores, consumidores, agentes financeiros etc.; e, ainda, honrar os regulamentos estatutários, as leis que regulam o cooperativismo e as demais leis civis pertinentes às organizações.

Já no século V a. C., na Grécia antiga, surge uma reflexão filosófica acerca dos excessos do comportamento humano. A ética do ponto de vista filosófico foi iniciada com Sócrates, o "patrono da filosofia moral". Enquanto seus predecessores, como Eurípides, colocavam como princípios leis ou verdades por força da tradição, conforme as crenças e as práticas do mito, Sócrates dedicou-se aos problemas do *caráter moral*, decorrentes de situações em que há "conflitos de deveres", ou melhor, em que um princípio moral impele num sentido e um segundo princípio impele em sentido oposto.[76] Atualmente, o termo *ética* apresenta diversas conotações. Por exemplo:

- ramo da filosofia que se ocupa dos problemas e juízos morais;[77]
- "investigação sobre a natureza e os fundamentos da moralidade, isto é, os juízos, os padrões e as regras de conduta morais";[78]
- "estudo da conduta humana visando determinar o que é certo e o que é errado";[79]
- análise dos atos humanos, conscientes e voluntários, que afetam outros indivíduos, certos grupos sociais ou a sociedade em geral.[80]

É com base nesses conceitos éticos que as cooperativas devem gerenciar seus negócios internos e externos. Nas transações comerciais com seus associados, devem prevalecer os valores da eqüidade, liberdade e fraternidade, tal como refletidos nos princípios básicos do cooperativismo e reproduzidos nos seus estatutos sociais. Externamente, na oferta de produtos ou serviços, devem-se levar em conta as necessidades, as preferências e a satisfação de seus consumidores, revendedores etc.

Se nos mercados externos as cooperativas devem buscar lucros, no mercado interno elas também precisam propiciar lucros aos associados, na forma de sobras líquidas. Devem igualmente respeitar os direitos morais dos diversos públicos envolvidos em suas relações de troca internas e externas, contrapondo-se a decisões ou ações que descaracterizem o ato cooperativo e aos desvios dos princípios básicos do cooperativismo, conforme expostos no capítulo 1.

Várias são as filosofias morais que podem auxiliar no desenvolvimento de um processo decisório de caráter ético nas cooperativas. Aqui abordaremos apenas aquelas que nos parecem mais adequadas à compreensão da dinâmica decisória dos que estão envolvidos nos negócios internos e externos das cooperativas, a saber: a teleologia, o egoísmo, o utilitarismo, a deontologia, a perspectiva relativista e a ética da virtude.[81]

A filosofia moral *teleológica* refere-se às filosofias nas quais um ato é considerado moralmente certo ou aceitável se produzir algum resultado desejado, quer se trate de prazer, conhecimento, sucesso profissional etc. As filosofias teleológicas

---

[76] Kremer, 1989.

[77] Frankena, 1981.

[78] Taylor, 1975.

[79] Ferrel, 2001.

[80] Sanchez, 2000.

[81] Ferrel, 2001.

Conceito e desenvolvimento de marketing ético nas cooperativas   39

estudam o valor moral do comportamento através de suas conseqüências. Duas importantes filosofias desse tipo orientam o processo decisório nas organizações: o egoísmo e o utilitarismo.

A filosofia moral *egoísta* define se um comportamento é certo ou aceitável em função de suas conseqüências para o indivíduo. Os egoístas acreditam que devem tomar decisões que maximizem seus próprios interesses. Dependendo de cada um, o interesse próprio pode traduzir-se em prazer físico, poder, fama, sucesso, boa vida familiar, riqueza ou outra coisa qualquer. Em suas decisões e ações, o indivíduo provavelmente escolherá a alternativa que mais favoreça o seu interesse particular.

O credo do egoísta poderia ser assim resumido: "pratica o ato que propicie o maior bem para ti mesmo". Muitos acreditam que os egoístas são inerentemente antiéticos e imediatistas.[82] Geralmente procuram alcançar seus objetivos transgredindo alguma regra ou lesando outrem.

Exemplo

Suponhamos o caso de uma empresa de serviços de digitação cujo dono, para não recolher encargos trabalhistas, reduzir impostos, diminuir custos operacionais e obter maior lucratividade, pressiona seus empregados a constituírem uma cooperativa, sob pena de demissão em massa.

A empresa Jomarca, fabricante de parafusos, e a Cooperativa de Profissionais Autônomos (Coperfus), no estado de São Paulo, foram autuadas pelo Ministério Público do Trabalho (MP), mediante denúncia anônima. O MP obteve liminar proibindo a empresa Jomarca de usar os serviços da Coperfus, pois 278 cooperados trabalhavam em regime de subordinação funcional.[83]

Em Minas Gerais, uma empresa de terceirização de mão-de-obra na área de telemarketing, para fugir das obrigações trabalhistas, obrigou 300 operadores, antes terceirizados à Caixa Econômica Federal (CEF), a filiarem-se à Cooperativa de Profissionais Prestadores de Serviços (Infocoop) para poderem continuar servindo à CEF sem encargos trabalhistas. Atualmente, a Infocoop e 400 cooperativas de trabalho daquele estado estão sob intervenção do Ministério Público do Trabalho.[84]

continua

---

[82] Ferrel, 2001.

[83] Spezi, 2002.

[84] MP, 2002.

> No estado de São Paulo, o Tribunal Regional do Trabalho (TRT) da 15ª Região reconheceu a existência de vínculo empregatício entre um colhedor de laranjas fornecido pela Cooperativa de Trabalhadores de São José do Rio Preto (Cooper-Rio) e a Sucocítrico Cutrale. O trabalhador alegou ao TRT ter sido despedido da referida cooperativa após prestar-lhe serviços, entre outubro de 1995 e março de 1996, mediante subordinação e controle de horário, condições que descaracterizam tanto o ato cooperativo quanto a condição de cooperado.[85]
>
> Como vimos no capítulo anterior, em certas cooperativas agrícolas ou agroindustriais, os associados com renda mais elevada gozam de regalias no tocante a serviços de assistência técnica, empréstimos financeiros e uso de equipamentos.

Evidentemente, a Coperfus, a Infocoop e a Cooper-Rio infringem o princípio do controle democrático pelos sócios: "As cooperativas são organizações democráticas, controladas pelos seus sócios, os quais participam ativamente na formulação de suas políticas e na tomada de decisões. Homens e mulheres eleitos como representantes são responsáveis perante os sócios. Nas cooperativas singulares, os sócios têm igualdade na votação (um homem, um voto), mas as cooperativas de outros gêneros são também organizadas de maneira democrática".

Já as regalias nas cooperativas agrícolas ou agroindustriais comprometem o princípio da participação econômica dos sócios: "Os sócios contribuem de forma eqüitativa e controlam democraticamente o capital de suas cooperativas. Parte desse capital é propriedade comum das cooperativas. Usualmente, os sócios recebem juros limitados (se houver algum) sobre o capital, como condição de sociedade, e destinam as sobras aos seguintes propósitos: desenvolvimento da cooperativa, possibilitando a formação de reservas (parte das quais podem ser indivisíveis); retorno aos sócios na proporção de suas transações com a cooperativa; e apoio a outras atividades aprovadas pelos sócios".

Na filosofia moral *utilitarista* os indivíduos adotam uma perspectiva de longo prazo e levam em conta o bem-estar dos demais, mas também priorizam o interesse próprio. Tal como o egoísmo, o utilitarismo diz respeito às conseqüências, visando ao bem do maior número de pessoas conforme a relação entre custos e benefícios.[86]

---

[85] *O Estado de S. Paulo*, 29-9-2002.

[86] Brandt, 1959.

Exemplo

Voltemos ao caso da empresa de serviços de digitação. O empresário poderia alegar que impor aos empregados a constituição de uma cooperativa seria menos mal que demiti-los. Isso poderia gerar outras imposições: o empresário poderia influenciar diretamente na nomeação do presidente do CA ou, indiretamente, nas jornadas de trabalho, nos pagamentos aos associados etc. Poderia até forçar a dispensa de algum associado contrário aos seus interesses na cooperativa. Tudo a pretexto de preservar o emprego dos funcionários.

O secretário-geral do Sindicato dos Metalúrgicos de Guarulhos, no estado de São Paulo, depôs contra a cooperativa Coperfus, perante o MP, porque o dono dela é também o dono da empresa Jomarca, contratante de serviços dos supostos cooperados.[87]

Suponhamos o caso de uma cooperativa de produtores. O presidente do CA poderia justificar a concessão de benefícios extras a determinado associado alegando que a influência por ele exercida num banco local poderia facilitar empréstimos financeiros à cooperativa. E o contador da cooperativa poderia alegar à AGS que as possíveis discrepâncias entre receitas e despesas do balanço anual seriam decorrentes dos benefícios extras ao associado enquanto intermediário dos empréstimos bancários, conforme os acertos entre o presidente do CA, o próprio associado e o agente financeiro.

Assim, na Cooperativa de Crédito dos Servidores da Polícia Federal (Coopecred), no estado do Rio de Janeiro, um grupo de sócios ligado à presidência do CA era favorecido por uma carteira de crédito especial, a juros mais baixos.[88]

Na Fecotrigo, no estado do Rio Grande do Sul, constatou-se um cooperativismo empresarial formado pela classe dos granjeiros e ligado ao estado e à classe dos pequenos produtores. Nesse caso, a classe dos pequenos produtores servia apenas para que, em seu nome, os granjeiros, grandes produtores, tivessem acesso ao capital estatal.[89]

No caso da Coperfus, o fato de ela ter um dono descaracteriza a organização cooperativa, conforme o princípio de um homem, um voto: "Na cooperativa, cada

---

[87] Spezi, 2002.

[88] Coopecred, 2001.

[89] Duarte, 1986.

cooperado tem um voto, independentemente de quotas-partes, e direito a votar e ser votado".

Na Coopecred e na Fecotrigo, a discriminação entre associados compromete o princípio da adesão voluntária e livre: "As cooperativas são organizações voluntárias, abertas a todas as pessoas aptas a usar serviços e dispostas a aceitar as responsabilidades de sócio, sem discriminação social, racial, política, religiosa ou de gênero".

Na filosofia moral *deontológica* a moralidade está nos direitos dos indivíduos e nas intenções associadas a um dado comportamento, e não nas suas conseqüências. Para os deontologistas, é fundamental que todas as pessoas sejam tratadas com igual respeito. Ao contrário dos utilitaristas, os deontologistas argumentam que há certas coisas que não devemos fazer nem mesmo para maximizar a utilidade. Enquanto as filosofias teleológicas consideram os fins associados ao ato, as filosofias deontológicas levam em conta os meios.

As filosofias deontológicas usam a razão e a lógica para formular regras de comportamento. Ademais, fundamentam-se na "regra de ouro" da tradição judaico-cristã[90] e nas bases do direito natural: "faze aos outros o que queres que eles te façam".[91]

Exemplo

Suponhamos uma cooperativa de consumo dominada por um grupo de empresários. Nesse caso, a direção do CA poderia alterar a missão social, política e econômica da associação original conforme os interesses mercantis ou capitalistas daquele grupo.

A Cooperhodia foi criada em 1954 em Santo André, no estado de São Paulo, com o objetivo de oferecer aos trabalhadores da Rhodia bens de consumo em seus supermercados. Desde 1976, a Cooperhodia passou a aceitar qualquer pessoa como sócio e, até 2000, contava cerca de 850 mil associados.

O tradicional símbolo do cooperativismo foi substituído pela marca Coop para propagar a imagem de empresa moderna, segundo a direção do CA.[92] A Coop oferece aos associados produtos mais baratos que os da concorrência, paga melhores salários aos empregados, tidos como associados, concede-lhes maiores benefícios funcionais e oferece-lhes café da manhã

continua

---

[90] Ferrel, 2001.

[91] Pérez, 1988.

[92] Monte, 2001.

gratuitamente. Consegue abrir novos supermercados com recursos próprios. Segundo a direção, tudo isso é visto como a "capacidade de conciliar generosidade e resultados".

Cooperativa ou empresa? Para responder a essa questão, planejou-se entrevistar pelo menos a metade mais um dos 4 mil associados de um desses supermercados, situado na cidade de Santo André. Posteriormente, porém, reduziu-se a amostra para 1% desse universo, obtendo-se resultados *significativos e fidedignos* com essa pequena *amostra não-probabilística de julgamento*.[93] Constatou-se que 85,6% não sabem o que são quotas-partes; 91,2% desconhecem o que é uma AGS; 87,2% ignoram o que são sobras líquidas; 93,6% não sabem o que é um CA; 91,6% nunca participaram de uma AGS para eleger os dirigentes do CA e os membros do CF; 90,8% nunca receberam uma convocação para participar das AGSs; 86,4% afirmaram não haver diferença de preços em relação à concorrência; e 84,4% destacaram apenas o crédito para 30 dias e os preços baixos dos remédios.

Suponhamos que um grupo de agenciadores de mão-de-obra técnica e especializada decide criar uma cooperativa multifuncional e dar-lhe a razão social de cooperativa de profissionais da saúde, visando atrair um número expressivo de profissionais, tanto da saúde quanto de apoio administrativo, todos admitidos como associados. Tudo isso para obter maior lucratividade na intermediação dos serviços desses profissionais a terceiros, graças à isenção dos encargos trabalhistas e de outros deveres legais pertinentes às atividades mercantis.

À guisa de denúncia de fraudes trabalhistas, foi encaminhado ao ministro do Tribunal Superior de Trabalho um prospecto da Cooperativa de Serviços Múltiplos do Nordeste (Nortecooper), sediada em Fortaleza. Esta oferecia às empresas interessadas em reduzir custos na área de contratação o serviço de locação de mão-de-obra livre de direitos trabalhistas, tais como férias, 13º salário e licença-maternidade.[94]

Propagandas similares foram veiculadas em jornais do estado de São Paulo e em publicações internas pela Sociedade Cooperativa dos Profissionais da Área da Saúde,[95] bem como nos informativos da Cooperativa de Profissionais da Saúde (Cooperplus).[96]

---

[93] Kotler, 2000.

[94] TST, 2002.

[95] Coopserv, 2002a; 2000b.

[96] *Informativo Cooperplus*, Tatuapé, 2002.

No caso da ex-Cooperhodia, as pesquisas indicam um perfil organizacional de rede de supermercados comum, pois a oferta de crédito e preços baixos para consumidores cadastrados por si só não reflete os princípios básicos do cooperativismo. Ademais, se os empregados recebem salários, estão sujeitos a cartão de ponto e regime de subordinação funcional, e também são considerados associados, isso quer dizer que a direção da ex-Cooperhodia os discrimina, no tocante a direitos e deveres, em relação aos demais associados consumidores.

Além disso, como concorre deslealmente no mercado, a ex-Cooperhodia pode perder credibilidade diante dos concorrentes e desgastar sua imagem perante os associados, as associações de classe, a opinião pública etc. Está igualmente sujeita a prejuízos mercadológicos, devido à desvalorização da marca, e a penalidades legais referentes às atividades mercantis. Em vez de fortalecer o movimento cooperativista, conforme enaltece a direção do CA, enfraquece-o, porquanto abre precedente para a criação de empresas disfarçadas de cooperativas.[97]

A Coopserv e a Cooperplus têm perfil de empresa de terceirização de mão-de-obra, pois foram criadas por empresários sem nenhum vínculo profissional com a atividade-fim da cooperativa, conforme registrada em sua razão social: cooperativa de profissionais da saúde. Justificariam tal denominação se dirigidas por profissionais da área da saúde, como as Unimed, onde os cargos do CA e do CF são exclusivos dos médicos. Nas Unimed, consideram-se associados somente esses profissionais, enquanto a Coopserv e Cooperplus mantêm como associados profissionais de áreas diversas. Tanto assim que a Cooperplus anuncia vagas tanto para cargos da suposta atividade-fim, quanto para a área de apoio administrativo ou operacional, como ocorre nas empresas comuns.[98]

Tal variedade de profissionais nas cooperativas levou a Secretaria Executiva da Aliança Cooperativa Internacional (ACI) a recomendar certa homogeneidade econômica, social e profissional no quadro de associados, sob pena de inviabilizar a autogestão.[99] Pois ao criarem as chamadas "pseudocooperativas" ou "coopergatos",[100] os empresários se tornam seus únicos donos, podendo assim simular eleições para os cargos do CA ou manter amigos nos cargos do CF.

A ex-Cooperhodia, a Coopserv e a Cooperplus infringem o princípio do controle democrático pelos sócios e o princípio de um homem, um voto, uma vez que os associados não participam da AGS para eleger os dirigentes do CA ou os fiscais do CF. Tais disfunções organizacionais inviabilizam a autogestão e violam o princípio da autonomia e independência nas cooperativas: "As cooperativas são

---

[97] Singer, 2002; Pinto, 2000; Schneider, 1991.

[98] *Informativo Cooperplus Tatuapé*, 2002.

[99] Crúzio, 1999b.

[100] *O Estado de S. Paulo*, 14-7-2002; *Diário do Grande ABC*, 30-11-2001.

organizações autônomas de ajuda mútua, controladas por seus membros. Entrando em acordo operacional com outras entidades, inclusive governamentais, ou recebendo capital de origem externa, devem fazê-lo de forma a preservar seu controle democrático pelos sócios e a manter sua autonomia".

Vale ressaltar que na ética deontológica os meios não justificam os fins, por mais generosos que sejam. Portanto, não procedem os argumentos da ex-Cooperhodia, alegando vantagens econômicas para os associados, nem da Coopserv e da Cooperplus, no tocante à geração de emprego e renda, uma vez que elas estão lesando outros direitos dos associados.

Estas e outras cooperativas costumam propagar, em editoriais próprios ou matérias jornalísticas pagas, as vantagens econômicas propiciadas aos associados mediante a distribuição das sobras líquidas, em torno de 30 a 35%. No entanto, no caso da Cooperplus, um dos médicos entrevistados afirmou desconhecer os montantes financeiros envolvidos nos contratos de prestação de serviços a terceiros, pois tais informações eram exclusivas da direção do CA.

Além disso, a Coopserv e a Cooperplus propalam conceder fundos aos associados para garantir-lhes renda, caso se vejam impossibilitados de trabalhar. Mas, segundo o mesmo entrevistado, de seu salário são retirados R$85,07, valor compulsório denominado abono. No demonstrativo de pagamento por ele apresentado observaram-se outros descontos, similares às provisões trabalhistas das empresas comuns, apenas com outras denominações. No entanto, ele não tem direito ao 13º salário, não pode assumir contratos com menos de 20 horas semanais e deve cumprir horário preestabelecido, por exigência do ambulatório que contrata seus serviços através da Cooperplus. São imposições que configuram a relação emprego, segundo as leis trabalhistas, em contraste com a autogestão cooperativista, pela a qual o associado combina as condições de trabalho prestado a terceiros.[101]

A ex-Cooperhodia, a Coopserv, a Cooperplus e similares costumam enaltecer os princípios básicos do cooperativismo e se dizem cumpridoras da Lei nº 5.764/71. No entanto, como atestam as pesquisas e também o Tribunal Superior do Trabalho,[102] lesam os trabalhadores por meio da propaganda enganosa de falsos ganhos econômicos, confundindo assim a opinião pública, os órgãos de fiscalização, as associações de classe e as empresas contratantes de serviços.

A ex-Cooperhodia, a Coopserv e a Cooperplus se assemelham às chamadas "cooperativas híbridas", como as Cooperativas de Profissionais da Saúde dos Serviços Municipais e Estaduais do Município do Rio de Janeiro[103] e as extintas Coope-

---

[101] Saad, 1999; Rangel, 2002; TST, 2002.

[102] TST, 2002.

[103] Teixeira, 2002.

Marketing social e ético nas cooperativas

rativas do Plano de Atendimento à Saúde (PAS), no estado de São Paulo.[104] No entanto, conforme a classificação das cooperativas registrada pela Organização das Cooperativas Brasileiras,[105] não existem "cooperativas multifuncionais" nem "cooperativas híbridas". Portanto, estas são criadas e mantidas à margem da Lei nº 5.764/71, dos princípios básicos do cooperativismo e da Consolidação das Leis do Trabalho.

Ora, as questões éticas podem ser analisadas de perspectivas diversas. Todos os tipos de filosofias morais em discussão teriam uma base diferente para julgar se uma determinada decisão ou ação é certa ou errada. Assim, pode-se dizer que não existe uma única forma de tomar uma decisão ética. Isto posto, a perspectiva moral relativista pode ajudar a compreender como, na prática, as pessoas tomam decisões.

Na filosofia moral *relativista* a conduta ética deriva das experiências dos indivíduos e grupos. Os relativistas tomam a si mesmos e as pessoas em volta como base para definir padrões éticos. Observam as decisões ou ações dos membros de algum grupo relevante e procuram determinar o consenso existente quanto a um dado comportamento. Consenso positivo significa que a ação é considerada certa e ética. Tais juízos não permanecem válidos para sempre: à medida que o grupo evolui ou muda de constituição, um comportamento antes aceito pode passar a ser considerado antiético ou errado.[106]

Exemplo

Tomemos novamente o caso do empresário que impõe aos digitadores a constituição de uma cooperativa para desobrigar-se dos encargos trabalhistas. Na perspectiva da moralidade relativista, o empresário deveria discutir o problema com esses profissionais para chegar a um consenso quanto à missão social, política e econômica da cooperativa.

Vejamos agora o caso das cooperativas agrícolas ou agroindustriais que conferem benefícios diferenciados aos sócios. Na perspectiva da moralidade relativista, o presidente do CA, antes de optar pela concessão de benefícios extras a determinados sócios, deveria submeter o problema à discussão e decisão final da AGS, conforme o princípio de um homem, um voto. Procuraria conhecer as diferentes perspectivas filosóficas dos demais integrantes do grupo e tentaria chegar a um consenso.

continua

---

[104] Crúzio, 2002.
[105] OCB, 1999.
[106] Ferrel, 2001.

> Quanto à cooperativa de consumo dominada pelos empresários, na ótica da moralidade relativista os dirigentes do CA deveriam consultar a AGS a respeito da mudança dos objetivos sociais, políticos e econômicos da cooperativa original. Ou seja, decidir entre continuar como cooperativa ou assumir definitivamente o perfil de empresa mercantil de fato, como fazem os supermercados comuns, sujeitando-se às leis locais.

Nas cooperativas em geral, deliberar ou agir consensualmente, com respaldo na AGS e nas leis cooperativistas ou locais, é valorizar o princípio da preocupação com a comunidade: "As cooperativas trabalham pelo desenvolvimento sustentável de suas comunidades, através de políticas aprovadas por seus membros".

Na ética da *virtude*, a virtude moral é uma disposição adquirida e valorizada como parte do caráter. O indivíduo que tem como traço de caráter a honestidade terá propensão a dizer a verdade porque isso é considerado certo e o deixa bem consigo mesmo. Assim procederá, também, por causa da importância desse comportamento para a comunicação humana. A virtude é tanto mais elogiável porque se adquire por meio da prática e do compromisso.[107]

Segundo a ética da virtude, o que é moral numa dada situação não representa apenas o que a moralidade convencional ou os preceitos morais recomendam, por mais justificados que sejam, mas também o que uma pessoa de "bom" caráter consideraria apropriado. Tal ética pressupõe uma série de constantes transcendentais que permeiam a equação moral. Essas constantes são definidas como eternas, sem qualquer especificidade cultural. Além do mais, a virtude pode ser reforçada pela crença, pelo conhecimento e pelo comportamento subseqüente.[108]

O credo do indivíduo que age com base na ética da virtude poderia ser assim resumido: "não queiras para os outros o que não queres para ti". Assim, nas cooperativas, a viabilidade de sua missão social, política e econômica, dentro dos princípios básicos do cooperativismo, vai depender da presença de certas virtudes nas decisões ou ações de seus associados, dirigentes e empregados. Tais virtudes são a confiança, a empatia, a veracidade, a eqüidade e o autocontrole. Os opostos dessas virtudes seriam a mentira, o logro, a fraude e a corrupção.

---

[107] Velasquez, 1998.

[108] Ferrel, 2001.

Exemplo

Suponhamos que numa cooperativa a presidência do CA vem-se reelegendo há mais de 15 anos seguidos. As contas do balanço são apresentadas e aprovadas pela AGSs, sempre com menos da metade mais um dos associados inscritos na cooperativa. Tudo isso com a aprovação do CF. As discussões nas AGSs são sempre monopolizadas por um grupo de sócios cujos membros ocupam permanentemente os cargos do CA ou do CF. Suponhamos também que foi decretada a falência da cooperativa, havendo indícios de desfalques financeiros cometidos pelo referido grupo de amigos no poder.

Pois o mesmo aconteceu com uma cooperativa de trabalho médico (Unimed) na cidade de São Paulo[109] e com a maior cooperativa agrícola do país, a extinta Cooperativa Agrícola de Cotia (CAC), entre outras.[110]

Ora, nesses casos, na perspectiva da ética da virtude, provavelmente algum associado, fiscal do CF, empregado, cliente, fornecedor, agente financeiro, representante de classe etc. teria denunciado qualquer irregularidade, de modo a preservar a eqüidade, justiça e o bem comum na associação. E assim de fato ocorreu na intervenção fiscal exemplar do CF na administração do CA de uma cooperativa de trabalho médico sediada em Conselheiro Lafaiete, no estado de Minas Gerais.[111] Por outro lado, a omissão individual ou coletiva é sinal de conivência com tais irregularidades.

O quadro 11 mostra alguns valores da virtude para auxiliar os membros de qualquer tipo de cooperativa a discernirem o que é certo ou errado, conforme os casos apresentados.

Quadro 11
Valores da virtude

Confiança: é a predisposição para confiar no comportamento de terceiros e, ao mesmo tempo, assumir o risco de que a esperada conduta não se realize. A confiança entre os membros das cooperativas pode economizar custos com investigações sobre o cumprimento de contratos e compromissos recíprocos. Tudo isso com base nas promessas de que os acordos serão cumpridos.

continua

---

[109] ANS, 2000.

[110] Crúzio, 1999b.

[111] Ver apêndice 1.

> *Empatia*: é a capacidade de compartilhar sentimentos ou emoções com todos aqueles que participam dos negócios da cooperativa, procurando conhecer-lhes as necessidades, percepções ou preferências e/ou satisfações. O sucesso nas relações de troca depende do bom tratamento dispensado aos que nelas estão envolvidos, pois sempre é possível procurar as ofertas da concorrência.
>
> *Veracidade*: é a disposição para fornecer informações corretas, conforme os fatos. Prezar a verdade gera confiança e fortalece a imagem da cooperativa perante associados, consumidores, fornecedores, agentes financeiros e a opinião pública.
>
> *Eqüidade*: é a disposição baseada no desejo de sanar injustiças cometidas contra associados, consumidores, fornecedores etc. A eqüidade implica agir corretamente no tocante às pequenas coisas, visando cultivar relacionamentos duradouros.
>
> *Autocontrole*: é a disposição para evitar vantagem ou prazer imediatos, principalmente com relação aos benefícios proporcionados pela cooperativa. Ou seja, é evitar aproveitar uma oportunidade para satisfazer o interesse próprio em detrimento do bem-estar de todos na cooperativa.

Fonte: adaptado de Ferrel (2001).

O papel da cultura organizacional na conduta ética nas cooperativas

Praticar os valores da virtude nas cooperativas significa criar uma cultura organizacional própria, fundamentada no princípio da educação, treinamento e informação para os associados: "As cooperativas proporcionam educação e treinamento aos sócios, dirigentes eleitos, administradores e funcionários, de modo a contribuir efetivamente para o seu desenvolvimento. Eles deverão informar o público em geral, e os jovens e os formadores de opinião em particular, sobre a natureza e os benefícios da cooperação".

Essa é também a maneira de garantir o princípio do retorno das sobras aos associados: "A cooperativa não visa a lucros, o que seria remuneração do capital. Se houver sobras no fechamento do balanço anual, estas se destinarão aos fundos previstos no estatuto da cooperativa, ficando o restante à disposição da assembléia geral, que decidirá livremente sobre sua destinação. Se os cooperados decidirem pela distribuição, as sobras serão distribuídas proporcionalmente à participação de cada cooperado".

Estudos mostram que, quanto mais ética for a cultura da organização, menores serão as oportunidades para as decisões antiéticas.[112] Por cultura organizacio-

---

[112] Ferrel, 2001.

nal entende-se o conjunto de valores, crenças, metas, normas e procedimentos compartilhados pelos membros da organização.[113]

Nas cooperativas, assim como nas demais organizações,[114] tal cultura deve ser criada pelos fundadores, conforme suas atitudes, convicções e padrões de comportamento. Além de promover a integração entre os membros, a cultura organizacional pode prescrever regras de condutas morais nas relações de troca dentro e fora das cooperativas.

Todavia, a cultura organizacional de uma cooperativa pode ser influenciada por terceiros,[115] ou seja, grupos internos (profissionais contratados para cargos de direção, supervisão, gerência etc.) e externos (agremiações ou organizações de classe às quais esses profissionais pertencem). Assim, o contato com elementos que se comportam de maneira antiética pode influenciar o comportamento dos indivíduos que constituem as organizações cooperativas, conforme a máxima "diga com quem andas que direi quem tu és".

Daí a importância de existirem dispositivos administrativos ou fiscais para coibir decisões ou ações consideradas eticamente incorretas em todos os níveis hierárquicos das cooperativas. Vale notar, porém, que a corrupção nas cooperativas brasileiras não deve ser vista somente pelos aspectos morais e éticos. Segundo pesquisas feitas em empresas nacionais, há uma forte relação entre o baixo desempenho da economia e o alto índice de corrupção.[116] Assim, direta ou indiretamente as cooperativas brasileiras podem sofrer algum tipo de restrição de valor ou mercado, já que atuam em quase todos os setores da economia.[117] Além disso, outros estudos indicam que a conduta ética nas organizações está positivamente ligada ao retorno dos investimentos e dos ativos e ao crescimento das vendas.[118]

Códigos de condutas éticas em função dos princípios básicos do cooperativismo

A ética normativa, que trata das proibições, está aqui associada aos princípios básicos do cooperativismo enquanto normas e regulamentos reproduzidos nos estatutos sociais de quaisquer tipos de cooperativas. Já a ética prescritiva, que trata das obrigações, está associada aos códigos de condutas éticas tal como apresentados nos quadros 12 a 20.

Os modelos de códigos de condutas éticas apresentados a seguir dizem respeito às responsabilidades sociais, políticas e econômicas que competem a todos

---

[113] Smircich, 1983.

[114] Daft, 1983.

[115] Cunningham & Ferrel, 1999.

[116] Malvessi, 2001.

[117] Arruda, 2002.

[118] Ferrel, 2001.

os membros de uma cooperativa, além do simples cumprimento de normas e regulamentos estatutários. Em outras palavras, trata-se de uma atitude preventiva contra a descaracterização do ato cooperativo. Assim, cada cooperativa deve desenvolver seu próprio código de conduta ética, conforme suas preocupações sociais, políticas e econômicas. Além disso, tal código deve ser atualizado à medida que vão surgindo novos problemas de conduta ética no dia-a-dia dos negócios dentro e fora da cooperativa.

Quadro 12

A ética normativa em função do princípio da adesão voluntária e livre

"As cooperativas são organizações voluntárias, abertas a todas as pessoas aptas a usar serviços e dispostas a aceitar as responsabilidades de sócio, sem discriminação social, racial, política, religiosa ou de gênero."

A ética prescritiva em função do princípio da adesão voluntária e livre

- ❑ Evitar a admissão na cooperativa de todo aquele que, direta ou indiretamente, esteja envolvido em alguma operação ou atividade considerada ilegal perante as leis locais ou internacionais.
- ❑ Desligar o sócio, dirigente ou empregado da cooperativa que, direta ou indiretamente, esteja envolvido em alguma operação ou atividade considerada ilegal perante as leis locais ou internacionais.
- ❑ Suspender qualquer relação de troca produtiva, comercial ou de serviços que, direta ou indiretamente, esteja ligada a trabalho do menor, prostituição infantil, tráfico de drogas, contrabando de armas ou tráfico de espécies da flora ou fauna ameaçadas de extinção e protegidas pelos órgãos competentes.
- ❑ Admitir como associado toda pessoa física ou jurídica que se disponha a esclarecer, perante a assembléia geral dos sócios, seus interesses sociais, políticos ou econômicos na associação.
- ❑ Admitir como associado toda pessoa física ou jurídica cujas idéias ou atividades não sejam conflitantes com a cultura corporativa da associação nem com sua missão social, política e econômica.
- ❑ Desligar o sócio, dirigente ou empregado que usar o nome da cooperativa para realizar operação ou atividade externa considerada ilegal perante o estatuto social e as leis locais ou internacionais ou para praticar algum tipo de agiotagem como atravessador, prestamista etc.
- ❑ Advertir, embargar nos serviços da cooperativa ou desligar, conforme a reincidência ou gravidade da infração, o associado, dirigente ou empregado que

continua

praticar, dentro ou fora da cooperativa, discriminação social, racial, religiosa ou de gênero.

❑ Desligar o associado, dirigente ou empregado que praticar atos de pedofilia, assédio sexual ou qualquer tipo de chantagem dentro ou fora da cooperativa.

❑ Desligar o associado, dirigente ou empregado da cooperativa que lesar o erário ou cometer furto ou outros crimes previstos no Código Civil brasileiro.

❑ Advertir, embargar nos serviços da cooperativa ou desligar, conforme a reincidência ou gravidade da infração, o associado, dirigente ou empregado que cometer transgressões estatutárias.

Quadro 13

A ética normativa em função do princípio do controle democrático pelos sócios

"As cooperativas são organizações democráticas controladas pelos seus sócios, que participam ativamente no estabelecimento de suas políticas e na tomada de decisões. Homens e mulheres, eleitos como representantes, são responsáveis perante os sócios. Nas cooperativas singulares, os sócios têm igualdade na votação (um homem, um voto); as demais cooperativas são também organizadas de maneira democrática."

A ética prescritiva em função do princípio do controle democrático pelos sócios

❑ Fortalecer a democracia na cooperativa, com base nos valores da *eqüidade* (ser justo e imparcial nos negócios dentro e fora da cooperativa), *liberdade* (direito de participar das decisões e ações da cooperativa) e *fraternidade* (respeito para com o outro nos negócios dentro e fora da cooperativa), enquanto requisitos indispensáveis para a escolha livre e soberana dos membros do conselho de administração (CA) e do conselho fiscal (CF).

❑ Propiciar meios administrativos para a participação dos associados nas decisões ou ações que traduzam os fins sociais, políticos e econômicos da cooperativa.

❑ Apoiar chapas eleitorais de associados para os cargos do CA e do CF, levando em conta a compatibilidade de sua plataforma com a missão social, política e econômica da cooperativa.

❑ Cuidar para que os sócios eleitos para os cargos do CA e do CF representem de fato os anseios da associação, conforme os votos de pelo menos a metade mais um dos associados inscritos na cooperativa.

continua

Conceito e desenvolvimento de marketing ético nas cooperativas

- Evitar tomar decisões do interesse de todos em reuniões viciadas da assembléia geral dos sócios com menos da metade mais um dos associados inscritos na cooperativa.
- Apoiar a reeleição para os cargos do CA e do CF, desde que os candidatos tenham demonstrado competência administrativa e fiscal na gestão anterior e, principalmente, não tenham praticado nenhum ato comprometedor da lisura nos negócios dentro e fora da cooperativa, tudo isso decidido em assembléia geral dos sócios mediante a soma dos votos de pelo menos a metade mais um dos associados inscritos na cooperativa.
- Evitar eleger para os cargos do CA e do CF os sócios que usam a cooperativa apenas como meio de tirar proveito em seus negócios particulares.
- Zelar pela representação democrática nas centrais, federações e confederações de cooperativas, no sentido de que os membros do CA e do CF sejam eleitos pelo voto aberto de todas as cooperativas singulares filiadas, dentro do mesmo segmento de atuação ou ramo de atividade.
- Eleger os representantes nas Organizações das Cooperativas Estaduais (OCEs) e na Organização das Cooperativas Brasileiras (OCB) conforme a contagem de votos de pelo menos a metade mais um dos representantes de todas as cooperativas, reunidos na forma de assembléias gerais de sócios, em seus respectivos segmentos.

Quadro 14
A ética normativa em função do princípio da participação econômica dos sócios

"Os sócios contribuem de forma eqüitativa e controlam democraticamente o capital de suas cooperativas. Parte desse capital é propriedade comum das cooperativas. Usualmente, os sócios recebem juros limitados (se houver algum) sobre o capital, como condição de sociedade. Os sócios destinam as sobras aos seguintes propósitos: desenvolvimento das cooperativas, possibilitando a formação de reservas (parte das quais podem ser indivisíveis); retorno aos sócios na proporção de suas transações com as cooperativas; e apoio a outras atividades aprovadas pelos sócios."

A ética prescritiva em função do princípio da participação econômica dos sócios
- Gerenciar o capital social da cooperativa de forma justa e eqüitativa, mediante correção anual de juros conforme critérios estabelecidos no estatuto social da cooperativa.

continua

- Respeitar os direitos dos associados com relação às sobras líquidas, proporcionalmente à quantidade das mercadorias entregues na cooperativa ou aos serviços prestados, conforme critérios estabelecidos no estatuto social.
- Instruir os associados a reinvestirem o total ou parte das sobras líquidas na expansão das atividades, na compra de materiais e equipamentos, na adequação dos espaços físicos e na capacitação dos associados e empregados, cuja decisão final obedecerá à contagem dos votos de pelo menos a metade mais um dos sócios inscritos na cooperativa.
- Recolher os percentuais devidos ao fundo de reserva, ao fundo de assistência técnica, educacional e social (Fates) e outros, conforme critérios estabelecidos no estatuto social da cooperativa.
- Ratear as despesas gerais da cooperativa com os associados, proporcionalmente ao uso da infra-estrutura física, equipamentos, materiais ou serviços da cooperativa.
- Discutir com os associados, reunidos em assembléia geral dos sócios, os ajustes percentuais para correção do capital social, do fundo de reserva e do fundo de assistência técnica, educacional e social (Fates), bem como a criação de outros fundos do interesse da cooperativa.
- Tornar disponíveis aos associados, a qualquer momento, as contas da cooperativa referentes a produção, comercialização ou serviços internos e externos, bem como recibos, notas fiscais, contratos, extratos bancários etc.
- Cuidar para que todas as decisões ou ações que impliquem riscos financeiros e econômicos para os associados ou para o patrimônio da cooperativa sejam deliberadas em reunião da assembléia geral dos sócios, com pelo menos a metade mais um dos associados inscritos na cooperativa.
- Cumprir fielmente todos os contratos com associados, fornecedores externos, revendedores, agentes financeiros etc., relativos a quantidade e qualidade das mercadorias transacionadas, prazos de entrega, condições de embalagem e transporte, pagamentos de notas promissórias etc.
- Priorizar, na assembléia geral dos sócios, a lisura nos negócios dentro e fora da cooperativa, apresentando relatório anual devidamente aprovado pelo CF, tudo explicado de forma clara e objetiva, bem como os comprovantes das contas, contratos, recibos e outros documentos do interesse dos associados.

Conceito e desenvolvimento de marketing ético nas cooperativas 55

Quadro 15
A ética normativa em função do princípio de autonomia e independência

"As cooperativas são organizações autônomas de ajuda mútua controladas por seus membros. Entrando em acordo operacional com outras entidades, inclusive governamentais, ou recebendo capital de origem externa, deverão fazê-lo de forma a preservar seu controle democrático pelos sócios e a manter a autonomia."

A ética prescritiva em função do princípio de autonomia e independência

- ❑ Manter estreito relacionamento com partidos políticos, sindicatos ou outras representações do gênero, locais e internacionais, desde que tais vínculos não interfiram na autonomia da cooperativa.
- ❑ Permitir que candidatos ao governo municipal, estadual ou federal venham expor sua plataforma social, política ou econômica aos associados, desde que com o consentimento de pelo menos a metade mais um dos associados inscritos na cooperativa.
- ❑ Recusar qualquer doação feita unicamente por interesse político ou eleitoreiro.
- ❑ Aceitar qualquer doação financeira ou material de órgãos públicos e privados, locais e internacionais, desde que isso não venha a comprometer a missão social, política e econômica da cooperativa.
- ❑ Rejeitar quaisquer doações de contraventores locais ou internacionais, bem como punir o associado, dirigente ou empregado que as aceite em nome da cooperativa ou de outra forma.
- ❑ Advertir ou desligar, conforme a gravidade ou reincidência da infração, o associado, dirigente ou empregado que, sem o consentimento da assembléia geral dos sócios, usar o nome da cooperativa para acordo eleitoreiro ou troca de favores nos serviços públicos municipais, estaduais ou federais.
- ❑ Apoiar as iniciativas do poder público municipal, estadual ou federal ligadas à criação de cooperativas (incubadoras), desde que não tenham finalidade política ou eleitoreira.
- ❑ Manter estreito relacionamento com outras cooperativas singulares, centrais, federações e confederações de cooperativas, visando discutir os rumos das políticas municipais, estaduais e federais, sobretudo no que se refere às necessidades sociais e econômicas dos associados, empregados e familiares, bem como da comunidade local.
- ❑ Vigiar as decisões ou ações dos dirigentes das centrais, federações e confederações de cooperativas, no que se refere a acordos que atendam a interesses particulares ou eleitoreiros e comprometam a autonomia social, política e econômica da cooperativa.

continua

- Manter estreito relacionamento com o Conselho Nacional do Cooperativismo (CNC) e órgãos do Ministério Público do Trabalho, visando encontrar meios institucionais e legais não só para fortalecer a autonomia das cooperativas, mas também para combater as falsas cooperativas.
- Estabelecer contato com entidades internacionais, como a Federação Internacional de Produtores Agrícolas (Fipa), a OIT, a FAO e a OMC, através da International Cooperative Alliance (ICA) e do Comitê para o Progresso e Avanço das Cooperativas (Copac), visando maior esclarecimento sobre as novas relações de trabalho e os efeitos da globalização na autonomia das cooperativas.

Quadro 16

A ética normativa em função do princípio da educação, treinamento e informação

"As cooperativas proporcionam educação e treinamento aos sócios, dirigentes eleitos, administradores e funcionários, de modo a contribuir efetivamente para o seu desenvolvimento. Eles deverão informar o público em geral, particularmente os jovens e os líderes formadores de opinião, sobre a natureza e os benefícios da cooperação."

A ética prescritiva em função do princípio da educação, treinamento e informação

- Revitalizar e propagar a democracia e a ética nos negócios da cooperativa, através de seu comitê educativo, conforme os valores da eqüidade, liberdade e fraternidade.
- Submeter à assembléia geral dos sócios um código de conduta ética fundamentado nos princípios básicos do cooperativismo, enquanto responsabilidades éticas dos membros da associação.
- Manter no comitê educativo da cooperativa uma equipe de especialistas na prática dos princípios básicos do cooperativismo, visando instruir os novos associados.
- Estabelecer uma missão corporativa para os negócios da cooperativa, de modo que todos possam compartilhar valores sociais, políticos e econômicos conforme a cultura organizacional da associação.
- Delegar poderes ao comitê educativo para, em conjunto com uma comissão de conduta ética, instruir os associados, dirigentes, conselheiros fiscais e empregados sobre as responsabilidades éticas nos negócios dentro e fora da cooperativa.

continua

❑ Divulgar na comunidade local o papel da cooperativa nas questões sociais, políticas e econômicas e perante o poder municipal, estadual ou federal.

❑ Esclarecer os familiares dos associados e os membros da comunidade local sobre os primeiros movimentos cooperativistas e os conseqüentes benefícios sociais, políticos e econômicos para a sociedade atual.

❑ Oferecer orientação pedagógica e atividades de recreação para crianças de sete a 11 anos, filhos de associados ou de membros da comunidade local, bem como cursos de iniciação para jovens de 12 a 14 anos e cursos profissionalizantes para jovens de 15 a 18 anos, mediante parcerias com organizações não-governamentais voltadas para as questões educativas.

❑ Formar novos gestores para o CA e fiscais para o CF, mediante convênios com universidades, escolas técnicas, institutos de pesquisa etc.

❑ Informar os membros da comunidade local sobre as características das falsas cooperativas, visando adverti-los de seus malefícios.

❑ Denunciar pela imprensa local, nacional e internacional a exploração da força de trabalho pelas falsas cooperativas.

❑ Colaborar com a International Cooperative Alliance (ICA) e o Comitê para o Progresso e Avanço das Cooperativas (Copac), via Organizações das Cooperativas Estaduais (OCEs) e Organização das Cooperativas Brasileiras (OCB), visando criar uma campanha contra as falsas cooperativas.

Quadro 17
A ética normativa em função do princípio da cooperação entre cooperativas

"As cooperativas atendem a seus sócios mais efetivamente e fortalecem o movimento cooperativo trabalhando juntas, através de estruturas locais, nacionais, regionais e internacionais."

A ética prescritiva em função do princípio da cooperação entre cooperativas

❑ Unir numa central, federação ou confederação as cooperativas singulares que atuam no mesmo segmento nos âmbitos municipal, estadual e federal.

❑ Participar das reuniões anuais dos representantes de cooperativas singulares, centrais, federações e confederações de cooperativas, para tratar de questões do interesse dos associados e das cooperativas em geral.

❑ Manter estreito relacionamento com as centrais, federações e confederações de cooperativas, visando discutir o conteúdo da atual legislação cooperativista e atualizar normas e regulamentos em função das novas relações de trabalho e dos efeitos da globalização nos negócios dentro e fora das cooperativas.

continua

- ❑ Eleger representantes junto às Organizações das Cooperativas Estaduais (OCEs) e à Organização das Cooperativas Brasileiras (OCB) pelo voto aberto e por intermédio dos representantes das centrais, federações e confederações.
- ❑ Buscar nesses mesmos foros soluções para o problema das falsas cooperativas.
- ❑ Criar meios operacionais e legais para certificar as verdadeiras cooperativas.
- ❑ Incentivar as cooperativas singulares a manterem registros atualizados e recolherem as taxas de manutenção das Organizações das Cooperativas Estaduais (OCEs) e da Organização das Cooperativas Brasileiras (OCB), a fim de que estas possam dar combate às falsas cooperativas, conforme o art. 105 da Lei nº 5.764/71.
- ❑ Manter estreito relacionamento com o Conselho Nacional de Cooperativismo (CNC), o Banco Nacional de Crédito Cooperativista (BNCC), o Ministério Público do Trabalho e outros órgãos municipais, estaduais e federais, visando formular políticas eficazes de combate às falsas cooperativas.
- ❑ Trocar informações de interesse comum com outras cooperativas internacionais por intermédio do Comitê para o Progresso e Avanço das Cooperativas (Copac) e da International Cooperative Alliance (ICA).
- ❑ Representar os interesses da cooperativa junto à Fipa, OIT, FAO e OMC, por intermédio do Copac e da ICA.

Quadro 18

A ética normativa em função do princípio da preocupação com a comunidade

"As cooperativas trabalham pelo desenvolvimento sustentável de suas comunidades, através de políticas aprovadas por seus membros."

A ética prescritiva em função do princípio da preocupação com a comunidade

- ❑ Promover o desenvolvimento social, político e econômico dos associados e empregados da cooperativa, bem como de seus familiares e membros da comunidade local.
- ❑ Oferecer-lhes cursos básicos ou treinamento em gestão de cooperativas, bem como atividades culturais.
- ❑ Criar parcerias com órgãos públicos e organizações não-governamentais, visando financiar o ensino básico para os filhos de associados, empregados e membros da comunidade local.
- ❑ Elaborar programas, juntamente com representantes da comunidade local, visando à criação de frentes de trabalho auto-sustentáveis.

continua

Conceito e desenvolvimento de marketing ético nas cooperativas 59

- Fornecer aos membros da comunidade local condições especiais de crédito para a aquisição de bens de produção ou consumo.
- Firmar convênios ou parcerias com instituições públicas, privadas e não-governamentais, visando desenvolver programas de combate às drogas, à prostituição infantil e ao uso da força de trabalho do menor.
- Colaborar com as autoridades policiais civis e militares instaladas nos postos da comunidade local, visando formular um plano de ação contra o crime organizado, o contrabando de armas etc.
- Criar na sede da cooperativa áreas de lazer para os filhos de associados, empregados e membros da comunidade local, oferecendo-lhes também atividades esportivas e incentivos, como prêmios, bolsas de estudo etc.
- Instruir associados, empregados, familiares e membros da comunidade local sobre a importância do voto consciente na escolha dos futuros governantes municipais, estaduais e federais.
- Mostrar as responsabilidades que todos devem ter com relação à preservação da fauna, flora e mananciais.
- Mostrar-lhes, igualmente, a importância das denúncias anônimas contra o crime organizado, os maus-tratos a crianças ou idosos, o assédio sexual, a discriminação racial e outras infrações previstas no Código Civil brasileiro.
- Discutir com os representantes da comunidade local as prioridades sociais e econômicas relativas ao orçamento participativo.
- Oferecer recursos materiais para a instalação de creche para os filhos de associados e membros da comunidade local.

Quadro 19
A ética normativa em função do princípio de um homem, um voto

"Na cooperativa, cada cooperado tem um voto, independentemente de quotas-partes, e direito a votar e ser votado."

A ética prescritiva em função do princípio de um homem, um voto
- Esclarecer os associados sobre a importância desse princípio como requisito para viabilizar a democracia e a ética nos negócios da cooperativa, conforme os valores da eqüidade, liberdade e fraternidade.
- Advertir os associados dos possíveis prejuízos para a autonomia, as finanças, a economia e a estabilidade da organização quando se negligenciam as propos-

continua

tas relativas aos negócios dentro e fora da cooperativa submetidas à votação na assembléia geral dos sócios.
- Evitar tomar decisões que envolvam riscos financeiros ou econômicos para a cooperativa e seus associados em assembléia geral constituída de menos da metade mais um dos sócios inscritos.
- Nomear delegados para representar os associados na assembléia geral, com direito a voto, caso a cooperativa tenha mais de 3 mil sócios, conforme a Lei nº 5.764/71.
- Incluir na pauta da assembléia geral dos sócios, para discussão e votação, um item relativo às reivindicações dos associados previamente coletadas nas caixas de sugestões.
- Solicitar aos associados que compareçam às assembléias gerais munidos de cópias do estatuto social da cooperativa, a fim de fazerem prevalecer seus direitos e deveres na associação.
- Eleger os membros do CA e do CF em assembléia geral constituída de pelo menos a metade mais um dos associados inscritos na cooperativa.
- Eleger os conselheiros do CA e do CF junto às centrais, federações e confederações de cooperativas por meio do voto aberto em assembléia geral constituída por todos os representantes eleitos nas cooperativas singulares do mesmo ramo de atividade.
- Eleger os conselheiros do CA e do CF junto às Organizações das Cooperativas Estaduais (OCEs) e à Organização das Cooperativas Brasileiras (OCB) por meio do voto aberto em assembléia geral constituída pelos representantes eleitos de todas as cooperativas singulares brasileiras.
- Esclarecer aos associados, dirigentes e fiscais que toda decisão que extrapole os limites estatutários deverá ser submetida à assembléia geral extraordinária (AGE).
- Impugnar a qualquer tempo as decisões tomadas em assembléia geral dos sócios nas quais se verifiquem erro (falso juízo), dolo (uso de artifício para induzir alguém a praticar um ato), fraude (ação praticada de má-fé para ocultar a verdade ou fugir ao cumprimento do dever), simulação (mascaramento da verdade, conferindo direitos contrários aos que deveriam ser dados) ou transgressões estatutárias. Ademais, punir os responsáveis, a qualquer tempo, enquanto membros do quadro de sócios ou funcional da cooperativa.

Quadro 20
A ética normativa em função do princípio do retorno das sobras

"A cooperativa não visa a lucros, o que seria remuneração do capital. Se houver sobras no fechamento do balanço anual, estas se destinarão aos fundos previstos no estatuto da cooperativa, ficando o restante à disposição da assembléia geral, que decidirá livremente sobre sua destinação. Se os cooperados decidirem pela distribuição, as sobras serão distribuídas proporcionalmente à participação de cada cooperado."

A ética prescritiva em função do princípio do retorno das sobras

❑ Procurar obter o lucro exclusivamente nas relações de troca da cooperativa com os consumidores externos, revendedores, contratantes de serviços etc.

❑ Proporcionar lucro aos associados, na forma de sobras líquidas, conforme o volume de mercadorias comercializado na cooperativa ou dos serviços intermediados e vendidos a terceiros.

❑ Apresentar na assembléia geral dos sócios todas as contas referentes a receitas e despesas da cooperativa, na forma de relatório, tudo explicado de forma clara e objetiva, em linguagem acessível aos associados, conforme instruções do profissional encarregado da contabilidade.

❑ Apresentar aos associados ou aos órgãos do Ministério Público do Trabalho, a qualquer momento, todos os documentos que comprovem a lisura nos negócios dentro e fora da cooperativa, tais como atas da assembléia geral dos sócios, minutas de contratos de prestação de serviços a terceiros, contratos de compra ou venda de produtos, recibos de pagamento de salários etc.

❑ Aprovar o relatório anual das atividades da cooperativa em assembléia geral constituída de pelo menos a metade mais um dos associados inscritos.

❑ Cumprir fielmente as determinações estatutárias, sobretudo no que se refere a descontos percentuais ao final de cada exercício:

  ❑ recolher até 30% para o fundo de reserva;
  ❑ recolher até 10% para o Fates;
  ❑ cobrar juros de até 12% para correção das quotas-partes de cada associado;
  ❑ recolher a alíquota de 15% ao INSS, conforme o art. 6º da Regulamentação da Contribuição Previdenciária de Autônomos;
  ❑ distribuir entre os associados o total das sobras líquidas (lucro líquido) ou reinvestir parte das mesmas, conforme decisão da assembléia geral dos sócios.

❑ Advertir associados, dirigentes do CA e conselheiros do CF das possíveis penalidades previstas em lei para as seguintes infrações:

continua

- ❏ distribuir qualquer benefício das quotas-partes do capital social além dos juros máximos de 12% ao ano;
- ❏ receber participação nos resultados ou conceder gratificações aos dirigentes do CA ou a administradores contratados;
- ❏ estabelecer vantagens ou privilégios, financeiros ou não, para quaisquer associados ou terceiros, bem como pagar rendimentos a beneficiários não identificados;
- ❏ desvirtuar a finalidade da cooperativa, conforme previsto nos arts. 85, 86 e 87 da Lei nº 5.764/71.

O papel da cultura corporativa na conduta ética das cooperativas

Nas cooperativas, assim como nas demais organizações,[119] os regulamentos estatutários (ética normativa) ou os códigos de condutas éticas (ética prescritiva) em si não garantem os valores da eqüidade, justiça e bem comum, conforme os princípios básicos do cooperativismo, nos negócios internos ou externos. Por isso é necessário desenvolver a cultura corporativa de cada cooperativa.

A cultura corporativa possibilita às cooperativas revitalizar, manter e compartilhar com seus membros os valores da missão social, política e econômica estabelecida por seus fundadores. Para tanto é preciso implantar nas cooperativas o programa de conduta ética, consoante a cultura organizacional, sob responsabilidade da *função de conduta ética*, na comissão de ética (CE) alocada no comitê educativo. Já a fiscalização das decisões ou ações consideradas eticamente incorretas pode ficar sob a responsabilidade da *função fiscal*, no CF, conforme demonstrado no organograma da figura 1.

Os integrantes da CE devem ser eleitos em reunião da AGS, o que lhes confere legitimidade no exercício de sua função e maior segurança para lidar com possíveis intimidações, chantagens etc. A definição do número de membros da CE e também de seus mandatos pode seguir os mesmos critérios estatutários adotados para eleger os conselheiros do CA e do CF. Ademais, a CE não tem poder de mando, cabendo-lhe prestar consulta, informação e treinamento para o programa de

---

[119] Nash, 1993.

conduta ética, e tendo a palavra garantida na AGS para dar a conhecer aos associados os trabalhos desenvolvidos.

Exemplo

No caso da ex-Cooperhodia, a função dos fiscais da CE ou do CF, eleitos em AGS, seria examinar possíveis irregularidades no processo de transformação da cooperativa. Ou então, por iniciativa dos associados, em assembléia geral extraordinária (AGE), poderiam investigar a existência de irregularidades, tais como erro, dolo, fraude ou simulação. Caso o problema não tenha solução interna, também é possível abrir processo civil criminal.

Quanto à *função de treinamento* da conduta ética nas cooperativas, sob responsabilidade da CE, o programa de conduta ética poderia esclarecer a razão de cada um de seus códigos. Ou seja, treinar os associados, dirigentes e empregados, a fim de que possam compreender e acatar suas decisões ou ações. Por isso a função de treinamento deve ser confiada a uma comissão de associados especialistas nos princípios básicos do cooperativismo.

Exemplo

No caso de uma cooperativa de trabalho médico, a comissão de ética poderia ter as atribuições a seguir, no que diz respeito ao programa de conduta ética.

❑ *Quanto à implementação do código de conduta ética*
1. Divulgar o código de ética a todos os associados e empregados, bem como aos fornecedores, clientes, organizações representativas de classe etc., ou seja, todos que tenham participação nos negócios dentro e fora da cooperativa.
2. Ajudar associados, empregados e outros grupos mais envolvidos no dia-a-dia da cooperativa a interpretarem e compreenderem o código de conduta ética.
3. Explicar o papel das gerências e funções intermediárias de produção, finanças, comercialização, vendas e pessoal na implementação do código de conduta ética.

continua

64 Marketing social e ético nas cooperativas

4. Esclarecer os empregados da cooperativa a respeito de suas responsabilidades no que se refere ao código de conduta ética e suas aplicações.
5. Criar mecanismos para a apresentação de queixas, como caixa de sugestões, telefones anônimos etc.

❑ *Com relação ao treinamento do código de conduta ética*
1. Ajudar associados, empregados, fornecedores etc. a identificarem as dimensões éticas das decisões ou ações nos negócios dentro e fora da cooperativa.
2. Capacitar associados e empregados a resolverem problemas de conduta ética no dia-a-dia da cooperativa.
3. Ajudar associados e empregados a compreenderem a ambigüidade inerente às questões éticas.
4. Conscientizar associados e empregados de que seus atos definem a postura ética da cooperativa, tanto interna quanto externamente.
5. Dar orientação para que se possam identificar os associados ou empregados capazes de contribuir na solução de problemas éticos.

❑ *No que diz respeito ao desenvolvimento dos códigos de condutas éticas*
1. Coordenar, juntamente com a direção do CA, os conselheiros do CF e, se necessário, as diretorias, gerências, chefias etc., o programa do código de conduta ética e seu cumprimento.
2. Elaborar, revisar e divulgar o código de conduta ética da cooperativa.
3. Instituir um sistema eficaz de comunicação, a fim de revitalizar e difundir os valores da eqüidade, liberdade e fraternidade, conforme refletidos nos princípios básicos do cooperativismo e reproduzidos estatutariamente.
4. Estabelecer um sistema de auditoria e controle, aprovado pelos conselheiros do CF, visando avaliar a eficácia do programa do código de conduta ético.
5. Conceber meios eficazes para o cumprimento dos códigos de condutas éticas. Atualizar o programa de conduta ética e submetê-lo à AGS.

Fonte: adaptado de Crúzio (2000); Ferrel (2001); e Manley (1992).

Modelo de processo decisório

As funções de consulta, informação, treinamento e fiscalização, no tocante à cultura corporativa nas cooperativas, em função de suas respectivas culturas organizacionais e códigos de condutas éticas, podem ser operacionalizadas e monitoradas mediante o estabelecimento de algumas rotinas administrativas. A figura 1 apresenta um modelo de processo decisório, desenvolvido a partir de exemplos de rotinas administrativas pertinentes às condutas éticas nas decisões e ações das cooperativas, envolvendo o associado ou consumidor, a CE, o setor de compras e vendas (SCV), a gerência de marketing (GMK), a direção comercial, a presidência, o CF e a AGE.

Exemplo

1. Levar ao conhecimento da CE a denúncia do associado ou consumidor.
2. Investigar a denúncia, inquirir os envolvidos e levantar testemunhas ou documentos que comprovem os fatos junto ao SCV. Se o problema for grave (erro, dolo, fraude ou simulação), providenciar relatório, anexar comprovantes e seguir a rotina 3. Caso contrário, averiguar a necessidade de treinamento funcional ou esclarecimentos sobre o código de conduta ética.
3. Relatar por escrito a gravidade da conduta ética à gerência de marketing (GMK). Se não for do conhecimento da GMK, solicitar advertências funcionais ou o cumprimento do código de conduta ética. Caso contrário, seguir a rotina 4.
4. Relatar a gravidade da conduta ética à direção comercial. Se não for do conhecimento desta, solicitar advertências funcionais ou o cumprimento do código de conduta ética. Caso contrário, seguir a rotina 5.
5. Relatar a gravidade da conduta ética à presidência. Se não for do conhecimento desta, solicitar advertências estatutárias ou o cumprimento do código de conduta ética. Caso contrário, seguir a rotina 6.
6. Relatar a gravidade da conduta ética ao CF. Se não for do conhecimento do CF, solicitar advertências estatutárias ou o cumprimento do código de conduta ética. Caso contrário, seguir a rotina 7.
7. Convocar uma assembléia geral extraordinária (AGE) para relatar os fatos, apresentando provas documentais, testemunhas etc. Se os direitos dos envolvidos continuarem lesados, conforme o estatuto social, abrir um processo civil criminal contra os infratores.

Figura 1
Modelo de processo decisório

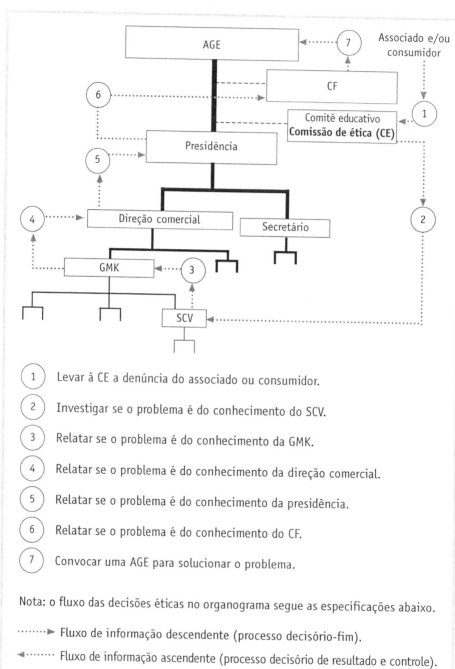

① Levar à CE a denúncia do associado ou consumidor.

② Investigar se o problema é do conhecimento do SCV.

③ Relatar se o problema é do conhecimento da GMK.

④ Relatar se o problema é do conhecimento da direção comercial.

⑤ Relatar se o problema é do conhecimento da presidência.

⑥ Relatar se o problema é do conhecimento do CF.

⑦ Convocar uma AGE para solucionar o problema.

Nota: o fluxo das decisões éticas no organograma segue as especificações abaixo.

▷ Fluxo de informação descendente (processo decisório-fim).

◁ Fluxo de informação ascendente (processo decisório de resultado e controle).

Fonte: adaptado de Crúzio (2002).

O papel da cultura corporativa nas decisões éticas do sistema cooperativista brasileiro

Para exercer o papel de fiscalização e controle das cooperativas brasileiras, conforme o art. 105 da Lei nº 5.764/71, tanto a Organização das Cooperativas Brasileiras (OCB) quanto suas filiadas, as Organizações das Cooperativas Estaduais (OCEs), devem compartilhar das culturas corporativas de todas as cooperativas, em todos os seus segmentos. Para tanto, devem exercer o princípio de um homem, um voto nas assembléias gerais dos sócios de todo e qualquer tipo de cooperativa, a começar por cooperativas singulares, centrais, federações e confederações de cooperativas, nessa ordem, a fim de permitir o revezamento de seus representantes conselheiros, tanto nos cargos do conselho de administração (CA) quanto nos cargos do conselho fiscal (CF), ou seja, o exercício da democracia nas representações de classes cooperativistas. Pois, conforme as pesquisas,[120] tanto as OCEs, em quase todos os estados brasileiros, quanto a OCB são tradicionalmente dirigidas por representantes oriundos exclusivamente das cooperativas agropecuárias.[121] Tal hegemonia tem dificultado as discussões sobre as necessidades sociais, políticas e econômicas dos demais segmentos de cooperativas.

Exemplo

Na cidade de Blumenau, estado de Santa Catarina, sob coordenação do Instituto Nacional de Pós-Graduação (INPG-SP), em convênio com a Fundação Universidade Regional de Blumenau (Furb), ministramos no ano de 2000 um curso de organização e administração de cooperativas para dirigentes e profissionais da área. Na ocasião, um dos participantes, presidente do CA da Cooperativa de Serviços e Seguros (Coopseg), fez a seguinte queixa: embora pague mensalmente as taxas convencionais à Organização das Cooperativas do Estado de Santa Catarina (Ocesc), nunca obteve resposta às cartas que lhe enviou solicitando participar das discussões sobre questões ligadas às cooperativas de crédito.

continua

---

[120] Crúzio, 1989, 1990, 1991, 1993, 1994, 1997, 1999a, 1999b, 2002.
[121] *Agroanalysis*, 2001b.

> A referida queixa nos remete ao passado do cooperativismo brasileiro: desde a década de 1930, por decreto do governo interventor, as cooperativas agropecuárias detêm a hegemonia na direção das OCEs e da OCB.[122]

Compartilhar das culturas corporativas de todos os tipos de cooperativas, a partir da legitimidade dos representantes nas OCEs e na OCB, permitirá não apenas o exercício da democracia cooperativista, mas também o fortalecimento do sistema de cooperativas, na medida em que os interesses de suas filiadas estarão representados tanto nos mercados internos quanto externos, por intermédio de outras entidades a elas ligadas direta ou indiretamente, como a ICA, o Copac, a Fipa, a OIT, a FAO e a OMC.[123]

Permitirá também desenvolver estratégias ou ações em conjunto, principalmente para combater as falsas cooperativas, bem como conhecer a opinião dos diversos segmentos de cooperativas a respeito da eficácia da atual legislação cooperativista, a Lei nº 5.764/71, e de outras que influenciam direta ou indiretamente as questões cooperativistas.

Exemplo

As representações de classe, como as centrais, federações e confederações em seus diversos segmentos, juntamente com as Organizações das Cooperativas Estaduais (OCEs), a Organização das Cooperativas Brasileiras (OCB), sediada no Distrito Federal, e as instituições governamentais, poderiam estudar meios de combater as falsas cooperativas, a começar pela revisão do parágrafo único do art. 442 da Lei nº 8.949/94, que propicia a proliferação das mesmas e cujo conteúdo contradiz a Lei nº 5.764/71 e a autogestão em cooperativa.[124]

continua

---

[122] Schneider, 1991; Crúzio, 1994, 1999b.

[123] Visto que o Copac é constituído por representantes da Fipa, da OIT, da FAO e da ONU, essa integração bem que poderia contribuir para promover os interesses comerciais das cooperativas brasileiras nos mercados internacionais através da OMC (*Agroanalysis*, 2001b).

[124] Saad, 1999; *O Estado de S. Paulo*, 21-7-2002 e 14-7-2002.

De imediato, poderiam esclarecer à opinião pública como identificar as falsas cooperativas e precaver-se contra suas ofertas enganosas. Tal incumbência caberia principalmente às OCEs e à OCB, uma vez que são mantidas pelas cooperativas singulares genuínas e, portanto, responsáveis pela fiscalização de todo e qualquer tipo de cooperativa, conforme a Lei nº 5.764/71.

Caberia inclusive rever a própria Lei nº 5.764/71, especialmente o parágrafo 2º do artigo 42, visto ser impraticável reunir 3 mil associados numa AGS. Conforme o referido artigo, "quando o número de associados nas cooperativas singulares exceder a 3 mil, pode o estatuto estabelecer que os mesmos sejam representados nas assembléias gerais por delegados (...)".[125]

Algumas iniciativas com relação à cultura corporativa nas cooperativas têm-se mostrado limitadas porque não envolvem todos os segmentos nem se levam a cabo em conjunto com as representações de classe de todas as OCEs estaduais e da OCB.

Exemplo

A Confederação Brasileira das Cooperativas de Trabalho (Cootrabalho), juntamente com o Banco do Brasil, promoveu recentemente um seminário para propor normas capazes de qualificar ou certificar as operações das cooperativas singulares que atuam dentro da legalidade.

Conforme a mídia local, tal evento contou com a presença apenas dos representantes da Organização Internacional do Trabalho (OIT) e da International Cooperative Alliance (ICA).[126]

A figura 2 apresenta um modelo para viabilizar a cultura corporativa e a conduta ética nos negócios dentro e fora das cooperativas brasileiras. Tal modelo possibilita a interação de cooperativas singulares, centrais, federações e confederações de cooperativas em seus diversos segmentos. Permite, igualmente, unir todas as cooperativas das OCEs e da OCB num sistema corporativo, conforme o art. 105 da Lei nº 5.764/71.

---

[125] OCB, 1990.
[126] *Gazeta Mercantil*, 12 a 18-9-2001.

Marketing social e ético nas cooperativas

Figura 2

Modelo para o sistema corporativo das cooperativas brasileiras

Cooperativa *singular* de trabalhos/serviços

Cooperativa *singular* de produção/consumo

Cooperativa *singular* de educação/outras

Federação das cooperativas de trabalhos/serviços

Federação das cooperativas de produção/consumo

Federação das cooperativas de educação/outras

Confederação das cooperativas de trabalhos/serviços

Confederação das cooperativas de produção/consumo

Confederação das cooperativas de educação/outras

Organizações das Cooperativas Estaduais (OCEs)

Organização das Cooperativas Brasileiras (OCB)

→ Eleições internas da AGS para dirigentes do CA e fiscais do CF.

- - - → Eleições externas de todas as AGSs para dirigentes do CA e fiscais do CF.

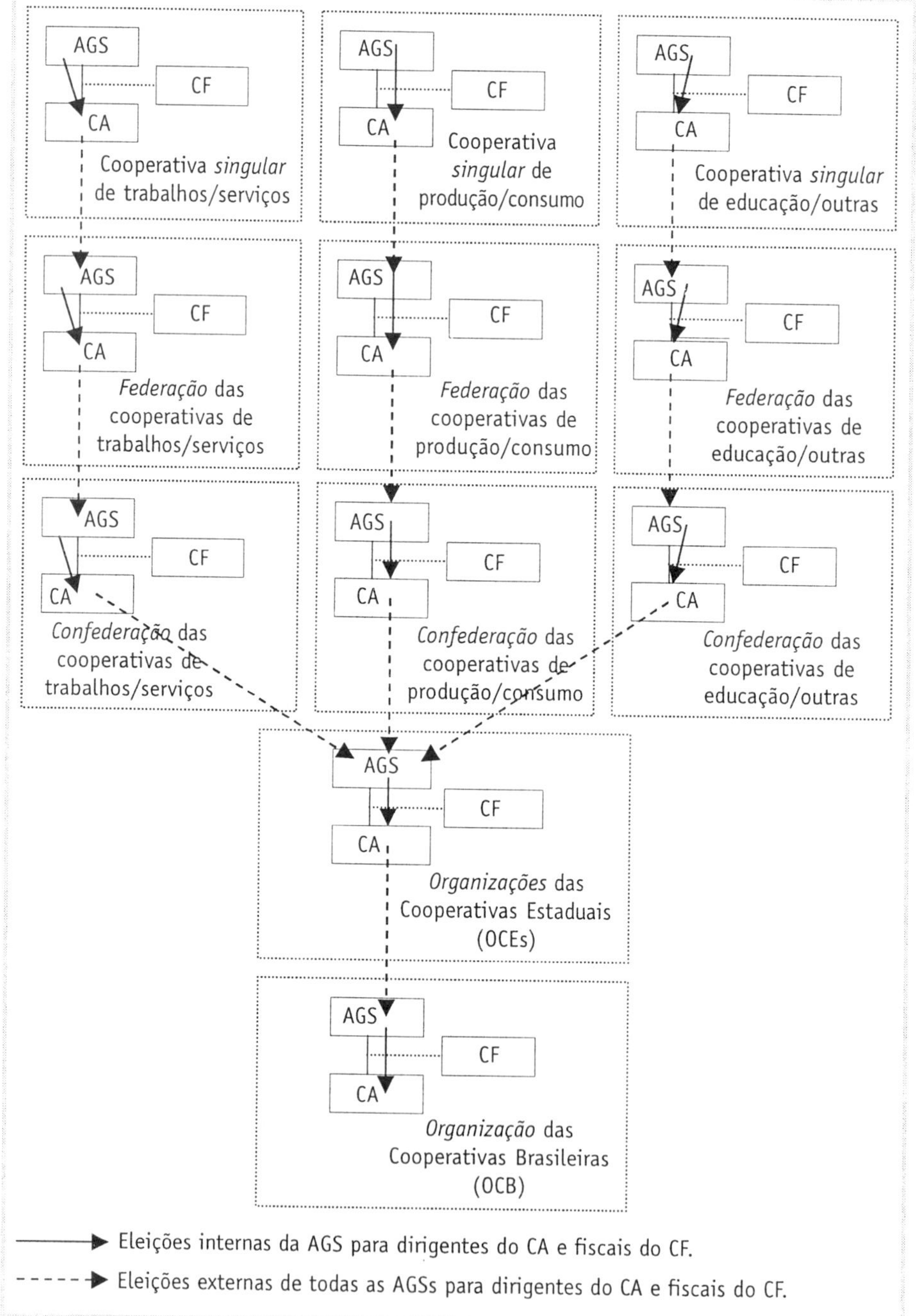

Nota: as setas indicam onde devem começar as eleições dos representantes internos e externos, conforme o art. 105 da Lei nº 5.764/71.

Até aqui discutimos três questões básicas referentes ao funcionamento das cooperativas brasileiras: a descaracterização do ato cooperativo, o comprometimento dos valores da eqüidade, justiça e bem comum nos negócios das cooperativas, e os desvios dos princípios básicos do cooperativismo. O quadro 21 mostra algumas opiniões de outros profissionais e dirigentes do cooperativismo local e internacional a respeito do funcionamento do cooperativismo brasileiro.

Quadro 21

Percepções internas e externas do funcionamento do cooperativismo brasileiro

Em pronunciamento num seminário sobre cooperativismo realizado em 2000 na cidade de Ribeirão Preto, o executivo sênior da Federação das Cooperativas Dinamarquesas (FDC) revelou que na Europa não existe uma legislação específica para as cooperativas, como no Brasil. Lá as cooperativas estão sujeitas às mesmas leis que as empresas comuns, não havendo nenhum privilégio. O que regula as cooperativas são os estatutos, o próprio comprometimento dos membros, suas próprias motivações. [127]

Já o presidente do CA da Cooperativa Regional Alfa (Cooperalfa), com cerca de 10 mil pequenos produtores, afirma: "no mundo inteiro, o sistema cooperativo já deu mostras de seus benefícios. No entanto, algumas cooperativas não foram e não vão bem por causa das pessoas, seja pelo despreparo técnico, político e moral (no sentido de compreender o diferencial cooperativo), seja por fator psicológico dos dirigentes, seja ainda por falta de vínculo com o cooperado. A limitação está nas pessoas, não no modelo".[128]

Tais afirmações mostram que as cooperativas singulares e as representações de classe, em todos os segmentos, devem discutir o funcionamento do cooperativismo brasileiro, principalmente no que se refere às lacunas na legislação que facilitam a proliferação das falsas cooperativas.

Ademais, é preciso tratar com os governos municipal, estadual e federal e com as organizações não-governamentais a respeito das iniciativas de fomento às cooperativas. Pois o simples ato de implantar cooperativas por decreto, como fazia o governo interventor na década de 1930, sem programas de doutrinação ou educação, poderá levar às disfunções organizacionais e administrativas anteriormente mencionadas.

Prova disso é que muitas cooperativas agrícolas criadas para amparar pessoas menos favorecidas economicamente estão sob o poder de outras menos necessitadas ou interessadas na causa da subsistência.[129]

continua

---

[127] *Preços Agrícolas*, 2000.
[128] *Agroanalysis*, 2000.
[129] Crúzio, 1999b, 1994.

> Além disso, se profissionais especializados, como médicos, psicólogos etc., são facilmente enganados pelas cooperativas multifuncionais e similares porque desconhecem seus direitos e deveres na associação, que dirá o expressivo número de trabalhadores brasileiros com pouco ou nenhum grau de instrução...
>
> Portanto, urge resolver tais questões, sob pena de desacreditar o sistema cooperativista brasileiro.
>
> Por exemplo, quanto à proposta do atual governo federal, no tocante ao fomento das cooperativas de crédito de livre associação, [130] é imprescindível elaborar programas de esclarecimento à opinião pública (principalmente para a população de baixa renda e de pouco grau de instrução) quanto aos aspectos básicos da organização e administração de tais associações, conforme demonstramos no apêndice 2. Tudo isso no sentido de evitar que as novas cooperativas de crédito se tornem simples repassadoras de recursos públicos ou alvos de oportunistas.

Isto posto, somente assim valorizar-se-á o princípio da cooperação entre as cooperativas: "as cooperativas atendem a seus sócios mais efetivamente e fortalecem o movimento cooperativo trabalhando juntas, através de estruturas locais, nacionais, regionais e internacionais".

No próximo capítulo abordaremos a parte mais técnica do marketing, mostrando como identificar e classificar os diversos públicos e mercados dentro e fora das cooperativas, entre outros aspectos operacionais mercadológicos.

---

[130] *Valor Econômico*, 2-6-2003.

Capítulo 3

Públicos, mercados, valores de troca e estilo de marketing nas cooperativas

As cooperativas precisam identificar seus diversos públicos, tanto internos quanto externos, pois para cada tipo de público deve haver uma gestão de marketing diferenciada, conforme a qualificação dos valores envolvidos nas relações de troca. Desse modo, quanto maior for o conhecimento sobre os valores envolvidos nas relações de troca produtivas e comerciais ou na prestação de serviços, maiores serão as possibilidades de gerenciar eficazmente os elementos do composto de marketing (os 4 pês: produto, preço, ponto-de-venda e promoção) em cada cooperativa.

Gerenciar os elementos do composto de marketing nas cooperativas significa:

- oferecer a associados, consumidores externos, revendedores etc. bens de produção e consumo de boa qualidade, a preços e prazos mais acessíveis que os das empresas comuns;
- desenvolver propagandas visando divulgar melhor os produtos ou serviços dos associados nos mercados-alvo (consumidores, revendedores, contratantes de seus serviços etc.);
- escolher a mídia adequada para alcançar o maior número de mercados-alvo;
- aumentar as vendas a terceiros de mercadorias ou serviços fornecidos pelos associados da cooperativa, mediante a seleção dos canais de distribuição mais adequados;
- melhorar o aspecto das embalagens ou a apresentação dos produtos oferecidos no mercado;
- criar uma marca para os produtos ou serviços oferecidos pela cooperativa, a fim de facilitar o seu reconhecimento no mercado.

Em suma, gerenciar os elementos do composto de marketing nas cooperativas é proporcionar resultados financeiros e econômicos tanto para a cooperativa quanto para seus associados na forma de sobras líquidas (lucros líquidos), procurando ao mesmo tempo atender às necessidades e preferências dos diversos públicos internos ou externos.

Do ponto de vista mercadológico, público é um determinado grupo de pessoas ou organizações cujo interesse real ou potencial tem algum impacto nos negócios das organizações.[131] Com base nesse conceito, podemos classificar os diversos públicos internos e externos das cooperativas, levando em conta os seguintes fatores: o comprometimento com a cultura organizacional da cooperativa; a influência na missão social, política e econômica da cooperativa; as necessidades, interesses, percepções ou preferências envolvidos nas relações de troca produtivas e comerciais ou na prestação de serviços das cooperativas (figura 3).

Assim, com relação aos públicos internos das cooperativas, temos:

- os associados constituem o público número um dentro da cooperativa, pois são fornecedores de produtos ou serviços para a cooperativa e, ao mesmo tempo, beneficiários diretos desses produtos ou serviços. Além disso, são os donos da cooperativa e os gestores de seus negócios internos e externos, bem como os responsáveis pelo desenvolvimento da missão social, política e econômica da associação, conforme os valores da cultura organizacional do grupo fundador;

- os conselheiros do CF constituem o público número dois, porquanto são responsáveis pela implementação das políticas fiscais, visando garantir a ética nos negócios dentro e fora da cooperativa, bem como a missão social política e econômica e a cultura organizacional da cooperativa. São beneficiários diretos dos produtos ou serviços da cooperativa e, ao mesmo tempo, donos dela;

- os conselheiros do CA (presidente, diretor e secretário) constituem o público número três, pois são responsáveis pelas relações de troca com os associados ou terceiros, em conformidade com a missão social, política e econômica da associação. Também são beneficiários diretos dos produtos ou serviços da cooperativa e, ao mesmo tempo, donos dela;

- os associados eleitos para a comissão de ética constituem o público número quatro, pois são responsáveis pelo programa de conduta ética visando ga-

---

[131] Kotler, 1988.

rantir a lisura nos negócios dentro e fora da cooperativa, em conformidade com os valores da eqüidade, liberdade e fraternidade, tal como refletidos nos princípios básicos do cooperativismo, e com os valores da ética da virtude (confiança, autocontrole, empatia, bem comum e veracidade). São também beneficiários diretos dos produtos ou serviços da cooperativa e, ao mesmo tempo, donos dela;

- os técnicos, supervisores, chefes, gerentes e diretores contratados constituem o público número cinco dentro da cooperativa, pois são responsáveis pela produção e comercialização dos bens ou serviços oferecidos aos associados ou terceiros, incluindo-se aí as estratégias e operações nas áreas de marketing, produção, finanças e pessoal, tudo em conformidade com as diretrizes da presidência do CA e com a cultura corporativa social, política e econômica da cooperativa.

Com relação aos públicos externos das cooperativas, temos:

- os consumidores, revendedores ou contratantes de serviços constituem o público número um fora da cooperativa, pois são compradores potenciais de seus produtos ou serviços e os principais financiadores da produção e comercialização desses bens ou serviços, desde que atendidas suas necessidades e preferências nas relações de troca com a cooperativa e vice-versa;

- os familiares dos associados constituem o público número dois fora da cooperativa, porque são beneficiários indiretos de seus produtos ou serviços. Além disso, serão os futuros associados da cooperativa e os prováveis gestores e propagadores de sua cultura organizacional;

- os membros da comunidade local constituem o público número três fora da cooperativa. Além de beneficiários indiretos de seus produtos ou serviços, são também sócios potenciais da cooperativa e alvo das políticas públicas locais relativas a segurança, educação, saúde e lazer;

- as centrais, federações ou confederações de cooperativas constituem o público número quatro, porquanto representam os interesses sociais, políticos e econômicos das cooperativas singulares perante as Organizações das Cooperativas Esdaduais (OCEs) e a Organização das Cooperativas Brasileiras (OCB). Ademais, são beneficiárias diretas dos produtos ou serviços das cooperativas singulares filiadas e, ao mesmo tempo, suas representantes;

- as OCEs e a OCB constituem o público número cinco fora da cooperativa, visto que representam os interesses sociais, políticos e econômicos internos perante o Conselho Nacional do Cooperativismo (CNC), o Banco Cooperativo de Crédito (Bansicredi), o Banco Nacional de Crédito ao Cooperativismo (BNCC), o Departamento Nacional de Cooperativismo (Denacoop), o Banco Central, o Banco do Brasil e o BNDES, bem como sindicatos, órgãos do Ministério Público do Trabalho, juntas comerciais e outros órgãos dos governos federal, estadual e municipal. E, externamente, perante a International Cooperative Alliance (ICA) e o Comitê para o Progresso e Avanço das Cooperativas (Copac). São também beneficiárias indiretas dos produtos ou serviços das cooperativas singulares, centrais, federações ou confederações de cooperativas e, ao mesmo tempo, suas representantes;

- o CNC, o Bansicredi, o BNCC, o Denacoop, o Banco Central, o Banco do Brasil, o BNDES e órgãos do Ministério Público do Trabalho, juntas comerciais, sindicatos e outros órgãos dos governos federal, estadual e municipal constituem o público número seis fora da cooperativa, porque representam os interesses sociais, políticos e econômicos das cooperativas brasileiras perante os governos federal, estadual e municipal;

- a ICA e o Copac constituem o sétimo público fora das cooperativas, porque representam os interesses sociais, políticos e econômicos externos das cooperativas brasileiras perante a Federação Internacional de Produtos Agrícolas (Fipa), a OIT, a FAO, a ONU e a OMC;

- as empresas ou indústrias privadas constituem o oitavo público fora da cooperativa, porque fornecem matérias-primas e bens de produção ou consumo para as cooperativas em geral. São também potenciais compradores dos produtos ou serviços das cooperativas;

- universidades públicas ou privadas, escolas técnicas estaduais e federais, institutos de pesquisa, organizações não-governamentais e afins constituem o nono público, porque prestam serviços de educação e treinamento técnico a associados, dirigentes do CA, conselheiros do CF, empregados e familiares, além de serem compradores potenciais dos produtos ou serviços das cooperativas.

Figura 3
Públicos internos e externos e fluxos das relações de troca

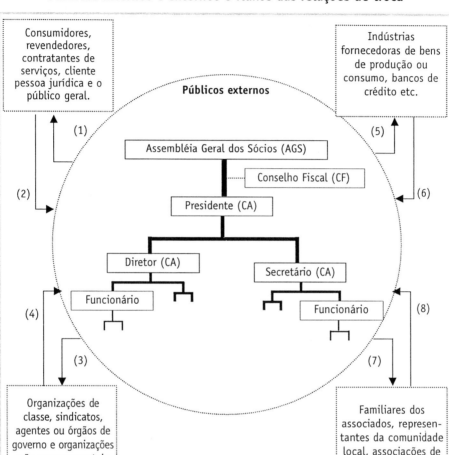

Nas relações de troca da cooperativa com a (AGS) devem prevalecer os valores dos princípios básicos do cooperativismo, em função da cultura organizacional da associação; com o CA e o CF, os poderes de direção e fiscalização em troca dos valores de lealdade e justiça; com os funcionários, a responsabilidade funcional em troca dos valores monetários ou benefícios sociais. Nas trocas externas, prevalecerão os valores relativos às necessidades, percepções ou preferências. Tais valores estão discriminados a seguir, na sequência numérica na figura:

1. oferecer produtos e serviços de qualidade a consumidores, revendedores etc.;
2. obter lucro nas vendas de produtos ou serviços a terceiros;
3. combater as falsas cooperativas;
4. garantir os interesses sociais, políticos e econômicos das cooperativas genuínas;
5. cumprir os compromissos financeiros e comerciais com os fornecedores;
6. suprir as cooperativas de produtos ou serviços de qualidade;
7. educar, treinar e propagar a missão social, política e econômica da cooperativa;
8. articular os interesses sociais, políticos e econômicos locais com a cooperativa.

Os tipos de público das cooperativas em função dos valores e relações de troca

Conforme os valores envolvidos nas relações de troca sociais, políticas e econômicas da cooperativa com seus diversos públicos, podemos distinguir três tipos de público interno ou externo.

O *público recíproco* é aquele que está interessado em manter com a cooperativa relações de troca que igualmente interessam à cooperativa.

Exemplo

Suponhamos uma cooperativa de agricultores que tenha por objetivo oferecer aos seus associados os meios e os insumos para produção e venda de grãos diretamente nos mercados externos. Nesse caso, o público recíproco interno é todo associado que compra bens de produção e insumos na cooperativa, a preços e prazos melhores que os de mercado, e não desvia sua produção para o atravessador.

Assim, cabe à direção do CA valorizar as relações de troca com esse público recíproco, oferecendo-lhe maiores quotas para a comercialização de grãos, melhores condições de compra de materiais e equipamentos, meios de transporte etc. Tudo isso acertado na assembléia geral dos sócios.

O *público procurado* é aquele a quem a cooperativa deseja vender seus produtos ou serviços mas que não está necessariamente interessado nessa relação de troca.

Exemplo

Suponhamos uma cooperativa de produtores de leguminosas à base de orgânicos que tenha por objetivo comercializar a produção de seus associados diretamente no mercado. Nesse caso, o público procurado externo seriam as redes de supermercados.

Caberia à direção do CA valorizar as relações de troca com esse público — por exemplo, estabelecendo parceria com determinada rede ou autorizando o uso de marca própria nos produtos da cooperativa. Em contrapartida, a rede de supermercados poderia garantir exclusividade às vendas desses produtos ou estabelecer preços mais baixos que os dos concorrentes.

O *público indesejado* é aquele que está interessado em comercializar seus produtos ou serviços com a cooperativa, mas com quem ela não deseja estabelecer relações de troca.

Exemplo

Suponhamos uma cooperativa de produtores agropecuários cujo objetivo seja fornecer a seus associados os meios e os insumos para a produção do leite *in natura*. Nesse caso, o público indesejado externo é todo atravessador que compra o leite diretamente dos produtores e o revende às grandes indústrias de beneficiamento.

Assim, caberia à direção do CA rever suas relações de troca com os associados e desestimular as intervenções comerciais do público indesejado — por exemplo, estabelecendo parceria com uma central de cooperativa processadora do leite *in natura*, a fim de garantir maiores lucros aos associados na forma de sobras líquidas.

Os mercados das cooperativas em função dos valores e relações de troca

Conceitualmente, mercado é um grupo de pessoas ou organizações que dispõe de recursos e pode ou quer trocá-los por determinados benefícios.[132] Assim, quando uma cooperativa deseja atrair recursos de um determinado público oferecendo-lhe em troca um conjunto de benefícios, ela está assumindo um ponto de vista de marketing. Quando a cooperativa começar a pensar em termos de valores de troca com esse público, ela o estará fazendo como um mercado.

Nas cooperativas, podemos considerar o grupo de associados como um mercado, na medida em que haja alguma relação de troca de produtos ou serviços. No entanto, nessa relação de troca interna não deve haver o objetivo de lucro, uma vez que o associado é dono da cooperativa e busca o lucro na forma de sobras líquidas.

Exemplo

Suponhamos uma cooperativa de profissionais de manutenção predial. Nesse caso, na relação de troca com o mercado externo, a direção do CA deverá procurar valorizar a oferta de seus serviços, no tocante a qualidade, cumprimento dos contratos, prazos etc., tudo isso em troca do pagamento à vista pelos serviços de seus associados.

continua

---

[132] Kotler, 1988.

> Já na relação de troca com o mercado interno de associados, a direção do CA deverá procurar valorizar as melhores condições de trabalho junto aos contratantes de serviços e ajustar as jornadas de trabalho e as formas de pagamentos com os associados, além de proporcionar-lhes o treinamento necessário. Deverá, igualmente, valorizar o lucro para o associado, mediante o pagamento à vista pelo trabalho prestado a terceiros, após descontados os percentuais referentes a fundo de reserva, fundo de assistência técnica, educacional e social (Fates), correção do capital social, alíquotas do INSS e outros, conforme estabelecido na assembléia geral dos sócios.

São essas as qualificações de valores que distinguem as relações de troca da cooperativa com o mercado de associados daquelas mantidas com os mercados externos (consumidores, revendedores, contratantes de serviços etc.). Os quadros 22 a 31 apresentam um conjunto de diretrizes para valorizar as relações de troca dentro e fora das cooperativas. O sentido das setas em cada quadro indica o que deve ser ofertado em termos de valor e as contrapartidas.

Quadro 22
Diretrizes prioritárias para a valorização das relações de troca da cooperativa com seus associados

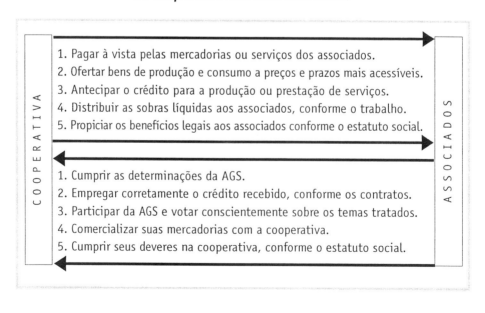

Quadro 23
Diretrizes prioritárias para a valorização das relações de troca da cooperativa com seus empregados

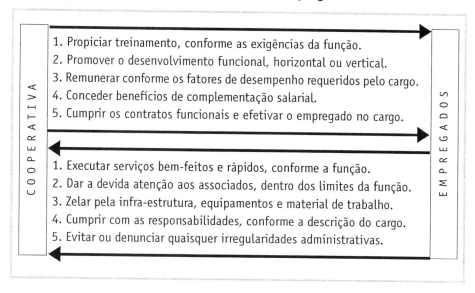

COOPERATIVA		EMPREGADOS
	1. Propiciar treinamento, conforme as exigências da função. 2. Promover o desenvolvimento funcional, horizontal ou vertical. 3. Remunerar conforme os fatores de desempenho requeridos pelo cargo. 4. Conceder benefícios de complementação salarial. 5. Cumprir os contratos funcionais e efetivar o empregado no cargo.	
	1. Executar serviços bem-feitos e rápidos, conforme a função. 2. Dar a devida atenção aos associados, dentro dos limites da função. 3. Zelar pela infra-estrutura, equipamentos e material de trabalho. 4. Cumprir com as responsabilidades, conforme a descrição do cargo. 5. Evitar ou denunciar quaisquer irregularidades administrativas.	

Quadro 24
Diretrizes prioritárias para a valorização das relações de troca da cooperativa com os usuários

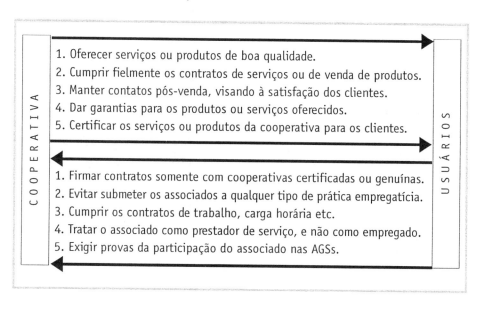

COOPERATIVA		USUÁRIOS
	1. Oferecer serviços ou produtos de boa qualidade. 2. Cumprir fielmente os contratos de serviços ou de venda de produtos. 3. Manter contatos pós-venda, visando à satisfação dos clientes. 4. Dar garantias para os produtos ou serviços oferecidos. 5. Certificar os serviços ou produtos da cooperativa para os clientes.	
	1. Firmar contratos somente com cooperativas certificadas ou genuínas. 2. Evitar submeter os associados a qualquer tipo de prática empregatícia. 3. Cumprir os contratos de trabalho, carga horária etc. 4. Tratar o associado como prestador de serviço, e não como empregado. 5. Exigir provas da participação do associado nas AGSs.	

Quadro 25
Diretrizes prioritárias para a valorização das relações de troca da cooperativa com seus fornecedores

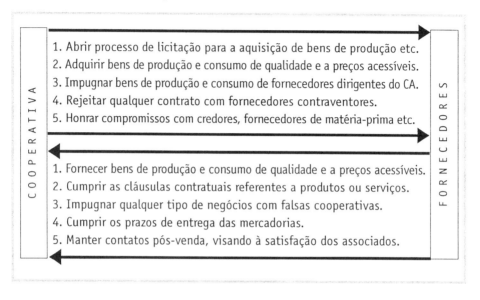

Quadro 26
Diretrizes prioritárias para a valorização das relações de troca da cooperativa com suas representações de classe

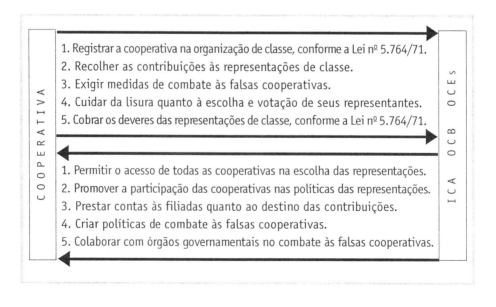

Quadro 27
Diretrizes prioritárias para a valorização das relações de troca da cooperativa com os familiares de seus associados e empregados

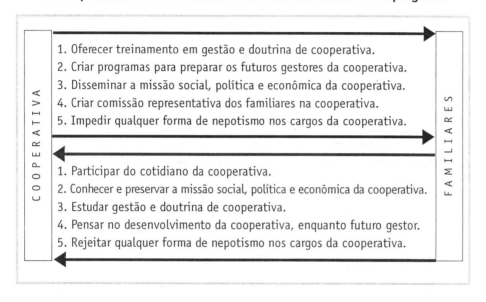

COOPERATIVA →
1. Oferecer treinamento em gestão e doutrina de cooperativa.
2. Criar programas para preparar os futuros gestores da cooperativa.
3. Disseminar a missão social, política e econômica da cooperativa.
4. Criar comissão representativa dos familiares na cooperativa.
5. Impedir qualquer forma de nepotismo nos cargos da cooperativa.

← FAMILIARES
1. Participar do cotidiano da cooperativa.
2. Conhecer e preservar a missão social, política e econômica da cooperativa.
3. Estudar gestão e doutrina de cooperativa.
4. Pensar no desenvolvimento da cooperativa, enquanto futuro gestor.
5. Rejeitar qualquer forma de nepotismo nos cargos da cooperativa.

Quadro 28
Diretrizes prioritárias para a valorização da relação de troca da cooperativa com a comunidade local

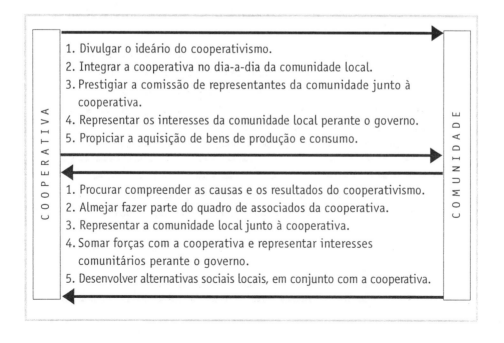

COOPERATIVA →
1. Divulgar o ideário do cooperativismo.
2. Integrar a cooperativa no dia-a-dia da comunidade local.
3. Prestigiar a comissão de representantes da comunidade junto à cooperativa.
4. Representar os interesses da comunidade local perante o governo.
5. Propiciar a aquisição de bens de produção e consumo.

← COMUNIDADE
1. Procurar compreender as causas e os resultados do cooperativismo.
2. Almejar fazer parte do quadro de associados da cooperativa.
3. Representar a comunidade local junto à cooperativa.
4. Somar forças com a cooperativa e representar interesses comunitários perante o governo.
5. Desenvolver alternativas sociais locais, em conjunto com a cooperativa.

Quadro 29
Diretrizes prioritárias para a valorização das relações de troca da cooperativa com consumidores, revendedores etc.

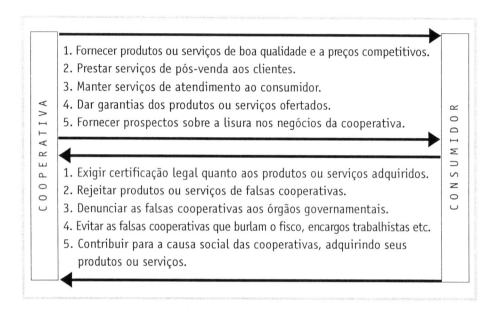

Quadro 30
Diretrizes prioritárias para a valorização das relações de troca da cooperativa com os governos municipal, estadual e federal

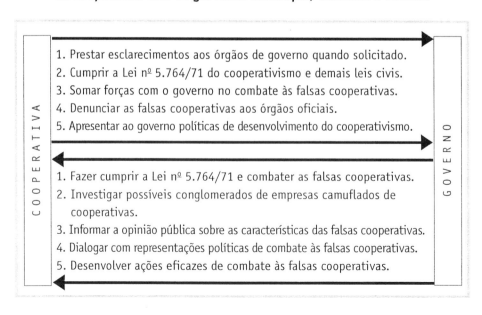

Quadro 31
Diretrizes prioritárias para a valorização das relações de troca da cooperativa com agentes financeiros, instituições de apoio etc.

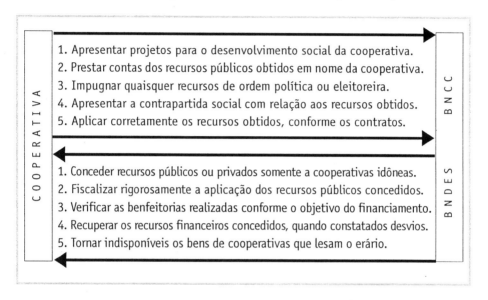

Os estilos de marketing nas cooperativas em função dos valores e relações de troca

Cooperativa com estilo de marketing agressivo

Essa cooperativa está interessada apenas no volume das vendas, a fim de cobrir seus custos de produção ou com serviços a terceiros, e não tem nenhuma preocupação em atender às necessidades ou preferências de seus mercados internos e externos, tampouco em manter relações de troca conforme os princípios básicos do cooperativismo.

Do ponto de vista mercadológico,[133] as cooperativas que praticam o marketing agressivo são consideradas não-perceptivas em marketing e orientadas exclusivamente para a produção ou serviços. Elas têm as seguintes características:

- ignoram qualquer lei para alcançar seus interesses produtivos ou comerciais;
- veiculam propaganda enganosa com o nome da cooperativa para atrair e agenciar a mão-de-obra dos trabalhadores, e costumam iludir seus associados com falsas promessas de ganhos financeiros;

---

[133] Kotler, 1988.

- comercializam as mercadorias de seus associados mas não pagam à vista, conforme previsto no ato cooperativo; por outro lado, cobram à vista os bens de produção ou consumo adquiridos pelos associados ou então adotam as mesmas políticas comerciais das empresas comuns;
- não fazem nenhum tipo de pesquisa de marketing sobre necessidades, preferências e grau de satisfação de seus associados ou dos consumidores externos;
- como supõem que os associados ou consumidores externos estejam simplesmente atrás de produtos baratos, passam a oferecer-lhes produtos de qualidade duvidosa no intuito de aumentar os lucros;
- negligenciam totalmente quaisquer estratégias visando aprimorar o composto de marketing de suas ofertas no mercado interno ou externo;
- usam o nome de cooperativa para deixar de recolher impostos e encargos trabalhistas, concorrendo de forma desleal no mercado mediante a oferta de produtos ou serviços tornados mais baratos por causa dessas irregularidades;
- exploram a mão-de-obra de seus associados mediante relações que opõem o empregador ao empregado;
- como confiam sua gestão a profissionais contratados, passam a praticar as mesmas regras das empresas comuns nas relações de troca com seus associados;
- criam barreiras administrativas para afastar o associado das decisões sociais, políticas e econômicas que são do interesse de todos na cooperativa;
- diferenciam seus associados dos demais clientes simplesmente pelo cartão de matrícula apresentado no caixa da loja de consumo;
- deixam de esclarecer os associados a respeito de seus direitos e deveres na cooperativa.

Cooperativa com estilo de marketing mínimo

Tal cooperativa entende que não precisa fazer pesquisa de marketing sobre necessidades, preferências e grau de satisfação de seus mercados internos ou externos porque pressupõe que exista uma demanda constante de seus produtos ou serviços, pelo simples fato de os colocar no mercado. Ademais, não segue fielmente os princípios básicos do cooperativismo porque, em vez de lucrar somente nos mercados externos, quando se vê em crise financeira ou econômica acaba lucrando nas transações comerciais com seus associados.

Do ponto de vista mercadológico,[134] as cooperativas que praticam o marketing mínimo são consideradas ocasionalmente perceptivas em marketing. Eis suas características:

---

[134] Kotler, 1988.

- demonstram interesse pelos associados ou consumidores externos somente quando se encontram em dificuldades financeiras ou têm excesso de produtos estocados, passando então a incentivar as compras;
- incentivam os associados ou consumidores externos a participar de pesquisas de marketing, mas não têm nenhum interesse em usar tais resultados na prática: trata-se apenas de um jogo de relações públicas;
- acreditam que os associados ou consumidores externos apresentam uma inércia ou resistência em relação às compras e por isso precisam ser induzidos ao consumo pela propaganda de massa;
- como estão orientadas exclusivamente para as vendas, de modo a escoar o excesso de produtos, sua política é vender o que fabricam, em vez de fabricar o que os seus mercados desejam;
- nos mercados internos ou externos, confiam única e exclusivamente na capacidade dos profissionais de vendas e promoção, negligenciando assim outros fatores importantes do composto de marketing;
- têm uma orientação totalmente empresarial, visando converter produtos ou serviços em dinheiro ou lucro;
- praticam o marketing reativo, isto é, encontram uma necessidade declarada no mercado e simplesmente tentam satisfazê-la.

Cooperativa com estilo de marketing equilibrado

Essa cooperativa está preocupada com a satisfação de seus mercados internos e externos, de modo que pesquisa regularmente suas necessidades e preferências. Conforme os resultados, procura aprimorar o seu composto de marketing, no intuito de valorizar suas relações de troca nesses mercados.

Do ponto de vista mercadológico,[135] as cooperativas que praticam o marketing equilibrado são consideradas plenamente perceptivas em marketing e têm as seguintes características:

- encorajam associados, consumidores externos, contratantes de serviços, membros da comunidade local etc. a apresentar sugestões ou reclamações quanto às ofertas de produtos ou serviços;
- desenvolvem sistemas formais de comunicação visando facilitar tais sugestões e reclamações (caixas de sugestões, cartões de comentários, *ombudsmen*, comissões de associados ou membros da comunidade local etc.);

---

[135] Ibid.

- praticam o marketing proativo, procurando antever as necessidades e preferências dos mercados internos e externos;
- procuram produzir soluções que os associados e os consumidores externos não pediram, mas às quais responderam com entusiasmo nas pesquisas de marketing;
- buscam a satisfação imediata de seus associados e consumidores externos, mas também seu bem-estar a longo prazo, oferecendo-lhes produtos saudáveis ou serviços dentro da legalidade;
- procuram comercializar produtos ou serviços que tragam benefícios tanto para os associados fornecedores quanto para os consumidores, revendedores etc.;
- criam programas de treinamento para seus associados, a fim de garantir a qualidade dos produtos ou serviços ofertados externamente;
- dispõem-se a esclarecer os consumidores no pós-venda, principalmente no que se refere a uso adequado, riscos ou restrições dos produtos ou serviços ofertados, visando maximizar os benefícios;
- incentivam o associado a participar das AGSs para tratar de questões que possam agregar valor às relações de troca internas e externas;
- evitam qualquer atividade que possa comprometer a saúde de seus associados e consumidores ou causar danos à natureza.

Nesta primeira parte, vimos como identificar as verdadeiras cooperativas e seus diversos públicos internos e externos, e também como valorizar suas relações de troca produtivas ou comerciais. Na próxima parte, veremos como analisar os mercados internos e externos das cooperativas.

Parte II

Mercados internos e externos das cooperativas

Capítulo 4

Método da auditoria de marketing nas cooperativas

A auditoria de marketing nas cooperativas tem por objetivo diagnosticar seus pontos fortes e fracos no tocante às ameaças ou oportunidades existentes nos mercados internos e externos.

Do ponto de vista mercadológico, uma auditoria de marketing compreende três etapas:[136] a revisão do ambiente operacional de marketing, revisão do sistema de marketing; revisão das atividades de marketing.

Antes de iniciar uma auditoria de marketing na cooperativa, é imprescindível diagnosticar possíveis problemas organizacionais ou administrativos.[137] Cumpre igualmente examinar as questões relativas à lisura nos negócios dentro e fora da cooperativa, levando-se em conta a adequação de valores nas suas relações de troca não apenas com associados, dirigentes e empregados, mas também com consumidores diretos, varejistas, atacadistas, contratantes de serviços, membros ou representantes da comunidade local, organizações de classe, fornecedores etc., como visto no capítulo 3.

Revisão do ambiente operacional de marketing

A revisão do ambiente operacional de marketing nas cooperativas inclui a identificação dos principais públicos e mercados, a segmentação do mercado-alvo selecionado e o exame das forças dos concorrentes e também do macroambiente operacional.

---

[136] Kotler, 1988.

[137] Ver no apêndice 1 deste livro o estudo de caso de uma cooperativa de trabalho médico, no qual mostramos como os associados podem fazer um diagnóstico dos problemas organizacionais e administrativos.

Exemplo

Suponhamos uma cooperativa de costureiras e bordadeiras que tenha por objetivo propiciar às suas associadas os meios para produzir e vender diretamente no mercado peças de artesanato, como roupas, toalhas, almofadas, bolsas, colchas etc.

Nesse caso, cabe à direção do CA revisar o ambiente operacional de marketing, considerando alguns aspectos do mercado externo. Por exemplo:

- identificar o público de interesse comercial (todas as pessoas que compram bordados manuais e mecânicos) e depois selecionar um mercado-alvo, onde a cooperativa acredita ter o seu ponto forte;
- localizar o mercado-alvo (todas as pessoas que compram bordados confeccionados artesanalmente) e em seguida identificar os segmentos de mercado, por ordem de prioridade produtiva ou comercial (bordados de tecidos, bordados de fibras, bordados com pedrarias etc.);
- determinar o tamanho e o potencial de compras de cada segmento de mercado, levando em conta os seguintes critérios: geográfico (identifica os consumidores por território de vendas: cidade, estado, região, país ou continente), demográfico (identifica os consumidores por classe: alta, média ou baixa), psicológico (identifica os consumidores por posição social, *status*, interesse por moda, marca etc.) e comportamental (identifica os consumidores por sua sensibilidade à qualidade, ao preço etc.);
- procurar conhecer as necessidades e preferências dos consumidores em cada segmento selecionado, através de questionários, mala direta com catálogos ou amostras do item ofertado etc;
- examinar as forças dos possíveis concorrentes, no que se refere a:
  a) concorrência genérica — é uma categoria mais ampla de produto que pode satisfazer a mesma necessidade; nesse caso, a cooperativa poderia produzir bordados artesanais para concorrer com bordados mecânicos;
  b) concorrência de forma de produto — é a versão específica de produto que pode ser mais competitiva; nesse caso, a cooperativa poderia produzir bordados de tecidos para concorrer com bordados de fibras;

continua

> c) concorrência empresarial — itens similares produzidos por outros concorrentes; nesse caso, a cooperativa poderia produzir bordados com pedrarias, para concorrer com bordados de tecidos confeccionados mecanicamente;
>
> ❑ Analisar as forças do macroambiente operacional da cooperativa nos aspectos: demográfico (verificar a distribuição geográfica do público-alvo por faixa etária etc.), econômico (examinar as condições de demanda, com relação aos custos dos materiais), tecnológico (apurar o custo do item acabado, comparando a produção manual com a mecânica), governamental (examinar as forças econômicas, com relação à tributação) e cultural (verificar a transformação de valores, de estilo de vida etc. dos consumidores).

Revisão do sistema de marketing

Uma vez analisado o ambiente operacional de marketing da cooperativa, examina-se a sua posição no mercado em questão, ou seja, se ela está bem inserida ou não no mercado visado. Para tanto é necessário analisar e rever os objetivos de marketing, suas estratégias, metas e programas, e o sistema de controle e desempenho operacionais.

> ### Exemplo
>
> Suponhamos uma cooperativa de trabalho médico cujo objetivo comercial no mercado externo seja aliviar a dor e o sofrimento causados pela Aids. Trata-se de um objetivo muito amplo para que se possam estabelecer relações de troca concretas, seja no mercado externo de clientes, seja no mercado interno dos médicos associados.
>
> Nesse caso, cabe à direção do CA ou aos responsáveis pelas atividades de marketing rever o objetivo comercial, considerando alguns elementos do sistema de marketing.
>
> ❑ Estreitar o objetivo comercial. Para tanto seria preciso classificar o hospital da cooperativa como um dos três mais avançados do país no combate à Aids, nos próximos 20 anos.

continua

- Desdobrar o novo objetivo em vários subobjetivos, tais como:
  a) especializar as diversas competências médicas requeridas, conforme o objetivo central;
  b) promover a capacitação dos profissionais médicos, do pessoal de enfermagem, do pessoal de apoio administrativo etc.;
  c) melhorar os serviços de manutenção e higiene hospitalares;
  d) dotar os laboratórios de pesquisa de novos equipamentos;
  e) automatizar os serviços de lavanderia hospitalar;
  f) criar uma estrutura de marketing para desenvolver anúncios, adequar a mídia e divulgar os serviços terapêuticos;
  g) terceirizar o refeitório hospitalar e outros serviços, conforme o objetivo central.
- Hierarquizar os subobjetivos por importância e/ou repercussão no objetivo central.
- Verificar se os subobjetivos priorizados são compatíveis com as atuais condições financeiras, materiais e de pessoal da cooperativa.
- Examinar a posição da cooperativa em relação à concorrência, levando em conta as oportunidades e ameaças existentes na área onde pretende atuar.
- Desenvolver estratégias de marketing para cada subobjetivo, tais como:
  a) estratégia de capacitação da mão-de-obra médica — conceder bolsas de estudos para os médicos associados, a fim de aprimorarem seus conhecimentos sobre a Aids;
  b) estratégia de suprimento de informações — implantar sistemas avançados de coleta e processamento de dados referentes a pesquisas sobre a Aids dentro e fora do país;
  c) estratégia de gestão de pessoal administrativo, técnico e operacional — optar pela terceirização, a fim de concentrar esforços na atividade principal de pesquisa.
- Estabelecer metas para cada subobjetivo, adotando critérios passíveis de medição e controle operacional.
- Rever ou estabelecer padrões de desempenho — por exemplo, número de pesquisas iniciadas e concluídas sobre a Aids, número de clientes que apresentaram melhoras com o uso de novos medicamentos etc.

Revisão das atividades de marketing

Uma vez reformulado o sistema de marketing da cooperativa, a etapa seguinte é a auditoria das atividades de marketing, a qual inclui a revisão dos atributos dos produtos ou serviços oferecidos, dos preços e do sistema de distribuição, propaganda e promoção.

Exemplo

Suponhamos uma cooperativa de produtores cujo objetivo comercial no mercado externo seja vender leguminosas e hortaliças diretamente nas redes de supermercados.

Nesse caso, cabe à direção do CA rever suas atividades de marketing considerando alguns aspectos do mercado-alvo.

- ❑ Rever os atributos dos produtos — para tanto é necessário identificar as necessidades ou preferências dos revendedores, podendo tratar-se de um benefício central (querem comprar legumes) ou de um benefício ampliado (querem comprar legumes frescos e higiênicos).
- ❑ Rever o sistema de preços — nesse caso, conforme os benefícios pretendidos pelos revendedores, é preciso fazer um exame preliminar das políticas de preços, levando em conta os custos de produção e a maximização do lucro aos produtores associados, na forma de sobras líquidas, bem como os recolhimentos percentuais para o fundo de reserva, o fundo de assistência técnica, educacional e social e outros previstos estatutariamente.
- ❑ Examinar o sistema de distribuição — a cooperativa precisa saber qual o melhor canal de distribuição para seus produtos, podendo escolher entre uma força de vendas própria ou revendedores intermediários. Neste último caso, poderia estabelecer parceria com uma rede de supermercados e conceder-lhe o uso de marca própria em troca da exclusividade nas compras de suas leguminosas e hortaliças, oferecendo descontos ou outros atrativos.
- ❑ Verificar os contatos com o público-alvo — a cooperativa precisa criar seus anúncios, selecionar a mídia adequada e divulgar suas ofertas no mercado-alvo. Poderia fazer parceria com uma rede de supermercados para divulgar suas leguminosas e hortaliças, oferecendo-lhe em contrapartida pessoal para arrumar e repor suas ofertas nas gôndolas do supermercado.
- ❑ Verificar as promoções — a cooperativa precisa criar um programa de promoção. Para tanto poderia motivar seus revendedores oferecendo-lhes quotas de vendas, ou seja, vendas acima de determinadas quantidades dariam direito a descontos etc.

Em qualquer tempo ou lugar, as cooperativas podem-se ver envolvidas com diversos públicos e mercados. Em alguns mercados, suas relações de troca serão satisfatórias economicamente, ao passo que em outros poderá haver indiferença ou mesmo resistência à sua oferta de produtos ou serviços. Também pode ser que em dado momento o mercado deseje produtos ou serviços que ela não pode oferecer-lhe.

Estudos na área de marketing[138] apontam inúmeros fatores que podem ocasionar relações de troca tensas ou indesejáveis nos mercados. Este será o tema do próximo capítulo.

---

[138] Kotler, 2000.

Capítulo 5

Problemas de demanda nos mercados internos e externos

Os produtos ou serviços das cooperativas estão sujeitos a oscilações de demanda, podendo esta ficar abaixo ou acima do nível desejado. Do ponto de vista mercadológico, existem três situações de demanda.[139] A primeira é a *subdemanda*, que pode ser *negativa, inexistente, latente* ou *declinante*. A segunda é a *demanda adequada*, subdividida em *demanda irregular* e *demanda plena*. E a terceira é a *superdemanda*, também subdividida em *demanda excessiva* e *demanda indesejada*. Cada situação de demanda exige uma tarefa específica de marketing, como se pode ver no quadro 32.

Quadro 32
Situações de demanda e respectivas tarefas de marketing

Fonte: adaptado de Kotler (1994 e 1988).

---

[139] Kotler, 1998.

É o gerenciamento da demanda que possibilita à cooperativa implementar o marketing estratégico, isto é, identificar possíveis lacunas ou nichos de mercado não atendidos e também adequar os elementos do composto de marketing (os 4 pês: produto, preço, ponto-de-venda e promoção). Vale lembrar que tais intervenções estratégicas devem levar em conta as necessidades, preferências ou grau de satisfação dos mercados-alvo.

Existe *demanda negativa* quando todos ou a maioria dos segmentos importantes do mercado em potencial não apreciam determinado produto ou serviço e, de fato, estão dispostos a evitá-lo.[140]

Exemplo

Suponhamos uma cooperativa de produtores agropecuários cujo objetivo comercial externo seja alcançar 10% do mercado local de carne suína e derivados nos próximos cinco anos.

O problema de marketing pode ser a demanda negativa para o consumo da carne suína, devido à resistência a produto gorduroso e pesado. Assim, a tarefa de marketing da direção do CA ou dos profissionais dessa área será transformar a demanda negativa em demanda positiva (marketing de conversão) tomando algumas medidas com relação aos mercados externo e interno.

❑ Mercado externo de consumidores
  a) ampliar as campanhas publicitárias, visando mostrar aos potenciais consumidores a segurança e qualidade da carne suína, considerando os novos métodos de criação e as rígidas normas sanitárias;
  b) divulgar os avanços das pesquisas genéticas, que reduziram substancialmente os níveis de gordura e colesterol da carne suína;[141]
  c) trazer à cooperativa potenciais compradores das redes de varejo para constatarem os novos métodos de manejo da suinocultura.
❑ Mercado interno de produtores associados
  a) averiguar o motivo da resistência e, sendo o mesmo de ordem cultural, tomar as mesmas medidas com relação ao mercado externo:

continua

---

[140] Kotler, 1988.

[141] Por exemplo, a cooperativa de criadores de avestruz de Bariri (SP) divulga na mídia as características da carne dessa ave, cujo sabor se assemelha ao do filé-*mignon* bovino, mas cujo teor calórico é inferior ao da carne de frango. Ademais, seu couro é considerado mais resistente que o de crocodilo (*Gazeta Mercantil*, 25-11-2000).

b) se o motivo da resistência for de ordem financeira (carência de capital de giro etc.), levantar as necessidades dos associados e fornercer-lhes crédito diretamente ou através dos agentes financeiros locais, após acertadas em AGS as condições e responsabilidades dos empréstimos;

c) se for de ordem técnica ou prática, providenciar treinamento por especialistas em suinocultura ou mediante convênios com órgãos especializados, como a Empresa Brasileira de Pesquisa Agropecuária (Embrapa) etc.;

d) se houver necessidade de adequação da infra-estrutura, fornecer bens de produção e insumos a preços e prazos acessíveis, conforme aprovados em AGS, e providenciar transporte adequado até as redes de varejo. Além disso, comparar periodicamente o desempenho da produção com os objetivos propostos.

Demanda inexistente é quando todos ou a maioria dos segmentos importantes do mercado potencial estão desinteressados na oferta específica de um produto ou serviço.

Exemplo

Suponhamos uma cooperativa de perueiros cujo objetivo comercial no mercado externo seja conquistar, nos próximos dois anos, 10% do total de usuários de transportes coletivos, envolvendo os itinerários dos bairros A, B e C da capital X.

Pode haver um problema de demanda inexistente, devido à imagem negativa que o público potencial tem do transporte por lotações. Assim, a tarefa de marketing será transformar a demanda inexistente em demanda positiva (marketing de estímulo) através das seguintes medidas:

❑ relacionar o transporte de lotação com alguma *necessidade* dos usuários potenciais — por exemplo, o público dos bairros A, B e C pode aderir a esse tipo de transporte porque não é servido pelas linhas de ônibus convencionais;

❑ relacionar o transporte de lotação com alguma *satisfação* dos usuários potenciais — por exemplo, o público dos bairros A, B e C pode querer usar esse tipo de transporte por julgá-lo seguro, confortável etc.;

continua

- relacionar o transporte de lotação com alguma *percepção* dos usuários potenciais — por exemplo, o público dos bairros A, B e C pode vir a usar esse meio de transporte por perceber que os veículos são limpos e estão em perfeito estado;
- relacionar o transporte de lotação com alguma *preferência* dos usuários potenciais — por exemplo, o público dos bairros A, B e C pode preferir esse tipo de transporte ao convencional por ser mais rápido e cômodo.

O passo seguinte é gerenciar possíveis problemas internos, a partir das seguintes tarefas de marketing:

- treinar os motoristas e cobradores associados, capacitando-os a prestar um bom serviço;
- cuidar da apresentação dos profissionais que conduzirão os veículos — por exemplo, padronização do vestuário, uso de crachás etc.;
- criar serviços de manutenção e de emergência, em caso de acidentes, avarias etc.;
- tornar visível aos usuários a habilitação ou autorização legal para o tráfego coletivo;
- criar o logotipo da cooperativa e exibi-lo nas laterais dos veículos, informando o telefone e o endereço da sede;
- promover amplas campanhas publicitárias nos bairros A, B e C, visando divulgar a preocupação da cooperativa com as necessidades, preferências, percepções e satisfação dos usuários potenciais.

Há *demanda latente* quando um número considerável de pessoas sente necessidade de algo que não existe na forma de um produto ou serviço real.

Exemplo

Suponhamos uma cooperativa de mulheres taxistas cujo objetivo comercial seja conquistar para suas associadas 10% do total de usuários desse meio de transporte numa determinada capital.

A direção do CA, em conjunto com a AGS, decide adotar como estratégia a prestação de serviços 24 horas por dia. Nesse caso, o problema de marketing pode ser a demanda latente de serviços adicionais ou de apoio operacional às taxistas, tais como creche, sistema de comunicação e

continua

rastreamento dos veículos, serviços especiais de encomenda ou recepção de passageiros etc., ou seja, o marketing de desenvolvimento.

Suponhamos que a AGS tenha optado, como estratégia prioritária, pelo serviço de creche. Para tanto, deverá examinar as oportunidades nos mercados interno e externo. Assim, as tarefas de marketing serão:

❑ No mercado externo

a) levantar os itens adicionais do serviço de creche mais procurados pelo público potencial residente no bairro ou perímetro X;

b) relacionar os itens adicionais do serviço de creche não atendidos no bairro ou perímetro X;

c) dimensionar o público residente no bairro ou perímetro X que utiliza ou poderia utilizar os serviços de creche existentes;

d) levantar o perfil socioeconômico do público residente no bairro ou perímetro X que necessita desses serviços;

e) levantar o número de creches aí existentes que atendem aos itens adicionais desejados pelo público potencial pesquisado;

f) pesquisar possíveis insatisfações do público potencial no que se refere a preço, localização, segurança, qualidade dos serviços etc.;

g) estimar a relação custo/benefício dos serviços adicionais de creche, conforme a demanda latente indicada na pesquisa de mercado.

❑ No mercado interno

a) levantar o número de associados que utilizam ou poderiam utilizar creche de terceiros;

b) verificar o número de associados que poderiam utilizar o serviço de creche da própria cooperativa e examinar os itens adicionais priorizados;

c) submeter à AGS os resultados das pesquisas de mercado, considerando os serviços adicionais oferecidos, o potencial de mercado, a força dos concorrentes, as faixas de preços para associados e terceiros, a relação custo/benefício de uma creche própria etc.;

d) decidir em reunião da AGS pela implantação ou não de serviços próprios; no caso de decisão positiva, elaborar o manual de políticas, normas e procedimentos operacionais da creche e submetê-lo à AGS;

e) estimar os custos de instalação, levando em conta pessoal de apoio, materiais e equipamentos etc.;

f) promover campanha publicitária visando divulgar os serviços adicionais prestados na creche e atrair o público potencial.

Tem-se *demanda declinante* quando o nível da demanda de um produto ou serviço decai progressivamente, na falta de esforços gerenciais para estimular o mercado-alvo ou a oferta.

Exemplo

Suponhamos uma cooperativa de profissionais da área de informática cujo objetivo comercial seja recuperar em 10% o mercado de contratantes de serviços de digitação nos próximos cinco anos.

Pode estar havendo demanda declinante devido ao receio das pesadas multas impostas pelo Ministério Público do Trabalho às empresas que contratam os serviços irregulares das falsas cooperativas.

Neste caso, a tarefa de marketing da direção do CA ou dos profissionais dessa área é desenvolver novas propostas visando ajustar a oferta de serviços às exigências de mercado (*remarketing*). Para tanto é necessário:

❑ formar uma equipe de vendas incumbida de divulgar aos possíveis contratantes a lisura nos negócios da cooperativa com seus associados, conforme a Lei nº 5.764/71;

❑ apresentar documentação comprovando a legalidade da cooperativa perante a Junta Comercial e sua filiação a centrais, federações ou confederações de cooperativas do mesmo segmento, bem como às OCEs e à OCB, conforme a Lei nº 8.949;

❑ convidar o cliente em potencial a assistir a uma AGS, a fim de constatar a participação dos associados nas decisões referentes a condições de trabalho, formas de remuneração, jornadas etc.;

❑ apresentar documentação comprovando os recolhimentos percentuais previstos na Lei nº 5.764/71 (fundo de reserva, Fates, correção do capital social, INSS e outros, conforme o estatuto social da cooperativa);

❑ apresentar documentação comprovando o patrimônio da cooperativa;

❑ apresentar cópias idôneas de contratos de prestação de serviços a terceiros;

❑ apresentar cópias de jornais notificando as convocações anuais das AGOs ou das AGEs, conforme previstas no estatuto social da cooperativa;

❑ criar página na internet para divulgar essas e outras informações de interesse dos clientes em potencial;[142]

❑ criar mala direta para anunciar as condições de prestação de serviços, formas de pagamento, preços etc.

---

[142] A Coopdesign, criada em Santo André (SP) por um grupo de 20 estudantes, é um caso bem-sucedido de cooperativa de serviços de informática (*Gazeta Mercantil*, 30-9-2002).

Existe *demanda irregular* quando o padrão atual da demanda no tempo é marcado por flutuações sazonais ou voláteis que não coincidem com o padrão da oferta no tempo.

Exemplo

Suponhamos uma cooperativa de produtores e processadores da castanha-de-caju que tenha por objetivo comercial suprir a grande demanda dos mercados local e externo.

Pode haver demanda irregular devido ao período da entressafra. Assim, a tarefa de marketing da direção do CA ou dos profissionais da área é sincronizar oferta e demanda (*synchromarketing*). Para tanto, devem-se considerar três possibilidades de demanda:

❑ alterar o padrão da oferta comercial de caju e derivados dos associados, visando adequá-la à grande demanda externa;

❑ alterar o padrão da demanda externa de caju e derivados em função do padrão natural da oferta comercial de seus associados;

❑ alterar simultaneamente a oferta e a demanda em certos graus compatíveis.

Suponhamos que a direção do CA tenha decidido, em acordo com a AGS, alterar a oferta comercial de caju e derivados, a fim de atender ao elevado padrão da demanda externa. Para tanto seria necessário:

❑ levantar o volume da produção de cada associado durante a safra e compará-lo com o volume da demanda externa nos últimos cinco anos;

❑ quantificar a diferença entre a produção e a demanda de caju e derivados e identificar os pontos fortes e fracos da cooperativa, considerando os processos de colheita, beneficiamento e armazenagem, a infra-estrutura material e técnica, o capital de giro, a capacidade da cooperativa para fornecer maquinários etc.;

❑ estudar meios de produzir excedentes durante a safra para equilibrar a escassez no período da entressafra;

❑ verificar a viabilidade econômica de dominar toda cadeia produtiva e comercial (cultivo, extração e processamento de derivados de caju, como a castanha, suco natural, goma para a fabricação de cola, pasta para doces caseiros, farinha ou resíduos do bagaço etc.);

❑ estabelecer prioridades para os derivados de caju em função de sua rentabilidade;

continua

> □ levantar a capacidade técnica e operacional dos associados para dominar toda a cadeia produtiva do caju;[143]
> □ verificar as possíveis limitações técnicas da cooperativa para adotar novos processos de produção e beneficiamento de caju e derivados;
> □ recorrer à Embrapa ou outros órgãos regionais para capacitar os associados em novas tecnologias de beneficiamento, envasamento, conservação, embalagem etc.

Demanda plena é quando o nível atual da demanda no tempo é igual ao da demanda desejada.

Exemplo

Suponhamos uma cooperativa de profissionais da área de segurança cujo objetivo comercial externo seja preservar nos próximos cinco anos o atual número de clientes que contratam serviços de vigilância residencial ou comercial.

O problema pode ser o marketing de manutenção. Nesse caso, a tarefa de marketing da direção do CA ou dos profissionais responsáveis dessa área é tomar precauções quanto à acirrada concorrência, inclusive dos serviços de segurança eletrônica. Para tanto, é preciso cuidar das seguintes tarefas de marketing com relação às forças a seguir.

□ Forças do ambiente operacional externo
  a) realizar pesquisa de mercado junto aos atuais clientes, visando conhecer suas necessidades, percepções, preferências e grau de satisfação;
  b) incorporar as inovações tecnológicas relacionadas a serviços de segurança residencial ou comercial;
  c) acrescentar novos serviços às ofertas atuais — por exemplo, segurança pessoal de celebridades, transporte de valores ou obras de arte etc.;
  d) precaver-se contra as possíveis inovações dos concorrentes;
  e) levantar preços, ofertas e serviços adicionais dos concorrentes, para fins de comparação;

continua

---

[143] Ver o caso bem-sucedido da Cooperativa de Produtores de Pequi de Japonvar, no estado de Minas Gerais (*DCI*, 6-12-2002).

Problemas de demanda nos mercados internos e externos   105

f) aumentar as garantias para os atuais clientes, mediante parcerias com seguradoras etc.;

g) aprimorar ou implantar novos sistemas de comunicação e rastreamento de veículos;

h) criar um serviço permanente de atendimento a clientes, para registrar suas queixas e sugestões;

i) criar página na internet para divulgar os serviços prestados, as inovações, a capacitação dos associados profissionais, as garantias para os clientes, a flexibilidade nos contratos e outros atrativos para manutenção de mercado;

j) comprovar a idoneidade da cooperativa, mediante apresentação de alvará de funcionamento e outros documentos legais;

❑ Forças do ambiente operacional interno

a) manter um sistema de avaliação de desempenho dos profissionais associados, levando em conta as normas e os procedimentos relativos a serviços de segurança;

b) implantar um programa de treinamento profissional;

c) promover cursos de especialização para os associados — por exemplo, segurança de escolas, de laboratórios industriais, de transportes de valores etc.

Existe *demanda excessiva* quando o nível da demanda excede a capacidade para supri-la.

Exemplo

Suponhamos uma cooperativa de pescadores cujo objetivo comercial no mercado externo seja atender à atual demanda de pescados raros mediante a oferta de produtos sucedâneos.

O problema de marketing pode ser reduzir a demanda. Nesse caso, cabe à direção do CA ou aos profissionais de marketing tentar desestimular — temporária ou definitivamente, conforme a escassez do item em questão — a demanda de consumidores diretos, revendedores e associados. É o chamado *demarketing*, que implica as seguintes tarefas:

❑ averiguar se a demanda excessiva é resultado da grande popularidade do produto no mercado;

continua

- examinar qual deve ser a duração do desestímulo à demanda do pescado em escassez; se for temporário, devido ao período de desova, verificar qual segmento do mercado-alvo deve ser desencorajado ao consumo (consumidores diretos, redes de varejo, restaurantes etc.); se forem todos esses segmentos, procurar oferecer produtos sucedâneos;
- verificar se a escassez do pescado em questão é resultado da pesca predatória. Nesse caso, a direção do CA deve reunir todos os pescadores em AGS e examinar a possibilidade de criar pescados raros em viveiros, considerando as seguintes questões: qual o tipo de pescado a produzir, dado o potencial da demanda excessiva e não-atendida? Qual o local, o tamanho e a capacidade dos viveiros? Quais os tipos de rações apropriadas para esses pescados raros? Quais os cuidados preventivos com relação à contaminação dos lençóis freáticos ou dos rios? Quais os pontos fortes e fracos da cooperativa no tocante a capital de giro e aos materiais e equipamentos necessários à criação de pescados em cativeiro?
- estimar a relação custo/ benefício da produção de pescados raros criados em viveiro;
- decidindo-se produzir pescados raros em cativeiro, providenciar o registro da atividade no Departamento de Pesca e Agricultura do Ministério da Agricultura;
- averiguar se a escassez do pescado é causada pela pesca predatória dos associados. Nesse caso, a direção do CA deve reunir os pescadores em AGS e discutir o problema, levando em conta as seguintes questões: quais as conseqüências operacionais e econômicas para a cooperativa, caso não haja um desestímulo à pesca predatória? Quais os meios mais eficazes para desestimular a pesca predatória? Evitar comercializar com os pescadores associados qualquer tipo de pescados em época de desova? Limitar os benefícios ou serviços da cooperativa ao pescador reincidente ou excluí-lo do quadro de associados? Essas e outras questões devem ser decididas com a presença de pelo menos a metade mais um dos associados inscritos na cooperativa;
- desestimular consumidores diretos, revendedores etc. a adquirir pescados raros em época de desova, informando sobre a qualidade dos produtos sucedâneos e concedendo descontos especiais na oferta desses produtos e outros atrativos. Informar, igualmente, que a falta do produto é temporária.

Demanda indesejada é quando qualquer nível positivo de demanda é considerado excessivo por causa de atributos indesejáveis associados à oferta.

Exemplo

Suponhamos uma cooperativa de produtores agropecuários cujo objetivo comercial externo seja substituir a atual demanda dos produtos animais de manejo químico pelos de manejo totalmente orgânico.

Trata-se, nesse caso, de destruir a demanda. Assim, a tarefa de marketing da direção do CA ou profissionais dessa área é procurar desestimular definitivamente tanto a produção dos associados quanto o consumo externo (*countermarketing*). Para tanto, cabe tomar as seguintes medidas em relação aos itens a seguir.

❑ Consumidores
   a) promover campanhas publicitárias mostrando as vantagens dos produtos animais de manejo orgânico sobre os de manejo químico, bem como a preocupação da cooperativa com a saúde e o bem-estar dos consumidores;
   b) incentivar o consumo desses produtos associando-os a benefícios ecológicos, tais como a reabilitação de áreas degradadas pela pecuária de manejo químico, a restauração de microbacias e mananciais, a preservação de pastagens etc.

❑ Produtores associados
   a) reuni-los em AGS, sob a direção do CA, para esclarecer as desvantagens econômicas da produção tradicional em comparação com a de manejo orgânico;
   b) mostrar-lhes casos concretos de sucesso econômico e financeiro desse tipo de produção;
   c) informá-los dos danos ambientais que podem causar às suas propriedades os métodos da agropecuária tradicional;
   d) mostrar-lhes que nos mercados locais e internacionais há demanda crescente de produtos animais de manejo orgânico;
   e) pôr os produtores associados em contato com institutos tais como a Embrapa e outros órgãos regionais de pesquisa agropecuária;
   f) recorrer à linha de financiamento do programa Pronatureza do Banco do Brasil, visando captar recursos para que os produtores associados possam substituir os métodos tradicionais pelo manejo orgânico;

continua

g) negociar a certificação dos produtos dos associados pelo Pronatureza do Banco do Brasil e entidades internacionais ligadas à exportação ou ao controle da produção animal de manejo orgânico;

h) discutir em AGS programas de incentivo à produção animal de manejo orgânico e de redução de incentivos à produção animal de manejo químico.

Como se pode ver, cada tipo de demanda requer tarefas específicas de marketing. Portanto, conforme a situação que se apresente, cabe às cooperativas construir, manter, revitalizar ou reduzir a demanda, levando em conta os objetivos de marketing e as oportunidades e ameaças existentes no mercado.

Para reagir eficazmente a uma determinada situação de demanda, as cooperativas precisam dispor de informações atualizadas a respeito das necessidades, percepções, preferências e grau de satisfação do público-alvo. Tais informações podem ser obtidas mediante a análise dos mercados internos e externos das cooperativas, como veremos no próximo capítulo.

Capítulo 6

Análise dos mercados internos e externos

Do ponto de vista mercadológico, a análise de mercado divide-se em duas partes: análise da estrutura de mercado e análise do consumidor.[144] Quanto à primeira, todo e qualquer tipo de mercado possui diferentes públicos com diferentes necessidades, percepções ou preferências. Por isso, dificilmente uma cooperativa poderia atender a diversos mercados ao mesmo tempo com a mesma competência. Tal restrição obriga as cooperativas a selecionarem um ou mais segmentos de seus mercados a fim de servi-los bem.

Com relação à análise do consumidor, tão logo tenha assumido uma posição de segmento no mercado-alvo, a cooperativa deverá obter informações atualizadas sobre os públicos do segmento em questão, ou seja, precisará conhecer detalhadamente suas necessidades, percepções ou preferências.

Neste capítulo, trataremos apenas da análise da estrutura de mercado, com vários exemplos de aplicação nas cooperativas. No capítulo seguinte, abordaremos a análise do consumidor.

A análise da estrutura de mercado envolve quatro etapas: definir o mercado em função dos objetivos de marketing; segmentar o mercado; posicionar o mercado; harmonizar o mercado.

Definir o mercado em função dos objetivos de marketing

Definir o mercado significa identificar todos os membros efetivos e potenciais do mercado no qual a cooperativa pretende atuar e relacionar os atributos do produto ou serviço em questão às necessidades, preferências e percepções desse público-alvo.

---

[144] Kotler, 1988.

> ### Exemplo
>
> Suponhamos uma cooperativa de bordadeiras cujo objetivo no mercado externo seja vender os itens dos bordados produzidos e comercializados pelas costureiras associadas.
>
> Tal como definido, o objetivo está muito amplo, visto que no mercado nem todas as pessoas estarão interessadas nos itens dos bordados. Portanto é preciso detalhar ao máximo o objetivo de mercado, a fim de adequar os atributos do produto ou serviço às necessidades, percepções ou preferências dos consumidores potenciais.
>
> Nesse caso, poder-se-ia relacionar os atributos do bordado manual ou mecânico com as *preferências* do público-alvo. Ou seja, identificar os atributos do bordado que interessariam aos consumidores potenciais.
>
> Tomemos, por exemplo, os atributos dos bordados confeccionados manualmente com pedrarias para vestido de noiva. Há três maneiras de relacionar as preferências do mercado com os atributos da oferta em questão, como mostra a figura 4. O círculo à esquerda representa os atributos dos bordados, e o círculo à direita, os desejos específicos com relação à oferta.
>
> Figura 4
> **Definição do mercado relacionando-se os atributos do produto com as preferências**
>
>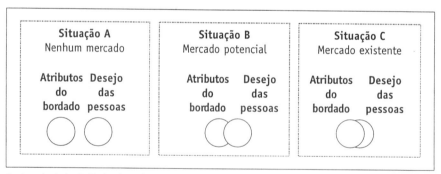
>
> Fonte: adaptado de Kotler (1988).
>
> Na situação *A* não existe nenhuma relação entre os atributos do bordado e os desejos das pessoas, isto é, não há nenhum mercado, porque nenhuma das pessoas que fazem parte desse mercado se interessa por bordados artesanais com pedrarias para vestido de noiva.
>
> Na situação *B* há alguma superposição dos atributos do bordado com os desejos das pessoas, ou seja, estas representam um *mercado potencial* para bordados com pedrarias para vestido de noiva.

continua

> Na situação C existe maior superposição, ou seja, há forte interesse pelos atributos do bordado por parte das pessoas que representam o *mercado efetivo* da cooperativa.
>
> Em tal simulação, o tamanho do mercado da cooperativa para os vestidos de noiva está representado pela superposição das circunferências. Ou seja, o mercado é constituído por pessoas que estão dispostas a adquirir bordados para vestido de noiva.

No exemplo de análise da estrutura de mercado da cooperativa de bordadeiras simulado na figura 4 supõe-se a admissão de outros profissionais de costuras diversas no quadro de associados da cooperativa. Com tal expansão, a linha dos bordados poderia ser diferenciada, incluindo costuras manuais para roupas despojadas, jogo americano, almofadas, porta-copos etc., bem como novos itens de confecções mecânicas, como biquínis, *jeans*, *lingerie* etc.

Assim, podemos representar o mercado total da cooperativa pela união de todos os mercados para cada um dos itens da linha de bordados e demais confecções. Como se pode ver nas figuras 5, 6 e 7, para cada novo item acrescido haverá um aumento no tamanho do mercado total da cooperativa. A extensão desse aumento irá depender do grau de superposição dos produtos existentes, no caso os bordados, com os novos itens de confecções mecânicas.

Figura 5
A oferta da cooperativa em função de um único item

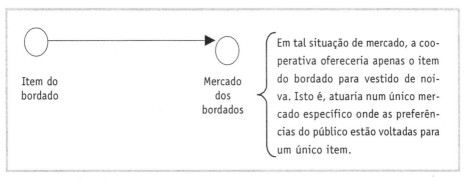

Fonte: adaptado de Kotler (1988).

Figura 6
A oferta da cooperativa em função de uma linha de itens homogêneos

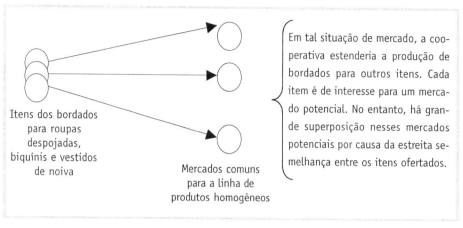

Fonte: adaptado de Kotler (1988).

Figura 7
A oferta da cooperativa em função de uma linha de itens heterogêneos

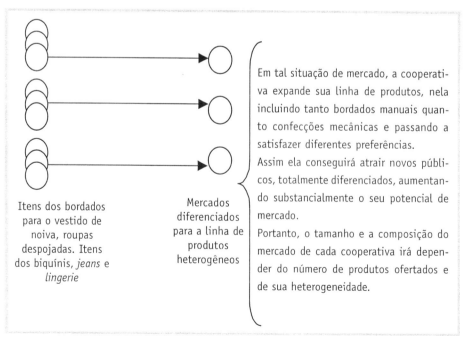

Fonte: adaptado de Kotler (1988).

Uma vez definido o mercado-alvo em função dos objetivos de marketing, passa-se à segmentação desse mercado, a fim de conhecer melhor seus públicos e servi-los bem.

Segmentar o mercado

Suponhamos que a cooperativa de bordadeiras tenha definido o mercado-alvo para os itens dos bordados, e que a direção do CA conheça quem está interessado em sua oferta (*o mercado efetivo*), quem poderá interessar-se (*o mercado potencial*) e quem não se interessará (*o mercado inexistente*). Ela também reconhece que nem todos, dentro do mercado dos bordados, têm o mesmo grau de interesse pelos itens ofertados. Por outro lado, tampouco a cooperativa tem o mesmo grau de interesse por todos os públicos desse mercado.

Portanto, é preciso segmentar o mercado-alvo dos bordados — por exemplo, variando a linha dos produtos (bordados para almofadas, travesseiros, toalhas, vestidos de noiva, roupas despojadas etc.). Mercadologicamente, segmentar o mercado é dividi-lo em partes homogêneas, de modo que se possa selecionar cada uma delas como um mercado a ser atingido por um composto de marketing distinto (preço, produto, ponto-de-venda e promoção).

Do ponto de vista mercadológico, não há uma fórmula para dividir um mercado em seus diversos segmentos, e sim algumas variáveis mercadológicas para fracioná-los e compreender melhor a sua estrutura, como mostram as situações *A*, *B*, *C*, *D* e *E* da figura 8.

Exemplo

Suponhamos que o mercado da cooperativa de bordadeiras esteja constituído por seis pontos de revenda situados na metrópole X. Nesse caso, a direção do CA ou os responsáveis pelas atividades de marketing devem estudar a estrutura de mercado em cada um desses pontos, conforme as simulações da figura 8.

Na situação *A*, a estrutura de mercado é *homogênea*, isto é, há um mesmo interesse dos consumidores potenciais pelos itens dos bordados. Nesse caso, a cooperativa não reconheceria nenhuma diferença de interesses, o que levaria ao marketing *não-diferenciado*, ou seja, ela manteria um mesmo relacionamento com os consumidores em todos os seis pontos de revenda.

Na situação *B*, a estrutura de mercado é diferenciada por *faixa etária*. Nesse caso, a cooperativa poderia dividir o mercado geral dos bordados em seis partes, a fim de praticar um marketing *diferenciado*, ou seja, um dos pontos de revenda ofereceria somente os itens dos bordados para roupas despojadas, para o mercado do público jovem.

continua

Na situação C, a estrutura de mercado é diferenciada por *classes de renda*. Nesse caso, o mercado poderia ser dividido em três classes, respectivamente identificadas pelos números 1, 2 e 3, conforme a renda dos consumidores de cada grupo. A classe de maior renda poderia ser a de renda 2. Assim, a cooperativa poderia praticar um marketing *diferenciado*, oferecendo à classe 2 os bordados com pedrarias.

Na situação D, a estrutura de mercado é diferenciada por *localidade e renda*. Nesse caso, o mercado poderia ser dividido em duas classes, representadas pelas letras *a* e *b*. A classe *a* poderia ser constituída de públicos de renda baixa e média, residentes nos bairros X, Y e Z. Assim, a cooperativa poderia praticar um marketing *diferenciado*, oferecendo no ponto de revenda da classe *a* bordados de costura manual para vestidos de noiva, e no ponto de revenda da classe *b*, bordados para vestidos de noiva confeccionados com pedrarias.

Na situação E, a estrutura de marketing é *conjunta*. Nesse caso, o mercado é segmentado por faixa etária, renda e localidade. Tais variáveis, em conjunto, irão pesar no comportamento de compra dos consumidores. Portanto, a cooperativa poderia dividir o mercado em seis partes: 1*a*, 1*b*, 2*a*, 2*b*, 3*a* e 3*b*. O segmento 1*a* e 1*b* teria dois tipos de compradores para os bordados com pedrarias. O segmento 2*a* não teria comprador para nenhum tipo de bordado (segmento nulo). Os demais segmentos teriam cada qual um tipo de comprador para os bordados sem pedrarias.

Figura 8
Alternativas de segmentação de mercado

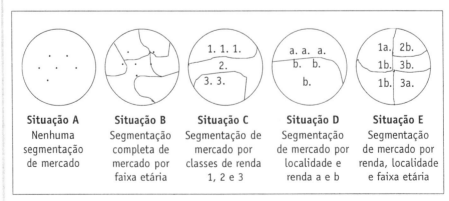

Situação A	Situação B	Situação C	Situação D	Situação E
Nenhuma segmentação de mercado	Segmentação completa de mercado por faixa etária	Segmentação de mercado por classes de renda 1, 2 e 3	Segmentação de mercado por localidade e renda a e b	Segmentação de mercado por renda, localidade e faixa etária

Fonte: adaptado de Kotler (1988).

Na situação *E* criam-se segmentos menores e mais numerosos à medida que o mercado é dividido com base num grupo maior de características conjuntas. Por isso, quanto maior for a diversidade das características de um dado mercado, maior será o número de segmentos.

A segmentação de mercado requer alguns procedimentos básicos, descritos e exemplificados a seguir.

Determinar a base da segmentação de mercado: consumidor direto ou revendedor

---

Exemplo

Suponhamos uma cooperativa de produtores cujo objetivo comercial no mercado externo seja vender a produção leguminosa de seus associados. Ela poderia então se defrontar com dois grandes grupos de mercados externos: o dos consumidores diretos e o dos revendedores (supermercados, redes de varejo, feiras livres etc.).

É importante identificar o grupo de mercado visado, pois para cada tipo deve-se adotar um procedimento distinto quanto à aplicação de variáveis para segmentar. Assim, o mercado de consumidores deve ser dividido segundo as características pessoais, atitudes e comportamentos dos compradores. Já o mercado de revendedores deve ser dividido segundo as características geográficas, os benefícios procurados, o índice de utilização dos produtos ou serviços ofertados etc.

Vale notar que algumas variáveis de segmentação servem tanto para o mercado de consumidores quanto para o mercado de revendedores. Uma delas é a variável dos *benefícios procurados*.

Coletar informações sobre as expectativas de consumidores diretos ou revendedores

---

Exemplo

Suponhamos que numa cooperativa de produtores de leguminosas a direção do CA deseje conhecer as expectativas de consumidores ou revendedores potenciais quanto à oferta de itens de produção orgânica. Conforme a base de mercado escolhida (grupos de consumidores diretos ou de revendedores), ela deverá preparar questionários para coletar informações específicas em relação às bases de mercado a seguir.

---

continua

116 Marketing social e ético nas cooperativas

❑ De consumidores:

a) levantar dados sobre os atributos das leguminosas de produção orgânica, em função dos interesses, percepções ou preferências dos consumidores potenciais;

b) examinar o grau de importância dado pelos consumidores às leguminosas de produção orgânica, em comparação com outros itens sucedâneos;

c) checar a percepção dos consumidores quanto à marca das leguminosas de produção orgânica, levando em conta as atitudes em relação a cada item ofertado;

d) indagar sobre as condições de uso, pelos consumidores, dos itens de produção orgânica.

❑ De revendedores:

a) verificar se os clientes (redes de varejos, feiras livres etc.) conhecem as leguminosas de produção orgânica;

b) indagar se os clientes mantiveram ou mantêm alguma transação comercial com outros fornecedores de leguminosas de produção orgânica;

c) averiguar a importância financeira ou econômica conferida pelos clientes às leguminosas de produção orgânica;

d) fazer o levantamento dos fornecedores de leguminosas de produção orgânica que se apresentam como concorrentes da cooperativa;

e) verificar que tipos de relação os clientes mantêm com os concorrentes (oferta, condições de pagamento, entrega etc.).

Fazer pré-avaliações econômicas do mercado de consumidores ou revendedores

Exemplo

Suponhamos uma cooperativa de trabalho médico que tenha por objetivo comercial prestar serviços preventivos e curativos com relação ao vírus da Aids.

Nesse caso, a cor da pele dos clientes não teria nenhuma importância para segmentar o mercado de consumidores potenciais dos serviços ofertados. Isso porque, se todos os portadores de Aids puderem pagar o mesmo preço pelo mesmo tratamento e a mesma quantidade de remédios, então, do ponto de vista mercadológico, tal mercado não terá a mínima importância quanto à segmentação.

Como mostra o exemplo, nem toda segmentação de mercado pode ser útil às cooperativas. No entanto, nas pré-avaliações econômicas da base de mercado devem-se considerar alguns aspectos:

- verificar se o tamanho do segmento de mercado, seu poder de compra e suas características são passíveis de mensuração;
- averiguar se o segmento de mercado é suficientemente grande para ser rentável e se inclui públicos homogêneos que possibilitem obter economias de escala no gerenciamento dos programas de marketing;
- checar se o segmento de mercado visado é efetivamente acessível com relação às ofertas;
- examinar se o segmento de mercado pretendido é distinguível, no sentido de uma orientação de marketing diferenciada;
- verificar a viabilidade de aplicar os elementos do composto de marketing (produto, preço, ponto-de-venda e promoção) para desenvolver atributos de produtos ou serviços capazes de atrair os públicos do segmento de marcado visado.

Concluídas as pré-avaliações econômicas da base de mercado pretendida pela cooperativa, o passo seguinte é dividir os públicos em grupos de consumidores diretos, revendedores, atacadistas etc. Tal divisão pode ser feita por meio de quatro variáveis: geográficas, demográficas, psicográficas e as variáveis comportamentais.[145]

Selecionar as variáveis para segmentar o mercado de consumidores ou revendedores

As variáveis geográficas, demográficas, psicográficas ou comportamentais podem ser adequadas à segmentação de mercado-alvo conforme a base de mercado da cooperativa.

Exemplo

Suponhamos uma cooperativa de produtores que tenha por objetivo industrial beneficiar o leite *in natura* e vender o produto acabado diretamente no mercado dos revendedores.

Nesse caso, ela poderá segmentar esse mercado pelo tamanho, localização ou classificação industrial do cliente. Porém, se quiser vender seus itens no mercado dos consumidores diretos, deverá segmentar esse mercado por renda, idade, tamanho da família etc.

---

[145] Kotler, 2000.

As variáveis de *segmentação geográfica* possibilitam dividir os mercados das cooperativas conforme a localização dos públicos-alvos. As localidades são determinadas por unidades geográficas como bairros, municípios, cidades, estados, regiões, países ou continentes.

São variáveis importantes porque permitem fazer um levantamento prévio não só dos custos e benefícios de atender a mercados de diferentes localidades, mas também da capacidade técnica e material dos associados para oferecer-lhes produtos ou serviços.

As principais classes de variáveis geográficas são:

- *região* — Norte, Nordeste, Sudeste, Sul ou Centro-Oeste;
- *tamanho da população* do município, cidade, estado ou região — menos de 4.999, de 5 mil a 19.999, de 20 mil a 49.999, de 500 mil a 999.999 e acima de 1 milhão;
- *densidade* — urbana, suburbana ou rural;
- *área local* — norte, sul etc.

Exemplo

Tomemos o caso de uma federação de cooperativas de trabalho médico. Ela poderia segmentar a base de seu mercado de clientes potenciais diretos da seguinte forma:

- *segmento de mercado por região* — para o mercado da região Norte, preparar a infra-estrutura hospitalar e direcionar as atividades dos profissionais associados tanto para a saúde curativa e preventiva quanto para pesquisas de enfermidades como febre amarela, malária etc.;
- *segmento de mercado por densidade* — para o mercado com maior concentração urbana, nas grandes cidades brasileiras, instalar um hospital central para a pesquisa no combate à Aids;
- *segmento de mercado por tamanho da população* — para os mercados regionais, com 1 milhão de habitantes ou mais, instalar postos avançados para o atendimento de portadores de Aids.

As variáveis de *segmentação demográfica* possibilitam dividir os mercados das cooperativas por idade, sexo, tamanho da família, renda, profissão, instrução, ciclo de vida familiar, religião, nacionalidade ou classe social. O termo demográfico engloba fatores que permitem agrupar grandes populações, independentemente do interesse por produtos e serviços ou das características psicológicas, bem como distinguir consumidores potenciais de um dado mercado associando interesses ou necessidades a idade, sexo, renda, profissão etc.

Análise dos mercados internos e externos   119

As principais classes de variáveis demográficas são:

❑ *rendimento* — a base de cálculo na moeda local ou dólar/ano pode ser por intervalos de 9.999 a 10 mil, 14.999 a 15 mil, 19.999 a 20 mil, 29.999 a 30 mil, 49.999 a 50 mil, 99.999 a 100 mil etc.;

Exemplo

Uma cooperativa de perueiros poderia segmentar o seu mercado-alvo de usuários potenciais do transporte coletivo por faixa de renda:
- ❑ *segmento de mercado de usuários com renda X* — fornecer transporte por lotações, conforme os itinerários das linhas de ônibus comuns;
- ❑ *segmento de mercado de usuários com renda X + 1* — fornecer transporte por lotações, com itinerários e horários que atendam aos interesses dos usuários.

❑ *classe social* — baixa, baixa-alta, média-baixa, média, média-alta, alta;

Exemplo

Uma cooperativa de trabalho médico poderia segmentar o mercado-alvo de usuários potenciais de planos de saúde por classes sociais:
- ❑ *segmento de mercado de classe social baixa* — oferecer plano de saúde com prazos e condições de pagamento mais acessíveis (atendimento ao cliente com horário pré-programado);
- ❑ *segmento de mercado de classe social alta* — oferecer plano de saúde com prazos e condições de pagamento competitivos com as ofertas de mercado (atendimento ao cliente a qualquer hora).

❑ *sexo* — essa variável é tradicionalmente aplicada na análise da estrutura de mercados no ramo das confecções, podendo ser combinada com outras variáveis demográficas, tais como idade (abaixo de seis a 11, de 12 a 19, de 20 a 34, de 35 a 49, de 50 a 64 e acima de 65), tamanho da família (um a dois, três a quatro, mais de cinco membros), ciclo de vida da família (jovem solteiro; jovem casado sem filhos; jovem, casado, com filho de menos de seis anos; jovem, casado, com filho de mais de seis; adulto, casado, com filhos adultos e outras combinações), ocupação (profissional técnico, gerente, funcionário público, empresário, funcionário de escritório, vendedor, aposentado, estudante, dona de casa etc.), nível de instrução (ensino fundamental ou menos; ensino médio incompleto; ensino médio completo; superior incompleto, superior completo); religião (católica, protestante, judaica, muçulmana, hinduísmo e outras), raça (branca, negra, amarela etc.) geração (roqueiros, velha guarda etc.), nacionalidade (brasileira, francesa, britânica, norte-americana, japonesa etc.).

Exemplo

No caso de uma cooperativa de costureiras, a segmentação do mercado-alvo poderia seguir uma combinação de três variáveis demográficas (idade, profissão e renda) associadas à aquisição de determinadas roupas.

A figura 9 mostra uma matriz na qual é feita uma segmentação conjunta, levando em conta as variáveis idade, profissão e renda. Cada variável é subdividida em um número de níveis considerado útil para as análises. Obtiveram-se 27 segmentos distintos de mercados, a partir dos cálculos: 27 = (3 * 3 * 3). Assim, qualquer grupo com as características das variáveis apresentadas pertencerá a um desses 27 segmentos.

Figura 9
Segmentação de mercado com combinação de três variáveis demográficas

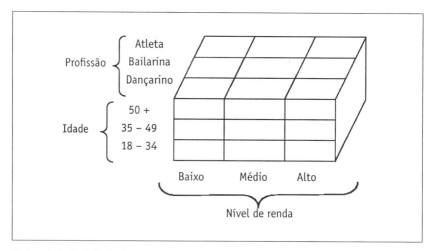

Fonte: adaptado de Kotler (1988).

As variáveis de *segmentação psicográficas* possibilitam dividir o mercado-alvo da cooperativa segundo as características pessoais, atitudes, valores e padrões de comportamento dos públicos que constituem esse mercado. Essas variáveis são importantes porque as pessoas de um mesmo grupo demográfico podem diferir quanto aos perfis psicográficos.[146]

As principais classes das *variáveis psicográficas* são:

❑ *personalidade* — possibilita segmentar determinado mercado conforme os traços da personalidade (indivíduo extrovertido, gregário, conservador, ambicioso etc.) e associá-los a determinado produto ou serviço;

Exemplo

Uma cooperativa de bordadeiras e costureiras poderia segmentar o seu mercado-alvo conforme as seguintes características da personalidade:

❑ *segmento de mercado de indivíduos extrovertidos* — oferecer bordados para roupas despojadas;
❑ *segmento de mercado de indivíduos conservadores* — oferecer bordados para vestidos de noiva;
❑ *segmento de mercado de indivíduos ambiciosos* — oferecer bordados para roupas de ginástica, moda *fitness* etc.

❑ *valores* — essa variável permite segmentar um mercado conforme a sensibilidade das pessoas que o constituem;

Exemplo

Uma cooperativa de profissionais artesãos poderia segmentar o seu mercado-alvo conforme os valores de determinados grupos de pessoas:

❑ *segmento de mercado de pessoas sensíveis às causas sociais* — oferecer produtos que possam identificar o comprador com alguma causa social;
❑ *segmento de mercado de pessoas sensíveis à natureza* — oferecer produtos que possam identificar o comprador com alguma causa ligada à preservação da natureza.

❑ *estilo de vida* — essa variável permite segmentar o mercado conforme os tipos de atividade, consumo ou lazer preferidos por certo grupo de pessoas (intelectual, simples, aventureiro etc.).

---

[146] Kotler, 1988.

Exemplo

Uma cooperativa de trabalho médico poderia segmentar seu mercado-alvo no que se refere à oferta de planos de saúde conforme o estilo de vida dos grupos de pessoas que constituem esse mercado:

- ❑ *segmento de mercado de pessoas aventureiras* — oferecer plano médico e hospitalar incluindo serviços de resgate e outros de seu interesse;
- ❑ *segmento de mercado de usuários com estilo de vida pacato* — oferecer plano médico e hospitalar incluindo atendimento residencial e outros serviços de seu interesse.

As variáveis da *segmentação comportamental* possibilitam dividir os mercados das cooperativas por grupos de potenciais consumidores, conforme o seu conhecimento e utilização dos produtos ou serviços ofertados, bem como suas reações e atitudes em relação aos mesmos.

As principais classes das variáveis comportamentais são:

- ❑ *benefício procurado* — ao adquirir um produto ou serviço, as pessoas quase sempre procuram benefícios diferentes, tais como praticidade, economia, conveniência ou confiabilidade. Enquanto alguns compradores buscam um produto ou serviço de marca, outros procuram um conjunto de benefícios;

Exemplo

Uma cooperativa de taxistas poderia dividir seu mercado-alvo em função de um benefício específico ou um conjunto de benefícios:

- ❑ *segmento de mercado de usuários interessados apenas na locomoção* — oferecer serviços comuns de táxis;
- ❑ *segmento de mercado de usuários interessados na locomoção e serviços adicionais* — oferecer serviços programados de transporte de táxi, entrega de encomendas, condução de veículos particulares etc.[147]

- ❑ *taxa de uso* — essa variável possibilita segmentar o mercado conforme a taxa de uso de um produto ou serviço, ou seja, pode haver não-usuários, usuários em potencial, ex-usuários, usuários primários ou usuários regulares;

---

[147] Na cidade do Rio de Janeiro, a cooperativa Lady's Táxi, criada recentemente por mulheres, escolheu como público-alvo as senhoras de meia-idade e os adolescentes (*O Estado de S. Paulo*, 25-11-2001).

Análise dos mercados internos e externos   123

Exemplo

Uma cooperativa de trabalho médico especializada em tratamento da Aids poderia segmentar o seu mercado-alvo da seguinte forma:

❏ *segmento de usuários de drogas* — oferecer serviços especializados de recuperação e tratamento intensivo;

❏ s*egmento de usuários iniciais de drogas* — oferecer serviços de recuperação e tratamento semi-intensivo, com a participação da família do viciado, grupo de amigos etc.;

❏ s*egmento de potenciais usuários de drogas* — promover campanhas de esclarecimento sobre a doença nas escolas ou em programas de rádio, TV etc.

❏ *regularidade nas compras* — essa variável permite verificar a freqüência na compra de um produto ou serviço e segmentar o mercado em pequenos, médios ou grandes usuários. Assim é possível saber se os grandes usuários constituem apenas uma pequena percentagem do mercado em termos numéricos, embora representem um alto percentual em termos de volume de venda;

Exemplo

Uma cooperativa de pequenos produtores de caju e derivados poderia segmentar seu mercado-alvo da seguinte forma:

❏ *segmento de mercado externo (europeu e norte-americano)* — garantir a produção de castanha-de-caju, conforme as compras pré-programadas e pagamento antecipado;

❏ *segmento de mercado interno (supermercados, confeitarias etc.)* — garantir a produção de castanha excedente para a clientela local, que adquire o item esporadicamente e paga mediante o recebimento da mercadoria.[148]

---

[148] Em Pernambuco, as cooperativas Coopermel e Coopercaju movimentam a economia do município de Serra do Mel. Enquanto a primeira é responsável pela industrialização da castanha de menor tamanho, a segunda cuida do corte e beneficiamento da castanha grande produzida por seus associados. Assim, cada tipo de produção tem um mercado externo específico (*O Estado de S. Paulo*, 24-10-2000).

124 Marketing social e ético nas cooperativas

- *status de fidelidade* — essa variável possibilita medir o grau de fidelidade dos consumidores à marca ou qualidade dos produtos e serviços ofertados. Para tanto é preciso identificar os consumidores *fiéis convictos* (que compram sempre a mesma marca), os *fiéis divididos* (que são fiéis a duas ou três marcas), *fiéis inconstantes* (que mudam constantemente de uma marca para outra) e os *infiéis* (que não são fiéis a nenhuma marca);

> ## Exemplo
>
> Uma cooperativa de pequenos produtores poderia segmentar seu mercado-alvo de hortaliças e leguminosas da seguinte forma:
>
> - *segmento de mercado dos consumidores fiéis convictos à qualidade das hortaliças e leguminosas de produção natural* — oferecer hidrogenados (produtos cultivados com adubos orgânicos);
> - *segmento de marcado dos consumidores fiéis divididos à qualidade das hortaliças e leguminosas* — oferecer hidrogenados e itens de produção tradicional (com adubos químicos).

- *ocasião* — essa variável identifica os compradores conforme a ocasião ou necessidade do consumo de um dado produto ou serviço, permitindo assim às cooperativas expandir o uso do mesmo;

> ## Exemplo
>
> Uma cooperativa de produtores de laranja poderia segmentar seu mercado-alvo da seguinte forma:
>
> - *segmento de mercado dos consumidores de ocasião A* — oferecer o suco de laranja para consumo doméstico;
> - *segmento de mercado dos consumidores de ocasião B* — oferecer o suco de laranja para consumo em congressos, reuniões etc.;
> - *segmento de mercado dos consumidores de ocasião C* — oferecer o suco de laranja para consumo em eventos esportivos, espetáculos etc.

- *atitudes* — essa variável identifica os diferentes tipos de atitude dos consumidores com relação aos produtos ou serviços ofertados (atitude entusiasta, indiferente, negativa ou hostil. Uma atitude pode corresponder a uma tendência duradoura, favorável ou não a algum objeto ou idéia.[149]

É importante tentar compreender as atitudes dos consumidores porque normalmente elas estão arraigadas numa cultura que os leva a gostar ou não de um dado objeto, ou seja, a procurar ou evitar determinada oferta. Portanto, para as cooperativas é mais prático adaptar seus produtos ou serviços às atitudes do público-alvo, em vez de tentar mudar-lhe as atitudes.

Exemplo

Uma cooperativa de perueiros poderia segmentar seu mercado-alvo de usuários de transporte coletivo da seguinte forma:

❑ *segmento de mercado dos usuários com atitude hostil ao transporte por lotação* — oferecer serviços de transporte coletivo cujos atributos levem em conta a confiabilidade, segurança e bem-estar dos usuários;

❑ *segmento de mercado dos usuários com atitude indiferente ao transporte por lotação* — oferecer serviços de transporte coletivo cujos atributos levem em conta a economia de tempo e a comodidade para os usuários.

❑ *estágio de preparação* — essa variável permite segmentar o mercado da cooperativa a partir da avaliação de diferentes níveis de interesse por determinados produtos ou serviços. Isso porque alguns consumidores podem desconhecer o produto ou serviço em questão, outros podem estar apenas informados de sua existência, e outros, ainda, podem estar interessados mas não sabem onde encontrá-los.

Exemplo

Uma cooperativa de trabalho médico especializada em prevenção do câncer de mama poderia segmentar seu mercado-alvo da seguinte forma:

❑ *segmento de mercado na situação A* — oferecer serviços de propaganda ou publicidade visando conscientizar o público que se encontra no estágio (Dp), conforme mostrado na figura 10;

---

continua

---

[149] Krech, 1962.

- *segmento de mercado na situação B* — ocorrerá uma mudança do estágio (*Dp*) para o estágio (*Ac*) se o programa da situação *A* for bem-sucedido. Nesse caso, a cooperativa deverá veicular as propagandas com maior freqüência, procurando mostrar a natureza e o propósito do exame anual de câncer de mama;
- *segmento de mercado na situação C* — haverá uma mudança do estágio (*Dp*) para o estágio (*Dj*) se o programa da situação *B* gerar mais conhecimento. Nesse caso, a cooperativa deverá enfatizar os benefícios do exame anual e os riscos de não fazê-lo, a fim de levar mais mulheres para o estágio desejado (*Dj*). A partir desse estágio, o hospital da cooperativa deverá dispor de infra-estrutura mínima para atender ao grande número de mulheres que provavelmente estarão motivadas a fazer o exame anual de prevenção do câncer.

Figura 10
Segmentação de mercado por níveis de interesse

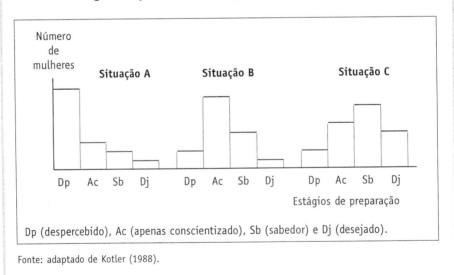

Dp (despercebido), Ac (apenas conscientizado), Sb (sabedor) e Dj (desejado).

Fonte: adaptado de Kotler (1988).

Podem-se fazer outras segmentações de mercado por meio da variável de *multiatributos* ou *análise geodemográfica*. Essa variável não considera apenas determinado tipo de consumidor nem se limita a um tipo de análise de mercado, mas combina diversas variáveis ou características de mercado para identificar grupos-alvo pequenos e mais bem definidos.

Essa variável é importante para as cooperativas que têm recursos limitados, pois permite incluir diversos públicos num único segmento, o que tende a reduzir os custos com processamento de informações. Permite, igualmente, combinar num único banco de dados um grande número de variáveis, perfis de consumidores e atributos dos produtos ou serviços analisados.

Exemplo

Uma pequena cooperativa de bens de produção e consumo poderia segmentar o seu mercado-alvo interno e externo da seguinte forma:

❑ *segmento de mercado de associados* — fornecer bens de produção e consumo e capital de giro aos associados,[150] conforme as políticas de crédito discutidas e decididas em AGS;

❑ *segmento de mercado de terceiros* — fornecer bens de produção e consumo e capital de giro a pequenos produtores não-associados, desde que residentes na região de abrangência comercial da cooperativa e pertencentes ao grupo de renda X.

Nesse caso, a direção do CA poderia criar novos microssegmentos dentro do segmento de produtores não-associados, dependendo do volume de produtos comercializados na cooperativa, do volume de bens de produção nela adquiridos, da regularidade nos pagamentos etc., tudo isso combinando dados computadorizados.

---

[150] Veja-se o caso da Cooperativa dos Comerciantes de Franca, cidade do estado de São Paulo. Os comerciantes locais usam os serviços do Banco das Cooperativas de Crédito (Bancoob) para descontar cheques, levantar capital de giro etc. (*Valor Econômico*, 4-2-2002). O que diferencia os bancos comuns do banco de crédito cooperativo, instalado e mantido pela própria cooperativa, é que nos primeiros o lucro vai para um pequeno grupo de acionistas, enquanto no segundo todos os associados participam dos ganhos. Ademais, como os bancos mantidos pelas cooperativas não têm finalidade lucrativa, não existe incidência do imposto sobre operações financeiras (IOF), estando o ato cooperativo isento de imposto de renda. Tais condições favorecem a oferta do crédito aos associados a taxas de juros bem inferiores às dos bancos privados (*O Estado de S. Paulo*, 4-10-2000). Além disso, os diversos bancos de crédito mantidos pelas cooperativas singulares em seus diversos segmentos, todos ligados em rede no país por intermédio do Banco do Brasil, poderiam associar-se a um grande banco europeu de economia mista (DG Bank, Crédit Agricole, Rabobank etc.) e assim derrubar os *spreads* bancários (margem de lucro das instituições financeiras) como alternativa aos grandes conglomerados locais e internacionais (*Gazeta Mercantil*, 17-4-2001).

Decidir quantos e quais são os segmentos de mercados pretendidos

Uma vez identificadas as suas oportunidades de segmento de mercado, a cooperativa deve decidir quanto e quais são os segmentos de mercado a atingir. Para tanto é necessário avaliar a atratividade global em cada um dos segmentos pré-avaliados, bem como levantar o volume de recursos disponíveis e necessários para custear as atividades de marketing, levando em conta os objetivos mercadológicos da cooperativa, conforme o exemplo apresentado no início deste capítulo e ilustrado na figura 4. Tais avaliações podem ser feitas considerando os seguintes aspectos:

❑ verificar se o segmento de mercado pretendido é atraente no que se refere a tamanho e expansão futura; se tem potencial para gerar economias de escalas mediante a redução de custos; e se apresenta baixo risco financeiro para os associados e para a economia geral da cooperativa;
❑ checar se as propostas de investimentos iniciais para o segmento em análise estão de acordo com os objetivos produtivos e comerciais da cooperativa e com sua missão social, política e econômica;
❑ examinar se os objetivos a curto e médio prazos com relação ao segmento de mercado pretendido não conflitam com os objetivos produtivos e comerciais a longo prazo.

Definir estratégias de marketing em função do segmento de mercado escolhido

Após identificar e avaliar as oportunidades no(s) segmento(s) de mercado(s) pretendido(s), a cooperativa deve decidir como abordá-los. A seguir apresentamos algumas estratégias de marketing aplicáveis.

Estratégia de marketing não-diferenciado

Essa estratégia é recomendável quando a cooperativa decide tratar todo o mercado de maneira homogênea, isto é, priorizar as características que são comuns a todos os públicos do mercado em questão. Normalmente focaliza-se uma necessidade básica de compra em determinado mercado, em vez das diferenças entre clientes.

Além disso, tal estratégia procura desenvolver produtos ou serviços associados a um programa de marketing visando atender ao maior número de clientes no mercado em questão e usando os meios de propaganda e distribuição de massa.

A vantagem é que, como a cooperativa mantém uma linha limitada de produtos ou serviços, isso tende a reduzir os custos de pesquisa e desenvolvimento de novos itens, assim como com os custos de produção, estoque, transporte, pesquisa de marketing, propaganda e gerenciamento. Assim ela pode baixar seus preços e, consequentemente, aumentar sua participação num determinado mercado sensível ao preço.

Por outro lado, como a cooperativa busca atender a numerosos públicos, isso pode prejudicar a qualidade de suas ofertas. Ou seja, ela não procura conhecer as necessidades, preferências ou percepções dos clientes.

Estratégia de marketing concentrado

Essa estratégia é recomendável quando a cooperativa decide dividir o mercado em segmentos significativos, direcionando seus esforços de marketing para um público diferenciado. Ou seja, em vez de atuar superficialmente nas diversas partes do mercado, concentra-se em servir bem um único segmento que acredita ser seu trunfo comercialmente.

Como vantagem, a cooperativa pode assim alcançar sólida reputação num segmento de mercado específico e conhecer melhor as necessidades, preferências e percepções de seu público. Pode também obter economias de escala ou operacionais devido à especialização no produto ou serviço ofertado, bem como diminuir os custos de distribuição e promoção. Isso lhe permitiria alcançar a liderança no segmento de mercado específico e obter um alto retorno sobre o investimento (ROI).

Como desvantagem, ela teria maior risco externo. Ou seja, o segmento poderia desaparecer, devido a mudanças tecnológicas, culturais, econômicas etc., ou vir a ser dominado por um concorrente mais bem preparado.

Estratégia de marketing diferenciado

Essa estratégia é recomendável quando a cooperativa decide operar em dois ou mais segmentos de mercado. Para tanto é preciso desenvolver produtos ou serviços específicos, associados a programas de marketing igualmente específicos, para cada um dos segmentos de mercados pretendidos.

Como vantagem, a cooperativa poderá obter maior impacto em cada um dos segmentos escolhidos. A atuação de maneira satisfatória em vários segmentos de mercados permitirá identificar a cooperativa global e especificamente, conforme a aceitação de suas ofertas de produtos ou serviços. No entanto, a estratégia de marketing diferenciado requer algumas condições.

Quanto à segmentação de mercado por especialização seletiva

A cooperativa deverá selecionar um número de segmentos que sejam atraentes e apropriados operacionalmente, bem como indicar as razões objetivas para a seleção de vários segmentos de mercados — por exemplo, a alta rentabilidade obtida em todos os segmentos almejados.

130 Marketing social e ético nas cooperativas

A cobertura estratégica multissegmentada tem como vantagem diversificar o risco para a cooperativa, isto é, compensar um segmento de mercado fraco com outro segmento de mercado atrativo economicamente. No entanto, tem a desvantagem de demandar esforços mercadológicos para a especialização em cada um dos segmentos, no que se refere a propaganda, promoção, distribuição, força de vendas etc.

Quanto à segmentação de mercado por produto ou serviço

A cooperativa deverá se especializar em um produto ou serviço que possa ser vendido em vários segmentos. Em tal segmentação, a cooperativa tem a vantagem de construir reputação sólida na sua área de atuação, porém tem a desvantagem de risco, isto é, novas tecnologias poderão substituir o produto ou serviço ofertado.

Quanto à segmentação por mercado

A cooperativa deverá atender a várias necessidades de um grupo particular de clientes. Essa estratégia tem a vantagem de estabelecer forte reputação entre o grupo de clientes e de propiciar um canal para promover outros produtos ou serviços que esse grupo venha a utilizar no futuro. Como desvantagem, pode criar dependência de determinado grupo de clientes, sujeitando a economia da cooperativa a riscos de cortes de orçamentos por parte desses clientes etc.

Estudos demonstram o marketing diferenciado normalmente gera maior volume de vendas que o marketing indiferenciado. No entanto, o marketing diferenciado aumenta os custos envolvidos no negócio.[151] Esses custos são:

- ❑ *custos de modificação do produto* — os esforços da cooperativa para modificar um produto, visando adequá-lo a diferentes requisitos de segmentação de mercado, podem gerar custos de P&D, engenharia e ferramentas;
- ❑ *custos de fabricação* — sai mais caro para a cooperativa produzir 10 unidades de 10 produtos diferentes do que 100 unidades de um único produto. Quanto maior o tempo para produzir algo e quanto menor o volume das vendas desse produto, tanto maior será o gasto para produzi-lo. Entretanto, se cada produto tiver um volume de vendas suficientemente grande, os altos custos de montagem por unidade tenderão a diluir-se;
- ❑ *custos administrativos* — cada segmento de mercado pretendido pela cooperativa requer planos de marketing específicos, o que gera custos adicionais de pesquisa de marketing, previsão e análise de vendas, promoção, planejamento e gerenciamento de canais;

---

[151] Kotler, 2000.

Análise dos mercados internos e externos   131

- *custos de estoque* — custa mais caro para a cooperativa gerenciar estoques de vários produtos;
- *custos de promoção* — a cooperativa deverá atingir diferentes segmentos de mercado com diferentes programas de promoção, o que implica maiores custos de planejamento, promoção e mídia.

Mercadologicamente, não existe uma regra geral para se obter lucratividade em determinados mercados. Entretanto, recomenda-se seguir alguns critérios mercadológicos para escolher estrategicamente os segmentos de mercado. São eles:

- se os recursos da cooperativa forem limitados, ela poderá escolher o marketing concentrado. Primeiro porque a limitação de recursos impossibilitará manter relações de troca eficazes com vários segmentos de mercado ao mesmo tempo. Segundo porque ela terá limitações operacionais ou técnicas para ofertar produtos ou serviços de qualidade especial para cada segmento;
- se o mercado pretendido pela cooperativa for razoavelmente homogêneo, no que se refere às necessidades, preferências ou percepções dos clientes, ela poderá escolher o marketing não-diferenciado, pois não terá muito a ganhar oferecendo produtos ou serviços diferenciados;
- se a cooperativa quiser ser líder em vários segmentos de mercado, poderá escolher o marketing diferenciado. Por outro lado, provavelmente se defrontará com as barreiras criadas pelos concorrentes na maioria dos segmentos mais cobiçados pelas empresas. Ela até pode ingressar num segmento de mercado descoberto pelas grandes empresas, desde que acredite ser este o seu ponto forte comercialmente e seu trunfo econômico futuro.

Estudos mercadológicos têm demonstrado que as empresas de sucesso começam com a estratégia de marketing não-diferenciado ou concentrado. Depois que se firmam no mercado, passam para uma estratégia de marketing diferenciado.[152] De qualquer forma, optando pela estratégia de marketing concentrado, a cooperativa deve determinar o segmento de mercado no qual irá concentrar-se. Trata-se do posicionamento de mercado.

Posicionar o mercado

As cooperativas precisam definir o seu *posicionamento de mercado*, ou seja, identificar um lugar viável economicamente para colocar seus produtos ou serviços. Em vez de copiar o estilo mercadológico dos concorrentes, elas devem procurar um nicho num dado mercado para dar sua própria contribuição.

---

[152] Kotler, 1994 e 1988.

Exemplo

Suponhamos que uma cooperativa de bordadeiras e profissionais de costuras diversas tenha como objetivo comercial propiciar a seus associados materiais, equipamentos, infra-estrutura física e crédito para a produção de roupas de ginástica, peças íntimas, confecções para adultos e crianças, confecções de grifes, confecções em *lycra* e itens de costuras manuais (bordados, crochê etc.).[153]

Como se vê, são mercados muito amplos e variados, e a cooperativa poderá ainda se defrontar com grandes concorrentes já estabelecidos no mercado.

Nesse caso, os associados, em reunião da AGS sob a direção do CA, deverão examinar as lacunas ou prioridades no mercado da costura mecânica ou manual, levando em conta:

❏ quais são os nichos de mercados não servidos pelas grandes empresas?

❏ quais são os pontos fortes da cooperativa para atender esses nichos de mercados?

❏ quais são as condições físicas, materiais, financeiras e técnicas dos associados?

Por fim, a cooperativa deverá selecionar um ou mais segmentos de mercado que ela considere como seu forte comercial e que, além disso, sejam economicamente atraentes.

A figura 11 mostra os passos para posicionar o mercado, considerando apenas o mercado das costuras manuais e mecânicas dos bordados:

1. Definir o mercado: compradores potenciais dos itens das costuras manuais e mecânicas dos bordados.
2. Segmentar o mercado: compradores potenciais dos itens das costuras manuais e mecânicas dos bordados (crochê etc.).
3. Posicionar o mercado: compradores potenciais dos itens das costuras manuais e mecânicas dos bordados para vestidos de noiva (*A*); bordados para toalhas de mesa (*B*); bordados para roupas despojadas (*C*); bordados para jogo americano (*D*); e bordados para almofadas (*E*).

continua

---

[153] Ver o caso da Cooperativa de Trabalhadores Artesanais e de Costura da Rocinha Ltda. (Coopa-Roca), no morro da Rocinha, na cidade do Rio de Janeiro. Enquanto as costureiras encarregam-se da produção, estilistas famosos, em parceria com elas, desenham os itens produzidos (*Gazeta Mercantil*, 25-7-2000).

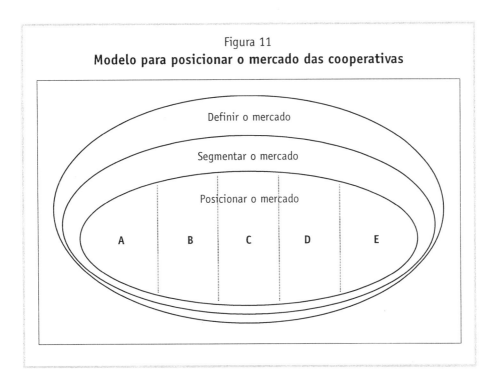

Figura 11
Modelo para posicionar o mercado das cooperativas

Como mostra o diagrama, a cooperativa tem mais de um segmento, no que se refere a itens de costuras manuais e mecânicas dos bordados. Logo, precisa saber em quantos desses segmentos de mercado deseja atuar e se poderá servi-los bem, sendo esta a última etapa da análise de mercado.

Harmonizar o mercado

Harmonizar o mercado é decidir quantos e quais são os segmentos que a cooperativa pretende incluir no seu programa de marketing, ou seja, delimitar o âmbito do mercado-alvo da cooperativa. Mercadologicamente, o âmbito do mercado-alvo procura agrupar segmentos compatíveis operacional e tecnicamente, de modo a gerar economias de escala mediante a compatibilidade de processos, materiais, competências funcionais etc.

Além da compatibilidade operacional e técnica, é preciso examinar qual a importância financeira ou econômica de cada segmento, seja para os negócios dos associados, seja para a economia da cooperativa como um todo. Portanto é necessário determinar o percentual correspondente à demanda de mercado em cada um dos segmentos em questão.

Exemplo

Tomemos novamente o caso da cooperativa de costureiras e profissionais de costuras diversas. A Figura 12 mostra como concluir a análise da estrutura de mercado, última etapa da harmonização de mercado.

- ❑ Definir o mercado: compradores potenciais dos itens de costuras manuais e mecânicas dos bordados.
- ❑ Segmentar o mercado: compradores potenciais dos itens de costuras manuais e mecânicas dos bordados (crochê etc.).
- ❑ Posicionar o mercado: compradores potenciais dos itens de costuras manuais e mecânicas dos bordados para vestidos de noiva (A); bordados para toalhas de mesa (B); bordados para roupas despojadas (C); bordados para jogo americano (D); e bordados para almofadas (E).
- ❑ Harmonizar o mercado: compradores potenciais dos itens de costuras manuais e mecânicas dos bordados para vestidos de noiva (A – 45%); bordados para roupas despojadas (B – 60%); bordados para toalhas de mesa (C – 15%); bordados para jogo americano (D – 42%); e bordados para almofadas (E – 30%).

No diagrama, as partes sombreadas representam os percentuais da demanda em cada um dos segmentos de mercado analisados, ou melhor, o número de públicos interessados nos itens dos bordados e não atendidos pela concorrência. Nesse caso, o segmento mais atraente em termos de demanda de mercado para a cooperativa é o representado pela letra B, com uma demanda latente de 60% para bordados de roupas despojadas.

Com relação aos demais segmentos, a cooperativa poderia revê-los conforme os prós e os contras das estratégias de marketing indiferenciado, concentrado ou diferenciado, tal como vimos anteriormente neste capítulo.

continua

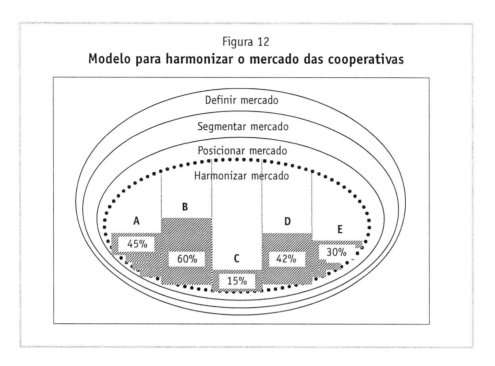

Figura 12
Modelo para harmonizar o mercado das cooperativas

Concluída a análise da estrutura de mercado, é preciso conhecer melhor as pessoas que fazem parte do mercado-alvo da cooperativa, ou seja, analisar suas necessidades, preferências, percepções e grau de satisfação. Trata-se da segunda etapa da análise de mercado, como veremos no próximo capítulo.

Capítulo 7

Análise dos consumidores internos e externos

Tão logo tenha definido o seu mercado-alvo em função dos objetivos de marketing, a cooperativa deve procurar conhecer os públicos que o compõem, ou seja, conhecer as necessidades, percepções, preferências ou grau de satisfação dos consumidores, revendedores, contratantes de serviços, fornecedores etc. do mercado externo. O mesmo levantamento deve ser feito no mercado interno de associados, cabendo nesse caso considerar os associados enquanto fornecedores, consumidores e, ao mesmo tempo, donos da cooperativa.

Nas cooperativas, de modo geral, a pesquisa de mercado é sobretudo uma forma de valorizar as relações de troca, que não devem ser construídas apenas com base na intuição ou na experiência de vendas. Além disso, tal pesquisa é imprescindível para levantar o potencial do mercado pretendido, principalmente no que se refere a obter lucros externos, remunerar os associados na forma de sobras líquidas (lucros líquidos) e fazer prosperar a economia da cooperativa.

Mercadologicamente, as variáveis psicológicas básicas para melhor compreender os comportamentos relativos às relações de trocas comerciais são: as necessidades; as percepções; as preferências; e o grau de satisfação.[154]

As variáveis psicológicas das necessidades

As cooperativas devem procurar identificar as necessidades de seus consumidores potenciais externos, pois elas é que vão orientar suas atividades produtivas e comerciais.

---

[154] Kotler, 1988.

Exemplo

Suponhamos que numa cooperativa de consumo o objetivo da pesquisa de mercado seja identificar as necessidades de seus associados e consumidores externos no que se refere à variedade de produtos nas gôndolas do supermercado.

Nesse caso, a direção do CA, assessorada por profissionais da área de marketing, poderia empregar um dos seguintes métodos para iniciar suas *pesquisas de mercado*.

❑ O método *direto* permite ao entrevistado descrever diretamente suas necessidades. As entrevistas podem ser feitas por meio de questionários com perguntas abertas (*o que você gostaria que fosse acrescentado nos itens dos produtos naturais à base dos hidrogenados?*) ou questões mais específicas (*indique nas listas dos serviços quais as melhoras necessárias*).

As perguntas abertas permitem obter mais dados do que as específicas. Por outro lado, são mais difíceis de codificar ou resumir no que se refere às descobertas representativas.

❑ O método da *projeção* permite ao entrevistado projetar suas necessidades diante de determinada situação ou objeto. Sua vantagem é que o entrevistado pode assim revelar seus verdadeiros sentimentos com relação a um produto, serviço etc., sem se sentir coibido.

❑ O método da *simulação* consiste em apresentar ao entrevistado o protótipo de um produto ou serviço para conhecer a reação que o mesmo desperta antes de ser lançado no mercado.

As variáveis psicológicas das percepções

Uma cooperativa precisa saber não só como seus públicos externos e internos percebem os produtos ou serviços ofertados, mas também qual a imagem que eles têm dela própria.

A percepção da imagem organizacional permite identificar as possíveis discrepâncias entre aquilo que a organização é de fato e aquilo que ela julga ser.

Exemplo

No caso de uma federação de cooperativas de trabalho, o objetivo da pesquisa de mercado seria, digamos, saber qual a imagem das cooperativas singulares filiadas junto a seus associados e contratantes de serviços.

continua

A direção no CA, assessorada por profissionais da área de marketing, poderia empregar um dos seguintes métodos para iniciar tal pesquisa.

- O método da *entrevista não-estruturada*, por ser totalmente determinado pela reação, permite saber como são percebidas as relações de troca, ou seja, qual a opinião a respeito da lisura nos negócios dentro e fora das cooperativas singulares filiadas.
- O método da *diferencial semântica* permite conhecer a imagem de uma cooperativa a partir de escalas adjetivas bipolares, como mostra o quadro 33. Por meio delas o entrevistado pode estabelecer uma comparação entre uma cooperativa genuína e uma falsa cooperativa.

Assim, a concentração de respostas à direita (x) indicaria uma falsa cooperativa, e à esquerda, uma cooperativa genuína. Tal método permite traçar o perfil de uma determinada cooperativa e verificar o que estaria comprometendo a sua imagem. Os questionários podem ser recolhidos em caixas de sugestões, não sendo necessário que o respondente se identifique, o que o deixaria mais à vontade para fazer suas reclamações.

Quadro 33
Imagem da cooperativa

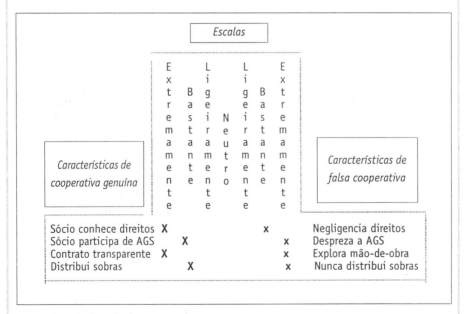

Fonte: adaptado de Kotler (1994 e 1988).

As variáveis psicológicas das preferências

As cooperativas precisam saber como os consumidores, revendedores etc. formam suas preferências entre um conjunto de ofertas alternativas de produtos ou serviços. Conhecendo-se os critérios de decisão que levam os clientes às compras, é mais fácil projetar melhores atributos e agregar valor às relações de troca.

Isso permite maximizar os atrativos das ofertas externas, bem como gerar lucros para os associados na forma de sobras líquidas e fortalecer a economia da cooperativa.

Exemplo

Numa cooperativa de trabalho médico, o objetivo da pesquisa de marketing pode ser identificar as preferências dos clientes com relação à oferta de três tipos de plano de assistência médico-hospitalar.

Nesse caso, a direção do CA, assessorada por profissionais da área de marketing, poderia empregar um dos seguintes métodos para iniciar suas pesquisas de mercado.

- O método do *ordenamento em classes simples* permite ao entrevistado classificar os três planos de saúde em questão por ordem de preferência (digamos, plano A > plano B > plano C). Assim, o cliente pode preferir o plano A ao plano B ou ao plano C, mas ficar indiferente entre o plano B e o plano C.

  A vantagem é poder representar tais preferências por meio de expressões como: plano A > (plano B = plano C). Por outro lado, o cliente pode ter dificuldade para ordenar suas preferências ao ser-lhe apresentado um grande número de planos. Além disso, o método revela as preferências relativas do cliente, mas não a utilidade absoluta de cada plano. Em outras palavras, o cliente pode ordenar suas preferências (por exemplo, plano A > plano B > plano C), mas não estar satisfeito com nenhum plano. Por isso, o ordenamento em si nada diz sobre a força ou intensidade das preferências.

- O método da *comparação de pares* possibilita comparar os três planos de saúde em questão com os pares: plano A/plano B, plano A/plano C ou plano B/plano C. Suponhamos que o cliente tenha preferido o plano A ao plano B, o plano A ao plano C e o plano B ao plano C.

  Nesse caso, o pesquisador poderia concluir: plano A > plano B > plano C, eliminando assim as ambigüidades de preferências. Por outro lado, se o cliente preferir o plano A ao plano B, o plano B ao plano C e o plano C ao plano A, então ele estará sendo contraditório em suas respostas. Em tal situação, o pesquisador não poderia tirar nenhuma conclusão quanto à ordem das preferências, devendo escolher outro método para a pesquisa.

---

continua

A vantagem do método da comparação de pares é que o respondente pode declarar sua preferência com relação a dois planos de cada vez, e não a vários planos ao mesmo tempo. A concentração das preferências em dois planos facilita a escolha pelos critérios das diferenças e similaridades.

❑ O método das *monograduações* permite levantar a opinião da clientela com relação a três planos de saúde, levando em conta uma escala numérica uniforme. Por exemplo, a escala principal de preferências da escala 1 tem uma graduação de sete pontos que permite ao respondente atribuir pontuações: plano $A = 6$, plano $B = 5$ e plano $C = 3$.

Tal método pode gerar mais informações do que os anteriormente apresentados, desde que o pesquisador imediatamente reconheça a ordem de preferência do cliente (digamos, plano $A >$ plano $B >$ plano C). Além disso, permite conhecer os níveis qualitativos da preferência pelos planos apresentados, como também a distância aproximada entre essas preferências. Assim, pode-se tirar uma média das graduações feitas por um grande número de clientes, como se vê nas escalas das graduações médias por grupos de clientes da escala 1. E, em seguida, elaborar um mapa das preferências de determinado grupo de clientes com relação aos planos apresentados (por exemplo, plano $A = 6,15$, plano $B = 4,50$, plano $C = 2,90$).

Nesse caso, os diferentes escores derivados da escala principal de preferências mostram que o grupo de clientes gosta do plano A; está entre ser indiferente e gostar ligeiramente do plano B; e desgosta do plano C.

Escala 1
Medidas de preferências dos clientes com relação às ofertas de produtos

Escala principal de preferências

1	2	3	4	5	6	7
Desgosta intensamente	Desgosta	Desgosta ligeiramente	Indiferente	Gosta ligeiramente	Gosta	Gosta intensamente

Escalas das graduações médias por grupos de clientes

	Plano C		Plano B		Plano A	
1	2,90	3	4,50	5	6,15	7
Desgosta intensamente	Desgosta	Desgosta ligeiramente	Indiferente	Gosta ligeiramente	Gosta	Gosta intensamente

Fonte: adaptado de Kotler (1994 e 1988).

As variáveis psicológicas da satisfação

As cooperativas precisam aferir, periódica e sistematicamente, o grau de satisfação tanto de seus consumidores externos quanto de seus associados. Poderão assim identificar e resolver problemas tais como mau atendimento na loja da cooperativa, descaso dos revendedores, cobrança de preços abusivos; mercadorias deterioradas; serviços que não seguem o estabelecido em contrato etc.

Exemplo

Suponhamos que o objetivo da pesquisa de marketing numa cooperativa de agricultores seja examinar o grau de satisfação de seus associados com um dado produto ou serviço.

Nesse caso, a direção no CA, assessorada por profissionais da área de marketing, poderia empregar um dos seguintes métodos para iniciar tal pesquisa.

□ O método das *reações não-solicitadas* consiste em colher informações por meio de caixas de sugestões instaladas nas dependências da cooperativa e em locais de fácil acesso para associados e consumidores externos. Estes poderão assim demonstrar sua satisfação ou insatisfação com as atividades da cooperativa.

No entanto, se houver pouquíssimas reclamações, os dirigentes do CA e os pesquisadores serão levados a acreditar que há um alto grau de satisfação na cooperativa, quando na realidade isso pode apenas refletir apatia ou descrença.

□ O método da *observação* possibilita ampliar as respostas obtidas pelo método das reações não-solicitadas. Para tanto, os dirigentes do CA ou os responsáveis pelas pesquisas se infiltram nos grupos de associados ou consumidores externos para descobrir sua verdadeira atitude com relação a produtos, atendimento etc.

A vantagem desse método é permitir comparar os resultados de tais observações com as informações obtidas pelo método das reações não-solicitadas e também com os dados estatísticos de compras, vendas, participação nas AGSs etc. A desvantagem é que tal observação pode ter seus resultados limitados devido, por exemplo, à percepção seletiva do observador.

□ O método da *satisfação diretamente relatada* consiste em aferir o grau de satisfação de grupos de associados e consumidores externos por meio de questionários encaminhados pelo correio ou aplicados por telefone.

continua

No caso de uma cooperativa de produtores, a direção do CA poderia elaborar um questionário solicitando que os respondentes assinalem numa escala o número correspondente ao seu grau de satisfação com os serviços da cooperativa — por exemplo, o valor pago pelo arroz tipo A, saca de 60kg, ou os prazos e as condições de pagamento dos bens de produção, comparados às ofertas de mercado.

Escala 2
Grau de satisfação nas cooperativas

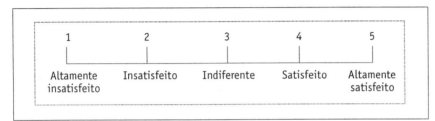

Fonte: adaptado de Crúzio (1995) e Kotler (1988).

Tal questionário permite ao pesquisador tirar certas conclusões. Por exemplo, a tendência de respostas mais à esquerda da escala pode significar que a cooperativa não mantém boas relações de troca com seus associados; as respostas no meio da escala refletem um nível de satisfação razoável; e as respostas à direita da escala indicam um alto grau de satisfação.

Por outro lado, esse método exige dos pesquisadores muita experiência nos negócios dentro e fora da cooperativa, conforme o seu ramo ou segmento de atuação, na medida em que é necessário formular questões que realmente reflitam a realidade da cooperativa e a satisfação dos associados. Além disso, demanda tempo e conhecimentos estatísticas para tabular as respostas e identificar os altos e baixos da cooperativa por um período de pelo menos cinco anos.

- O método da *insatisfação derivada* permite examinar o grau de insatisfação do pesquisado com um dado produto ou serviço. Conforme a escala 3, podem-se fazer duas perguntas, por exemplo, sobre o valor do crédito concedido a associados na cooperativa.

    Suponhamos que um sócio tenha assinalado o escore 2 para a questão *a* e 5 para a questão *b*. Subtraindo o escore 2 de 5, o pesquisador obterá uma nota deficitária (–3).

continua

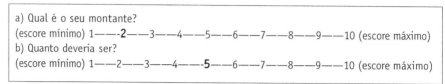

Fonte: adaptado de Kotler (1988).

Assim, quanto maior for a diferença entre o escore efetivamente atribuído e aquele considerado ideal pelo respondente, maior será o seu grau de insatisfação. Além disso, extraindo a média das notas de todos os respondentes da questão *a*, pode-se conhecer o nível percebido da qualidade do sistema de crédito a associados. Já a média das notas de todos os respondentes da questão *b* revelaria o nível esperado da qualidade do mesmo sistema.

Como mostram os exemplos aqui apresentados, a pesquisa de mercado é fundamental para que as cooperativas possam valorizar suas relações de troca internas ou externas e desenvolver seu programa de marketing conforme os seus interesses sociais, políticos e econômicos. Além disso, permite-lhes agregar valor às ofertas de produtos ou serviços em seus respectivos segmentos de mercado.

Em suma, a pesquisa de mercado possibilita obter informações adicionais sobre o desenvolvimento ou adequação do *mix* de produto ou serviço, preço, promoção e ponto-de-venda, conforme as exigências qualitativas ou quantitativas dos públicos dos mercados-alvo das cooperativas.

Esses e outros assuntos relativos ao composto de marketing nas cooperativas serão tratados na terceira parte deste livro.

Parte III

Desenvolvimento do programa de marketing nas cooperativas

Capítulo 8

Decisões sobre o mix de produtos e serviços nas cooperativas

Uma vez escolhido o seu mercado-alvo, a cooperativa estará preparada para as atividades estratégicas do marketing, isto é, poderá desenvolver o seu programa de marketing, visando tornar atraentes as suas ofertas de produtos ou serviços e agregar valor às suas relações de troca.

Do ponto de vista mercadológico, muitos são os instrumentos para aprimorar as relações de troca envolvendo produtores, fornecedores, consumidores, revendedores etc. Esses instrumentos dizem respeito ao composto de marketing. Entre as diversas propostas de classificação dos instrumentos desse composto, a mais conhecida é a dos 4 pês (produto, preço, praça e promoção).[155] A figura 13 mostra as variáveis específicas que constituem cada um dos pês.[156]

Figura 13
Os 4 pês do mix de marketing

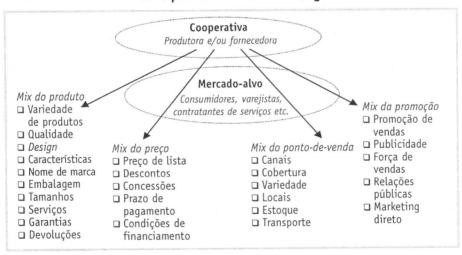

Fonte: adaptado de Kotler (2000).

---

[155] MacCarthy, 1964.
[156] Kotler, 2000.

148 Marketing social e ético nas cooperativas

A ordem dada aos 4 pês é arbitrária, mas o *mix* do produto é que serve de base para os demais elementos do composto: preço, praça (ponto-de-venda) e promoção.

Este capítulo trata do *mix* de produtos e do *mix* de serviços separadamente, visto que ambos são de natureza distinta, ou seja, os produtos são tangíveis (por exemplo, um saco de leite tipo C, uma peça de bordado, um par de calçados etc.), enquanto os serviços são intangíveis e exigem estratégias de marketing diferenciadas.

No rol dos intangíveis figuram também os serviços virtuais de consultoria *on-line* e planejamento de eventos por *e-mail*. Trata-se do *e-commerce* (comércio eletrônico), que inclui os negócios entre as cooperativas e as empresas fornecedoras ou compradoras (*business-to-business* ou B2B) e as relações entre as cooperativas e os consumidores diretos (*business-to-consumer* ou B2C).

No final do capítulo serão abordadas as decisões estratégicas no tocante a marca, embalagem e rotulagem de produtos ou serviços. Nos capítulos seguintes veremos os demais componentes do *mix* em seus detalhes, com vários exemplos de aplicação prática nas cooperativas em geral.

O desenvolvimento do *mix* de produtos nas cooperativas envolve algumas etapas básicas do plano de marketing: as decisões sobre níveis e hierarquias dos produtos; as decisões sobre a classificação dos produtos; as decisões sobre a linha dos produtos; e as decisões sobre o ciclo de vida dos produtos.[157]

Decisões sobre os níveis dos produtos

Produto é algo que se oferece num determinado mercado para satisfazer uma necessidade ou desejo e que pode ser classificado conforme as características de durabilidade, tangibilidade e uso, conforme se trate de bens de consumo ou de bens empresariais.

Cada classe de produtos deve ser abordada em cinco níveis que constituem uma hierarquia de valores quanto à decisão de compra, podendo cada nível agregar mais valor para os consumidores.[158]

Exemplo

No caso de uma cooperativa de produtores hortifrutigranjeiros, a direção do CA ou os responsáveis pelas atividades de marketing poderiam planejar seus produtos considerando a hierarquia de valores e as prováveis

continua

---

[157] Kotler, 2000.
[158] Ibid.

decisões de compra dos consumidores potenciais. Teríamos então os níveis a seguir.

❑ Nível de *benefício central*: diz respeito ao benefício fundamental que o cliente está realmente comprando. No caso, o cliente quer comprar *legumes*.

❑ Nível de *produto básico*: trata-se da transformação do benefício central num produto básico. O cliente quer comprar legumes *frescos*.

❑ Nível de *produto esperado*: refere-se a uma série de atributos que os clientes normalmente esperam encontrar no produto. Aqui o cliente, além de querer legumes frescos, quer também legumes *não-machucados*.

❑ Nível de *produto ampliado*: diz respeito à ampliação do produto além da expectativa do cliente. Além de querer legumes frescos e não-machucados, ele também quer legumes *higiênicos*.

❑ Nível de *produto potencial*: refere-se a todas as transformações a que se pode submeter futuramente um produto. No caso, poderia ser a oferta de legumes frescos, não-machucados, higiênicos e *à base de hidrogenados* (produção sem produtos químicos).

É importante considerar tal hierarquia porque a concorrência pode começar no nível do produto esperado. Esse nível requer uma pesquisa de mercado para examinar o sistema de consumo dos clientes, ou seja, como eles adquirem, usam, adaptam ou descartam determinado produto. Já no nível de ampliação do produto é preciso saber se os consumidores estarão dispostos a pagar o preço necessário para cobrir os custos do aprimoramento do produto.

Decisões sobre a classificação dos produtos

Mercadologicamente, os produtos podem ser classificados em três grupos, conforme a sua durabilidade e tangibilidade. Assim, temos os bens não-duráveis, os bens duráveis e os serviços. Cada classe requer estratégias de marketing específicas, como se pode ver a seguir.

Estratégias de marketing para bens não-duráveis, bens duráveis e serviços

Bens não-duráveis são bens tangíveis, normalmente consumidos ou usados uma ou poucas vezes, como uma barra de sabão.

Marketing social e ético nas cooperativas

> ### Exemplo
>
> Suponhamos uma cooperativa de produtores agropecuários que tenha por objetivo comercial propiciar aos seus associados os meios para produzir leite *in natura* tipo C e vendê-lo diretamente no mercado dos consumidores potenciais.
>
> Como o leite tipo C é produto de consumo rápido e adquirido com freqüência, os responsáveis pelas atividades de marketing devem formular estratégias visando torná-lo disponível em muitos locais de venda. Devem igualmente lançar campanhas publicitárias destinadas a induzir o consumidor potencial à experimentação, não só para ganhar a preferência deles, mas também para conseguir uma pequena margem de lucro no varejo.

Bens duráveis são bens tangíveis, normalmente usados durante um período de tempo, como os eletrodomésticos.

> ### Exemplo
>
> Suponhamos uma cooperativa de profissionais da funilaria cujo objetivo comercial seja propiciar a seus associados os meios para produzir utensílios de folha-de-flandres (churrasqueiras, cafeteiras etc.) e vendê-los diretamente no mercado dos consumidores potenciais.
>
> Como esses itens não são comprados com tanta freqüência, os responsáveis pelas atividades de marketing devem formular estratégias voltadas para a venda pessoal. Por exemplo, oferecer serviços adicionais, como itens sob encomenda e com as garantias necessárias.

Serviços são produtos intangíveis, inseparáveis, variáveis e perecíveis. Um corte de cabelo é um exemplo de serviço. De maneira geral, os serviços exigem estratégias de marketing voltadas para o controle da qualidade, a credibilidade do fornecedor e a adaptabilidade dos itens ofertados, conforme veremos em detalhes no *mix* dos serviços.

> ### Exemplo
>
> Suponhamos que uma cooperativa de profissionais da segurança tenha por objetivo comercial oferecer os serviços de seus associados a possí-

continua

Decisões sobre o mix de produtos e serviços nas cooperativas   151

veis interessados, tais como proprietários de estabelecimentos comerciais ou de residências.

Como os serviços de segurança exigem especialização, os responsáveis pelas atividades de marketing devem formular estratégias voltadas para o treinamento e a qualificação da mão-de-obra de seus associados ou funcionários contratados.

Estratégias de marketing para a classe dos bens de consumo

Nas cooperativas de bens de consumo, a grande variedade dos itens ofertados pode ser classificada conforme os hábitos de compra dos consumidores. Assim, os bens de consumo podem ser divididos em bens de conveniência, bens de compras comparadas, bens de especialidades e bens não-procurados.

Bens de conveniência são aqueles que o consumidor compra com freqüência e com um mínimo de esforço, como sabonete, jornal etc. Os bens de conveniência podem ser divididos em três categorias: bens básicos, bens de impulso e bens de emergência.

Exemplo

Suponhamos uma cooperativa de profissionais panificadores cujo objetivo comercial, no que diz respeito a *bens básicos*, seja propiciar a seus associados os meios para produzir itens derivados da massa do trigo e vendê-los diretamente no mercado dos consumidores.

Como são produtos adquiridos com certa regularidade, os responsáveis pelas atividades de marketing devem formular estratégias visando facilitar o hábito de compra das pessoas. Por exemplo, melhorar a exposição dos itens e aprimorar o acondicionamento, levando em conta a higiene, ou seja, introduzir adaptações para estimular a decisão de compra pelo sabor, aroma, cor etc.

Suponhamos uma cooperativa de consumo cujo objetivo comercial, com relação aos *bens de impulso*, seja vender a seus associados itens como barras de chocolate, biscoitos etc.

Como são produtos adquiridos sem nenhum planejamento ou esforço por parte dos consumidores, os responsáveis pelas atividades de marketing devem formular estratégias para facilitar o processo de compra. Por exemplo, expor tais produtos junto às caixas da loja da cooperativa, já que os

continua

consumidores não os comprariam se não os vissem. Devem também oferecer preços e condições de pagamento capazes de concorrer com as grandes redes de supermercados etc.

No caso de uma cooperativa de produção de utensílios de plástico, lona e couro, o objetivo comercial, no que se refere a *bens de emergência*, pode ser propiciar a seus associados os meios para produzir guarda-chuvas, capas, blusões de couro etc. e vendê-los diretamente no mercado dos consumidores.

Como são bens normalmente adquiridos para atender a alguma emergência, os responsáveis pelas atividades de marketing devem formular estratégias voltadas para a quantidade de pontos-de-venda, ou seja, distribuir ao máximo esses itens, a fim de facilitar a sua compra imediata pelos consumidores, principalmente em momentos de urgência.

Bens de compras comparadas são bens que o cliente decide comprar com base em critérios como adequação, qualidade, preço ou modelo — por exemplo, roupas, móveis, eletrodomésticos etc. Tais bens podem ser divididos em homogêneos e heterogêneos, conforme os exemplos a seguir.

Exemplo

Suponhamos uma cooperativa de bordadeiras cujo objetivo comercial, no que se refere a bens homogêneos, seja propiciar a suas associadas os meios para produzir itens de bordados e vendê-los diretamente no mercado dos consumidores potenciais.

Como tais itens são da mesma natureza, os responsáveis pelas atividades de marketing devem formular estratégias voltadas para a confecção de peças de qualidade semelhante, mas com preços diferentes, de modo que as pessoas possam comprá-las comparando qualidade e preço.

Suponhamos uma cooperativa de costureiras cujo objetivo comercial, no tocante a bens heterogêneos, seja propiciar a suas associadas os meios para produzir biquínis, peças íntimas, roupas para ginástica etc. e vendê-las diretamente no mercado dos consumidores.

Como são itens de natureza diversa, os responsáveis pelas atividades de marketing devem formular estratégias voltadas para a confecção de peças com detalhes diferenciados, a fim de que os compradores possam escolhê-las pela variedade, e não pelo preço.

Bens de especialidade são bens com características singulares ou cuja identificação se faz pela marca, estando os compradores dispostos a empreender um esforço extra para adquiri-los.

Exemplo

Suponhamos uma cooperativa de profissionais da costura de itens de couro cujo objetivo comercial seja propiciar a seus associados os meios para produzir jaquetas e botas especiais e vendê-las diretamente no mercado consumidor.

Como são itens especiais e não envolvem comparações, os responsáveis pelas atividades de marketing devem formular estratégias visando principalmente esclarecer os compradores potenciais quanto à localização da loja, bem como oferecer-lhes itens sob encomenda, conforme as suas necessidades.

Bens não-procurados são bens que o consumidor não conhece ou normalmente não pensa em comprar.

Exemplo

Suponhamos uma cooperativa de profissionais pedreiros cujo objetivo comercial seja propiciar a seus associados os meios para produzir itens como lápides, urnas etc. e vendê-las diretamente no mercado dos consumidores.

Como são bens conhecidos mas não procurados com freqüência, os responsáveis pelas atividades de marketing devem formular estratégias visando divulgar onde encontrá-los, bem como oferecer serviços adicionais de instalação etc.

Estratégias de marketing para a classe dos bens empresariais

Os bens empresariais podem ser classificados em termos de seu emprego no processo de produção e de seu custo relativo. Dividem-se em bens materiais e peças, bens de capital e bens de suprimentos e serviços.

Bens materiais e peças são bens que entram no processo de fabricação dos produtos manufaturados, podendo ser classificados como matérias-primas (produtos agropecuários, como trigo, algodão, gado etc., ou produtos naturais, como peixe, madeira, minério de ferro etc.); materiais (ferro, fibras têxteis, cimento, fios condutores etc.); e peças manufaturadas (produtos componentes, como pequenos motores, conjunto de ignição de veículos etc.).

Exemplo

Suponhamos uma cooperativa de produtores que tenha por objetivo comercial, no que diz respeito a *matérias-primas agropecuárias*, propiciar a seus associados os meios para o cultivo de grãos e sua venda diretamente no mercado dos consumidores.

Como são itens de natureza perecível e sazonal, os responsáveis pelas atividades de marketing devem formular estratégias visando atrair um número substancial de compradores, reduzir gastos com propaganda e oferecer preços competitivos, além de serviços adicionais como beneficiamento, acondicionamento, armazenagem e transporte.

Suponhamos que uma cooperativa de pescadores tenha como objetivo comercial, no tocante a *matérias-primas naturais*, propiciar a seus associados os meios para a captura de pescados e sua venda diretamente no mercado dos consumidores.

Como os itens dos pescados têm fornecimento limitado e baixo valor unitário, os responsáveis pelas atividades de marketing devem formular estratégias para conquistar a confiança dos clientes oferecendo-lhes preços competitivos e contratos de garantias.

Suponhamos uma cooperativa de produção têxtil cujo objetivo comercial, com relação a bens materiais, seja oferecer a seus associados os meios para produzir artigos têxteis e vendê-los diretamente no mercado dos compradores industriais.

Como são itens submetidos a processos fabris adicionais e de natureza padronizada, os responsáveis pelas atividades de marketing devem formular estratégias para competir no preço e na confiabilidade das entregas, de modo a manter os clientes atuais e atrair novas indústrias processadoras.

Suponhamos que uma cooperativa do setor metal-mecânico tenha por objetivo comercial, no que se refere a *peças manufaturadas*, propiciar a seus associados materiais e equipamentos para a produção de conjuntos mecânicos, componentes sob encomenda etc. e sua venda diretamente no mercado dos consumidores industriais.

continua

> Como são produtos que não sofrem nenhuma modificação e são vendidos diretamente às indústrias sob encomenda, os responsáveis pelas atividades de marketing devem formular estratégias visando competir nos preços e oferecer serviços adicionais de pós-venda, como montagem, manutenção etc.

Bens de capital são bens de maior duração que facilitam o desenvolvimento ou gerenciamento do produto acabado. Tais bens podem ser divididos em bens de instalação e em bens de equipamentos.

Exemplo

Suponhamos uma cooperativa do setor da habitação cujo objetivo comercial, no tocante a *bens de instalação,* seja captar e poupar recursos financeiros para a construção de unidades residenciais para seus associados

Como são bens de instalação cuja venda normalmente é precedida por um longo período de negociação, os responsáveis pelas atividades de marketing devem formular estratégias voltadas para a força de vendas, visando adequar os projetos das unidades residenciais às necessidades dos associados e dar-lhes o devido suporte no que se refere a condições de pagamento, financiamento, prazos, contratos etc.[159]

Suponhamos uma cooperativa de carpinteiros cujo objetivo comercial, no que diz respeito a *bens de equipamentos,* seja propiciar a seus associados os materiais e equipamentos para a produção de batentes, molduras etc. e sua venda diretamente no mercado.

Como são itens que vão fazer parte de um produto acabado (portas, quadros etc.), o mercado é geograficamente disperso, existem muitos compradores e o volume de pedidos é pequeno. Assim, os responsáveis pelas atividades de marketing devem formular estratégias visando o aprimoramento da qualidade de tais itens e a diferenciação nos preços, bem como a prestação de serviços pós-venda, como instalação, adaptação etc.

Bens de suprimentos empresariais e serviços de manutenção são bens de curta duração que facilitam o desenvolvimento ou gerenciamento do produto acabado.

---

[159] A Cooperativa Habitacional dos Servidores Públicos Civis do Estado (Cohafpesp), na cidade de São Paulo, oferece aos associados financiamento em condições mais vantajosas que as de mercado. Vale dizer, as cooperativas habitacionais autogeridas e autofinanciadas possibilitam adquirir um imóvel por preços até 40% mais baixos. As principais vantagens são os financiamentos sem juros, as mensalidades baixas, reajustadas de acordo com o INPC, e a inexistência de resíduos no final do plano (*Diário Popular*, 28-12-2000).

Exemplo

Suponhamos uma cooperativa central de camelôs cujo objetivo comercial, no que se refere a *bens de suprimentos empresariais*, seja a compra no atacado de itens como canetas, agendas, pastas etc. e sua venda diretamente em escritórios, estabelecimentos comerciais diversos etc.

Como são itens adquiridos com mínimo esforço, de baixo valor unitário e vendidos por um grande número de intermediários, os responsáveis pelas atividades de marketing devem formular estratégias visando atender a um grande número de clientes dispersos geograficamente, bem como oferecer preços competitivos, condições de pagamentos acessíveis, força de vendas e serviços adicionais de encomenda e entrega.[160]

Suponhamos uma cooperativa de serviços cujo objetivo comercial seja equipar seus associados para prestar *serviços de manutenção* predial, oferecendo tais serviços diretamente a empresas, escritórios, residências etc.

Como são serviços rápidos, temporários e especiais, os responsáveis pelas atividades de marketing devem formular estratégias visando divulgar ao máximo tais serviços, a fim de manter um grande número de contratos e ocupar a mão-de-obra de seus associados, bem como gerenciar a qualidade dos serviços, de modo a conquistar e manter boa reputação no mercado.

Definidas as diversas classes de bens ou produtos e as respectivas estratégias de marketing, passa-se, na seqüência do plano de marketing, à determinação da linha de produtos.

Decisões sobre a linha de produtos

Uma cooperativa pode oferecer mais de um produto no mercado. O conjunto de produtos constitui uma linha de produtos, que pode ser descrita sob três aspectos:[161] *amplitude* (variedade dos produtos ofertados); *profundidade* (número médio de itens ofertados dentro de uma classe de produtos); *diversificação* (refere-se às diferenças de utilização final, métodos de produção e canais de distribuição).

---

[160] Na cidade de São Paulo, vendedores ambulantes criaram a Cooperativa dos Vendedores Autônomos do Parque do Ibirapuera. Seus associados trocaram as velhas caixas de isopor por carrinhos padronizados e higiênicos e passaram a concorrer com as tradicionais lanchonetes locais (*Folha de S. Paulo*, 3-2-2002).

[161] Kotler, 1988.

A análise sistemática da amplitude, profundidade e diversificação da linha de produtos de uma cooperativa possibilita determinar suas estratégias de crescimento em função do mercado-alvo. O quadro 34 mostra quatro possibilidades de estratégias de crescimento mediante o cruzamento de produtos e mercados.[162]

Quadro 34
Estratégias de crescimento nas cooperativas

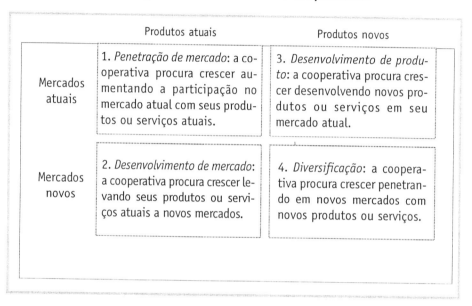

Fonte: adaptado de Kotler (1988).

Exemplo

Suponhamos uma cooperativa de profissionais confeiteiros cujo objetivo comercial seja propiciar a seus associados os meios materiais para a produção de bolos de trigo e sua venda diretamente no mercado.

A direção do CA ou os profissionais responsáveis pelas atividades de marketing poderiam desenvolver uma linha de produtos, levando em conta as possibilidades estratégicas de produto quanto à:
- *amplitude* — expandir a linha de bolos (trigo, milho e arroz);
- *profundidade* — acrescentar à linha de bolos confeitos e iguarias diversas, como brigadeiro, paçoca etc.;

continua

---

[162] Ansoff, 1957.

> ❑ *diversificação* — além dos itens da linha de bolos, oferecer massa de milho, trigo e arroz para preparo doméstico. Nesse caso, a cooperativa deve incluir receitas na embalagem dos produtos.
>
> Definidas a amplitude, a profundidade e a diversidade da linha de produtos, formulam-se as estratégias de crescimento nos mercados potenciais.
>
> 1. *Estratégia de penetração no mercado* — possibilita à cooperativa aumentar sua participação no mercado atual apenas com a linha de bolos de trigo.
> 2. *Estratégia de desenvolvimento de mercado*: permite à cooperativa levar seus diversos itens, como bolos, confeitos e iguarias diversas, para novos mercados.
> 3. *Estratégia de desenvolvimento de produto* — consiste em desenvolver novos itens derivados da massa de trigo, como pão caseiro etc.
> 4. *Estratégia de diversificação* — permite à cooperativa explorar novos mercados, internos ou externos, tanto para os bolos, confeitos etc. quanto para os itens de preparo doméstico. No mercado local, podem-se introduzir itens como pamonha caseira etc.

Definidas a linha de produtos e as estratégias de crescimento em função dos mercados-alvo da cooperativa, na seqüência do plano de marketing passa-se à análise do ciclo de vida de cada produto.

Decisões sobre o ciclo de vida dos produtos

Dificilmente um produto ou serviço oferecido por uma cooperativa permanecerá estático no mercado, pelas seguintes razões:

❑ a maioria dos produtos ou serviços tem vida limitada, devido à entrada de novas tecnologias e a possíveis mudanças nos gostos, costumes e valores culturais dos consumidores;

❑ a venda de um produto ou serviço atravessa estágios distintos, cada um dos quais apresenta desafios, oportunidades e problemas diversos em termos de marketing;

❑ os lucros podem subir ou descer nos diferentes estágios do ciclo de vida de um produto ou serviço em seu mercado-alvo;

❑ cada produto ou serviço exige estratégias de marketing específicas, conforme o estágio do ciclo de vida que atravessa.

Mercadologicamente, o ciclo de vida de um produto ou serviço pode ser representado por meio de uma curva, normalmente em forma de sino, como se vê na figura 14. Essas curvas são divididas em quatro ciclos: introdução, crescimento, maturidade e declínio.[163]

Figura 14
Estágios do ciclo de vida do produto ou serviço (CVP/S)

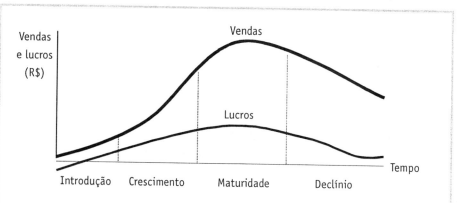

1. *Introdução*: período de baixo crescimento nas vendas, uma vez que o produto ou serviço está sendo introduzido no mercado. Não há lucros, devido às despesas com a introdução do item em oferta.
2. *Crescimento*: período de rápida aceitação do mercado e melhoria substancial dos lucros, com relação ao produto ou serviço em oferta.
3. *Maturidade*: período de baixa no crescimento das vendas, porque o produto ou serviço em oferta já conquistou a aceitação da maioria dos compradores potenciais. Os lucros podem se estabilizar ou declinar, conforme a intensidade da concorrência.
4. *Declínio*: período em que as vendas mostram uma queda vertiginosa e os lucros cessam.

Fonte: adaptado de Kotler (2000).

O conceito de ciclo de vida do produto ou serviço, conforme o padrão CVP/S, permite às cooperativas analisar, ao longo do tempo, a dinâmica de determinado item ofertado no mercado-alvo, ou seja, verificar como esse item está sendo aceito pelo público, quais são as tendências de mercado etc.

---

[163] Kotler, 2000.

Exemplo

Suponhamos uma cooperativa de pecuaristas cujo objetivo comercial seja propiciar a seus associados os meios materiais para produção e beneficiamento do leite *in natura* tipo C e sua venda diretamente no mercado.

Nesse caso, a oferta do leite tipo C no bairro X poderá ocupar indefinidamente o estágio de *maturidade*, ou seja, só haverá um acréscimo nas vendas se a população local aumentar.

Suponhamos uma cooperativa de profissionais digitadores cujo objetivo comercial seja oferecer a certas empresas os serviços de seus associados.

Nesse caso, tais serviços permanecerão no estágio de *maturidade*, enquanto não surgirem no mercado novas tecnologias para substituí-los.

Como mostram os exemplos, certas cooperativas podem oferecer produtos ou serviços que passam por todos os estágios do ciclo de vida. A passagem de um estágio para outro está condicionada ao surgimento de novas tecnologias, a mudanças culturais entre os consumidores, a políticas restritivas de governo etc. Vale observar que nem todos os produtos ou serviços das cooperativas seguem necessariamente a ordem dos estágios apresentada no modelo CVP/S.

Exemplo

Suponhamos uma cooperativa de costureiras cujo objetivo comercial seja propiciar às suas associadas os meios materiais para a confecção de minissaias, cangas etc. e sua venda diretamente no mercado.

Nesse caso, os itens ofertados pela cooperativa podem alcançar de imediato o pico da curva apresentada no modelo (CVP/S) e rapidamente declinar. Isso porque o consumo desses itens é imprevisível, estando condicionado às tendências da moda.

Como vimos, o conceito de ciclo de vida do produto ou serviço (CVP/S) possibilita às cooperativas não só interpretar a dinâmica de suas ofertas nos mercados-alvo, mas também detectar os principais problemas de mercado em cada estágio. Uma vez identificadas as dificuldades do produto ou serviço nos mercados-alvo, os responsáveis pelas atividades de marketing poderão desenvolver novas estratégias, como veremos a seguir:

Estratégias no estágio de introdução

No estágio de introdução de um produto ou serviço no mercado, os lucros são negativos ou baixos, devido ao pequeno volume de vendas e às despesas com distribuição e promoção. Os gastos promocionais estão em seu mais alto índice com relação às vendas, porque é preciso informar os consumidores potenciais, induzi-los a experimentar o produto ou serviço. Além disso, há que assegurar a distribuição em pontos de varejo, conforme a necessidade do item ofertado. O quadro 35 mostra algumas estratégias mercadológicas para esse estágio.

Quadro 35
Estratégias de marketing para o estágio de introdução

- *Skimming rápido*: lançamento de um novo produto ou serviço com preço alto e muita promoção. É indicada quando: grande parte do mercado potencial da cooperativa não conhece o item ofertado e os que passam a conhecê-lo estão dispostos a pagar o preço pedido; a cooperativa lida com uma concorrência potencial e quer construir a preferência de marca.
- *Skimming lento*: lançamento de um novo produto ou serviço com preço alto e pouca promoção. É indicada quando: o mercado da cooperativa é de tamanho limitado; grande parte do mercado conhece o item ofertado e os compradores estão dispostos a pagar um preço alto; a concorrência potencial da cooperativa ainda não representa uma ameaça.
- *Penetração rápida*: lançamento de um produto ou serviço com preço baixo e pesados investimentos em promoção. É indicada quando: o mercado da cooperativa é grande e não conhece o item ofertado, sendo a maioria dos compradores sensível ao preço; existe forte concorrência potencial e possibilidade de obter economias de escala; a cooperativa tem experiência acumulada no setor onde atua.
- *Baixa penetração*: lançamento de um produto ou serviço com preço baixo e pouca promoção. É indicada quando: o mercado da cooperativa é grande e conhece muito bem o item ofertado, sendo os compradores sensíveis ao preço; existe alguma concorrência potencial.

Estratégias no estágio de crescimento

Do ponto de vista mercadológico, no estágio de crescimento verifica-se uma rápida expansão nas vendas. Os interessados aderem ao produto ou serviço ofertado e outros consumidores passam a comprá-lo. Atraídos por essas oportunidades, começam a surgir novos concorrentes, que podem acrescentar novas características ao produto ou serviço e procurar expandir sua distribuição.

Os preços podem continuar estáveis ou sofrer ligeira queda, dependendo do tempo que a demanda leva para aumentar. As cooperativas que se encontram nesse estágio devem manter seus gastos com promoção no mesmo nível ou aumentá-los ligeiramente para continuar competitivas. As vendas aumentam a uma velocidade muito maior do que os gastos com promoção, ocasionando uma redução esperada na relação promoção/vendas.

Os lucros tendem a aumentar à medida que os custos com promoção se diluem num volume maior, e os custos unitários de produção caem mais rapidamente do que os preços, devido ao efeito da curva de aprendizagem. As cooperativas cujos produtos ou serviços estão nesse estágio devem ficar atentas a possíveis mudanças, seja um crescimento acelerado ou uma desaceleração. O quadro 36 mostra algumas estratégias para a cooperativa sustentar o rápido crescimento inicial no mercado pelo maior tempo possível.

Quadro 36
Estratégias de marketing para o estágio de crescimento

- ❑ Aprimorar a qualidade do produto ou serviço mediante o acréscimo de novas características.
- ❑ Introduzir novos modelos de produto ou novos métodos para os serviços, com a utilização de novos materiais etc.
- ❑ Tentar ingressar em novos segmentos de mercado.
- ❑ Procurar aumentar a cobertura de distribuição e utilizar novos canais de distribuição.
- ❑ Passar das campanhas de conscientização do produto ou serviço para as campanhas de preferência do item ofertado.
- ❑ Baixar os preços para atrair potenciais compradores sensíveis aos preços.

Estratégias no estágio de maturidade

Nesse estágio, a taxa de crescimento das vendas do produto ou serviço começa a cair. No entanto, há que verificar se o produto ou serviço permanece nesse estágio por mais tempo do que nos estágios anteriores. Daí a necessidade de maiores esforços gerenciais para a formulação de novas estratégias para produtos ou serviços maduros.

O estágio de maturidade compreende três fases:

- ❑ *maturidade de crescimento* — nessa fase a taxa de crescimento das vendas do produto ou serviço pode começar a declinar e não há novos canais de distribuição;
- ❑ *maturidade estabilizada* — nessa fase a maioria dos consumidores potenciais já experimentou o produto ou serviço e o aumento das vendas dependerá do crescimento populacional;

Decisões sobre o mix de produtos e serviços nas cooperativas   163

❑ *maturidade decadente* — nessa fase o nível das vendas começa a declinar e os clientes podem começar a mudar para outros produtos ou serviços sucedâneos.

O declínio nas vendas de um produto ou serviço pode trazer outras conseqüências mercadológicas para as cooperativas. Por exemplo:

❑ gerar excesso de produtos ou serviços no setor e, conseqüentemente, uma disputa acirrada por novos nichos de mercado;

❑ provocar uma redução geral e freqüente dos preços por parte da concorrência;

❑ exigir mais campanhas promocionais e promoções comerciais, bem como novos investimentos em P&D, a fim de desenvolver ou aprimorar a linha de produtos ou serviços sob forte concorrência;

❑ tornar necessários os acordos com grandes redes de varejo para fornecimento exclusivo;

❑ expulsar do mercado os negócios mais fracos, dada a impossibilidade de lucrar com alto volume de vendas e baixos custos ou com baixo volume de vendas e altas margens de lucro;

❑ abandonar os produtos ou serviços mais fracos para se concentrar nos mais lucrativos, ou introduzir no mercado novos produtos ou serviços.

O quadro 37 mostra algumas estratégias mercadológicas diante de possíveis declínios nas vendas das cooperativas.

Quadro 37

Estratégias de marketing para o estágio de maturidade

Quanto à modificação do mercado

❑ Induzir os clientes a utilizarem o produto ou serviço com mais freqüência ou em maior quantidade. Uma cooperativa que produz e vende suco de laranja poderia tentar fazer com que os consumidores bebessem suco de laranja não só no café da manhã, mas também em outras refeições.

❑ Procurar fazer com que os usuários do produto e/ou serviço em questão se interessem em utilizá-lo em maior quantidade. Uma cooperativa que presta serviços de conservação predial poderia informar aos potenciais usuários que a limpeza de prevenção contra roedores teria maior eficácia se realizada pelo menos duas vezes por semana.

❑ Descobrir novas utilizações para o produto ou serviço em questão e tentar convencer os consumidores a experimentá-las. Uma cooperativa de confeiteiros poderia fornecer massas para preparo doméstico e instruir o usuário mediante receitas impressas nas embalagens.

continua

> Quanto à modificação do produto ou serviço
>
> ☐ Melhorar a qualidade do produto ou serviço para elevar o seu desempenho. Uma cooperativa de produtores agropecuários poderia lançar um tipo de queijo mussarela mais encorpado etc.
>
> ☐ Aprimorar as características do produto ou serviço. Uma cooperativa de transportadoras poderia oferecer, além do serviço convencional de mudança, serviços de arrumação dos objetos transportados.
>
> ☐ Melhorar o estilo de produto e/ou serviço em questão, nas variações de textura, cor etc. Uma cooperativa de panificadores poderia ofertar variedades de pães mais densos, quanto à massa do trigo, próximo ao estilo do pão caseiro.
>
> Quanto à modificação do *mix* de marketing
>
> ☐ Estimular preços: reduzir preços para atrair novos compradores ou aumentar preços para sinalizar melhor qualidade.
>
> ☐ Rever a distribuição. Uma cooperativa de agricultores poderia convencer o varejista a melhor expor e conservar os itens ofertados.
>
> ☐ Rever a propaganda: melhorar as mensagens dos textos apresentados nos mostruários.
>
> ☐ Rever as promoções de vendas. Uma cooperativa fornecedora de bens de produção poderia incrementar as promoções de vendas mediante serviços adicionais de instalação, manutenção etc.
>
> ☐ Rever os serviços. Uma cooperativa de serviços de manutenção poderia oferecer, além dos serviços convencionais de limpeza, pequenos consertos rápidos de hidráulica, reposição de luminárias etc.

Estratégias no estágio de declínio

Do ponto de vista mercadológico, as vendas de qualquer produto ou serviço estão sujeitas a um declínio, que pode ser bastante lento ou muito rápido. Tal declínio pode se dar por várias razões. Por exemplo:

☐ com o ingresso de novas tecnologias, determinados produtos ou serviços ofertados por uma cooperativa podem ficar totalmente obsoletos no mercado-alvo;

☐ as mudanças nos gostos ou costumes dos consumidores do mercado-alvo da cooperativa podem provocar migrações para novos produtos ou serviços dos concorrentes;

☐ as constantes investidas dos concorrentes locais ou estrangeiros podem forçar uma cooperativa a encerrar suas operações no mercado-alvo.

À medida que as vendas e os lucros caem, algumas cooperativas podem se ver obrigadas a sair do mercado, como ocorreu com algumas grandes cooperativas dos setores agropecuário e agroindustrial. Além da concorrência dos grandes

Decisões sobre o mix de produtos e serviços nas cooperativas 165

conglomerados privados locais ou estrangeiros, outros fatores contribuíram para isso: o amadorismo gerencial,[164] os desvios financeiros,[165] a inadimplência com os fornecedores e agentes financeiros[166] etc. Outras cooperativas desse setor ainda permanecem no mercado, porém algumas delas dependem de recursos financeiros do governo federal, ou melhor, dos empréstimos do Programa de Recuperação das Cooperativas (Recoop).[167]

Por outro lado, as vendas nas cooperativas podem declinar pelo fato de o produto ou serviço em questão ser fraco. Mercadologicamente,[168] considera-se que um produto ou serviço é fraco quando:

❑ consome uma parcela de tempo desproporcional com relação a outros produtos ou serviços com bom desempenho no mercado;

❑ requer constantes ajustes de preços e estoques;

❑ sua produção exige pouco tempo mas é consideravelmente cara.

Uma vez detectado um produto ou serviço fraco numa cooperativa, os dirigentes do CA ou os responsáveis pelas atividades de marketing devem primeiramente levantar as tendências e a participação de mercado; em seguida, examinar as tendências dos preços, custos e lucros; por fim, verificar as possibilidades de manter ou modificar a estratégia atual, ou então abrir mão definitivamente do produto ou serviço em questão.[169]

Do ponto de vista mercadológico, existem algumas estratégias para setores em declínio,[170] como se pode ver no quadro 38. Vale observar que a estratégia apropriada vai depender da atratividade do setor em que atua ou pretende atuar a cooperativa e de sua força competitiva nesse mesmo setor. Uma cooperativa que está num setor pouco atraente mas possui força competitiva deve considerar a possibilidade de encolher seletivamente. Por outro lado, se o setor for atraente e a cooperativa tiver força competitiva, ela deverá considerar a possibilidade de aumentar seus investimentos.

---

[164] Zilberztajn, 1994.

[165] Crúzio, 1994.

[166] Crúzio, 1999.

[167] *Agroanalisys*, out. 2001.

[168] Kotler, 2000.

[169] Oito cooperativas de leite do Rio Grande do Sul, entre elas a Cooperativa Sul Riograndense de Laticínios (Cosulat) e a Cooperativa Agropecuária Petrópolis, estão estudando uma *aliança estratégica* que envolve a produção, industrialização e distribuição do leite em pó. Para tanto, o primeiro passo é construir uma fábrica para beneficiar o leite *in natura* fornecido pelos produtores associados. Tal estratégia visa remunerar melhor os associados, uma vez que a margem de lucro do leite longa vida é bastante reduzida. Além disso, o leite em pó pode ser estocado e substituir a importação do produto, conforme a demanda do mercado interno, ou ter o seu excedente exportado (*Valor Econômico*, 30-10-2002).

[170] Harrigan, 1980.

Quadro 38
Estratégias de marketing para o estágio de declínio

- ❏ Aumentar o investimento da cooperativa, a fim de dominar o mercado em questão ou fortalecer a posição competitiva.
- ❏ Manter o nível de investimento da cooperativa até que se desfaçam as incertezas quanto ao setor em questão.
- ❏ Diminuir o nível de investimento da cooperativa seletivamente, abrindo mão de grupos de clientes não-lucrativos e priorizando os investimentos em nichos menores porém mais lucrativos.
- ❏ Desfazer-se do negócio rapidamente, dispondo de seus ativos da maneira mais vantajosa possível para os associados e possibilitando a permanência da cooperativa noutros setores.

Até aqui vimos algumas possibilidades estratégicas conforme os estágios do ciclo de vida do produto ou serviço das cooperativas. No tópico seguinte, trataremos do *mix* de serviços, destacando as cooperativas dos setores de trabalhos ou serviços.

O mix de serviços

Mercadologicamente, o desenvolvimento do *mix* de serviços passa por quatro etapas básicas:[171] categorias do *mix* de serviços; características dos serviços e suas implicações em termos de marketing; adequação das estratégias de marketing para os serviços; gerenciamento das estratégias de marketing nos serviços.

Categorias do mix de serviços

O setor de serviços nas cooperativas é bastante variado. Muitos profissionais associados às cooperativas que trabalham na área de produção, como digitadores, médicos, contadores, consultores etc., são considerados prestadores de serviços.

Assim, nas cooperativas, entende-se por serviço toda ação exercida por um ou mais de seus associados ou empregados que seja de natureza intangível e intermediada pela cooperativa diante dos potenciais contratantes.

Vale observar que as cooperativas de produção e afins podem ofertar em seus mercados um bem físico acompanhado ou não de um serviço, podendo tratar-se de demonstração, manutenção etc.

---

[171] Kotler, 2000.

Decisões sobre o mix de produtos e serviços nas cooperativas 167

Portanto, os serviços nas cooperativas podem ser uma parte minoritária ou majoritária da sua oferta total. Vejamos as diversas categorias de serviços e os respectivos exemplos nas cooperativas.

Oferta de um bem tangível — esse tipo de oferta consiste essencialmente num bem tangível, como um saco de leite tipo C, uma peça de bordado etc. Não existe nenhum serviço associado ao produto.

Exemplo

Suponhamos uma cooperativa de confeiteiros cujo objetivo comercial seja propiciar a seus associados os meios materiais para a produção de bolos, confeitos etc. e sua venda diretamente no mercado.

Nesse caso, a simples oferta de um produto no mercado dos consumidores potenciais não implica nenhum serviço.

Oferta de um bem tangível associado a serviços — esse tipo de oferta consiste num bem tangível associado a um ou mais serviços, como venda de adubo orgânico e modo de aplicação.

Exemplo

Suponhamos uma cooperativa de agricultores que tenha como objetivo comercial vender a seus associados bens de produção, tais como máquinas e equipamentos agrícolas.

Nesse caso, a venda do equipamento estaria associada a um serviço de instalação, manutenção etc.

Oferta híbrida de bens e serviços — trata-se de oferecer no mercado tanto um bem quanto um serviço qualquer. No entanto, a oferta do serviço não está diretamente associada ao produto, sendo antes uma conseqüência.

Exemplo

Suponhamos uma cooperativa de pescadores cujo objetivo comercial seja propiciar a seus associados os materiais e equipamentos para a pesca e a venda diretamente no mercado.

---

continua

> Neste caso, seria o preparo da culinária à base de peixes raros no próprio restaurante mantido pela cooperativa. Em tal situação, ocorreria uma oferta híbrida de bens (pescados) e serviços (atendimento no restaurante, entrega em domicílio etc.)

Oferta de serviço principal associado a bens ou serviços secundários nas cooperativas — esse tipo de oferta consiste em um serviço principal com serviços adicionais ou bens de apoio. No entanto, os bens e/ou serviços de apoio não estão, necessariamente, ligados ao serviço principal.

Exemplo

Suponhamos uma cooperativa de profissionais de salão de beleza cujo objetivo comercial seja propiciar a seus associados os meios materiais para prestar serviços de cabeleireiro, manicure etc.

Nesse caso, o serviço principal poderia estar associado a um bem ou serviço secundário (venda de cosméticos, sauna, massagem etc.) não necessariamente dependente do serviço principal.

Oferta de serviço puro nas cooperativas — trata-se exclusivamente de uma prestação de serviço.

Exemplo

Suponhamos uma cooperativa de *motoboys* que tenha como objetivo comercial oferecer serviços de entrega rápida a terceiros.

Nesse caso, poderia ser unicamente a entrega de alimentos, a qualquer hora ou dia da semana, no perímetro da zona urbana da metrópole X.

Como mostram os exemplos, o *mix* de serviços é bastante variado, o que impede, em princípio, generalizar a natureza dos serviços dessas cooperativas sem antes distinguir suas características. De qualquer modo, cabe fazer algumas generalizações.

❑ Os serviços podem resultar diretamente de uma máquina ou não.

Exemplo

Suponhamos uma cooperativa de frentistas e profissionais da manutenção de veículos cujo objetivo comercial seja intermediar os serviços de abastecimento, lavagem e manutenção diretamente no mercado dos postos de abastecimento.

Nesse caso, o serviço de lavagem seria feito por uma máquina automática, o que não exigiria nenhuma especialização, enquanto o serviço de manutenção (lubrificação, polimento etc.) exigiria alguma experiência. Já o serviço de regulagem do motor do veículo exigiria especialização do frentista associado.

Portanto, os serviços das cooperativas de serviços e trabalhos podem ser assim classificados: serviços que não exigem nenhuma qualificação, serviços que exigem alguma qualificação e serviços que exigem alto grau de especialização.

❑ Os serviços podem exigir ou não a presença do cliente.

Exemplo

No caso de uma cooperativa de frentistas, não haveria necessidade da presença do cliente durante a troca de óleo do veículo. O serviço não deixaria de ser realizado se o cliente não estivesse ali presente.

O mesmo não se aplica às cooperativas de trabalho médico, cujos serviços não podem ser prestados sem a presença do cliente.

As cooperativas cujos serviços exigem a presença dos clientes devem tomar certos cuidados mercadológicos visando o bem-estar e a satisfação dos mesmos. É importante ofercer serviços adicionais que possam agregar valor ao serviço principal.

❑ Os serviços diferem quanto à satisfação das necessidades do cliente.

Exemplo

Suponhamos uma cooperativa de trabalho médico cujo objetivo comercial seja oferecer à clientela externa assistência médico-hospitalar por meio de planos tanto para pessoa física quanto jurídica.

Nesse caso, a cooperativa poderia atender às necessidades de um cliente pessoa física oferecendo-lhe serviço médico especializado na área X por um preço Y. Poderia atender também às necessidades de uma empresa oferecendo-lhe o mesmo serviço por um preço $Y + 1$, conforme estipulado em contrato de prestação de serviços.

Portanto, os serviços podem ser diferenciados conforme as necessidades socio econômicas, preferências ou percepções do público que constitui o mercado-alvo.

Uma vez estabelecidas as categorias dos serviços que podem ser prestados pelas cooperativas de serviços e trabalhos, passa-se à identificação das características básicas desses serviços. É a segunda etapa do desenvolvimento do *mix* de serviços.

Características dos serviços e suas implicações em termos de marketing

Os serviços apresentam algumas características básicas que podem influenciar a eficácia do programa de marketing das cooperativas. Tais características são a intangibilidade, a inseparabilidade, a variabilidade e a perecibilidade.

A intangibilidade dos serviços — ao contrário dos produtos físicos, como um par de sapatos, um saco de tomate etc., os serviços não podem ser vistos nem provados antes de serem adquiridos.

Exemplo

No caso de uma cooperativa de trabalho odontológico que tenha por objetivo prestar serviços de cirurgia estética dentária, o resultado do trabalho não pode ser conhecido com antecedência pelo cliente.

Nas cooperativas de serviços, os responsáveis pelas atividades de marketing devem criar programas mercadológicos visando reduzir ao máximo as incertezas da clientela. Em outras palavras, é necessário evidenciar a qualidade e a confiabilidade do serviço antes de sua execução.

Do ponto de vista mercadológico, podem-se tomar algumas medidas para tornar tangível o que é totalmente intangível. Por exemplo: oferecer boas instalações; cuidar da apresentação dos prestadores de serviços (higiene pessoal, indumentária etc.); mostrar presteza no atendimento, nas comunicações etc.

A inseparabilidade dos serviços — diferentemente dos bens materiais, que são fabricados e depois distribuídos por um grande número de intermediários, revendedores etc., os serviços são produzidos e consumidos imediatamente.

Exemplo

Suponhamos uma cooperativa de profissionais taxistas cujo objetivo seja oferecer à clientela externa serviços de transporte urbano.

Nesse caso, o serviço é consumido tão logo o cliente entre no veículo, não havendo necessidade de intermediários nem de embalagem, rotulagem etc.

Decisões sobre o mix de produtos e serviços nas cooperativas   171

Assim, os responsáveis pelas atividades de marketing nas cooperativas de serviços devem desenvolver programas mercadológicos visando aprimorar a qualidade da relação entre o prestador de serviço e o cliente.

A variabilidade dos serviços — visto que dependem de quem os fornece e de onde e quando são fornecidos, os serviços são considerados altamente variáveis.

Exemplo

Suponhamos uma cooperativa de trabalho médico cujo objetivo comercial seja oferecer à clientela externa serviços de internação hospitalar numa determinada especialidade médica.

Nesse caso, alguns associados médicos podem mostrar-se atenciosos com os pacientes, enquanto outros podem prestar um mau atendimento ou tratá-los com descaso etc.

Tal variação no atendimento é percebida pelo cliente, que em geral passa a trocar informações com outros clientes antes de procurar os serviços de um determinado médico ou hospital.

Portanto, cabe aos responsáveis pelas atividades de marketing nas cooperativas de serviços desenvolver programas visando reduzir a variabilidade do atendimento. Por exemplo:

❑ capacitar os associados e empregados da cooperativa, dando-lhes treinamento conforme as especialidades dos serviços;

❑ padronizar os métodos de execução dos serviços em todos os níveis da cooperativa, isto é, tanto os serviços diretos aos clientes quanto os de apoio funcional;

❑ verificar sistematicamente o grau de satisfação de associados e consumidores externos, por meio de pesquisas etc.

A perecibilidade dos serviços — como os serviços não são estocados, podem surgir certos problemas de marketing com relação a suprimento, principalmente quando há desequilíbrio entre a oferta e a demanda.

Exemplo

Suponhamos uma cooperativa de trabalho médico cujo objetivo comercial seja oferecer à clientela externa serviços de prevenção do câncer de mama ou da próstata.

---

continua

Nesse caso, cabe à direção do CA ou aos responsáveis pelas atividades de marketing estabelecer diretrizes para um programa visando administrar possíveis desequilíbrios entre a oferta e a demanda dos diferentes serviços prestados.

1. Adotar políticas de preços diferenciados, a fim de transferir alguma demanda dos períodos de pico para os períodos de baixa, conforme o serviço em questão.
2. Oferecer preços mais acessíveis à população de baixa renda nos períodos de baixa demanda.
3. Prestar serviços complementares, principalmente nos períodos de pico, quando pode haver filas, demora, ou insatisfação (caixas eletrônicos, serviços de fax, salas de leitura, serviço de bar etc.).
4. Gerenciar o nível da demanda mediante rigoroso sistema de reservas. Em caso de atraso ou não comparecimento dos clientes, verificar a possibilidade de permuta de horários entre eles, a fim de evitar tempo ocioso dos médicos associados ou subutilização da infra-estrutura.
5. Estabelecer sistema de rodízio funcional para compensar a oscilação da demanda do serviço em questão.
6. Desenvolver um sistema de rotinas de eficiência que possibilite aos médicos associados cumprir tarefas essenciais durante os períodos de demanda excessiva.

Uma vez definidas as características dos serviços e também suas implicações em termos de marketing, segue-se a etapa de adequação de estratégias.

Adequação de estratégias de marketing para os serviços

Do ponto de vista mercadológico, a tradicional abordagem dos 4 pês, conforme vimos no desenvolvimento do *mix* de produtos, pode funcionar satisfatoriamente no caso das cooperativas que lidam com os bens tangíveis. No entanto, para funcionar a contento nas cooperativas de serviços e trabalhos é necessário acrescentar alguns pês ao *mix* de serviços:[172] *pessoas, prova física* e *processos.*

---

[172] Booms, 1981.

Exemplo

No caso de uma cooperativa de trabalho médico, os dirigentes do CA ou os responsáveis pelas atividades de marketing devem considerar alguns acréscimos no seu *mix* de serviços.

1. *Pessoas*: como os serviços são prestados por pessoas, a seleção, o treinamento e a motivação dos funcionários contratados podem fazer a diferença no que se refere à satisfação dos clientes externos. Assim, é preciso que eles demonstrem interesse, iniciativa e competência para resolver problemas.

2. *Prova física*: como os serviços são intangíveis, é necessário aproximá-los tanto quanto possível dos serviços tangíveis. Ou seja, a prova física é dada pela aparência, pelo modo de tratar os clientes, pela higiene hospitalar, pela presteza dos serviços prestados e outros cuidados pertinentes aos serviços médicos.

3. *Processo*: nos serviços existem certos aspectos que podem ser observados pelos clientes. Por exemplo, o ambiente físico, a qualidade das instalações e a disponibilidade de equipamentos, assim como a presteza do atendimento e a atenção dada por médicos, enfermeiras, atendentes etc.

No entanto, a clientela não pode observar os serviços de lavanderia do hospital, o preparo dos alimentos, o suprimento de medicamentos etc. Mas é essa parte invisível do processo de prestação de serviços que deve sustentar a parte visível, refletida na satisfação e na confiança da clientela.

A parte visível do processo é denominada *marketing externo interativo*, isto é, o processo normal de desenvolvimento de um serviço, incluindo preço, propaganda, distribuição e promoção. Já a parte invisível do processo, o *marketing interno interativo*, é o processo de treinamento e motivação dos profissionais envolvidos na prestação do serviço em questão. [173]

É a interação de marketing interno e marketing externo que os clientes passam a julgar como qualidades técnicas e funcionais dos serviços. Por isso é preciso distinguir as qualidades pesquisáveis, experimentáveis e credenciáveis dos serviços, como se pode ver no quadro da escala 4.

---

[173] Kotler, 2000.

Escala 4
Facilidade e dificuldade de avaliação de serviço ou produto

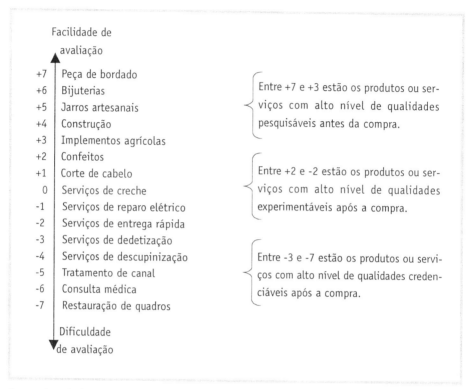

Fonte: adaptado de Zeithaml (1981).

A aquisição de um serviço está condicionada ao risco assumido pelos clientes. Estudos mercadológicos[174] mostram que os clientes procuram minimizar esses riscos:

- confiando mais nas informações boca a boca do que na propaganda;
- dando maior importância à qualidade do atendimento;
- valorizando mais os atributos dos serviços que possam ser julgados antes da compra;
- sendo fiel aos serviços que dão mais garantias após a aquisição.

Após a adequação das estratégias de marketing à natureza dos serviços, passa-se à última etapa do desenvolvimento do *mix de serviços*, ou seja, o gerenciamento das estratégias de marketing.

---

[174] Kotler, 2000.

Gerenciamento de estratégias de marketing nos serviços

Para gerenciar estratégias de marketing nas cooperativas de serviços e trabalhos é necessário verificar três variáveis básicas: diferenciação, qualidade e produtividade dos serviços.

Diferenciação dos serviços — as cooperativas de serviços e trabalhos podem ter dificuldades para criar um diferencial com relação às suas ofertas no mercado, principalmente quando enfrentam a concorrência de serviços similares. Estudos mercadológicos mostram que os clientes se preocupam mais com os preços do que com o fornecedor. Assim, as cooperativas precisam desenvolver estratégias de diferenciação da oferta, diferenciação da entrega e diferenciação de imagem.

> ## Exemplo
>
> No que diz respeito à *diferenciação da oferta*, uma cooperativa de profissionais de salão de beleza poderia gerenciar estratégias de marketing para adicionar aos serviços primários de corte de cabelo os serviços secundários de massagem, sauna etc.
>
> Com relação à *diferenciação da entrega*, uma cooperativa de *motoboys* poderia gerenciar estratégias de marketing para aprimorar a interação com a clientela oferecendo treinamento especial a seus associados.
>
> No que se refere à *diferenciação de imagem*, uma cooperativa de perueiros poderia gerenciar estratégias de marketing visando transmitir uma imagem de segurança a usuários potenciais do transporte por lotações (padronização dos uniformes de condutores e auxiliares, uso de crachás, conservação dos veículos, logotipo da cooperativa nas laterais dos veículos, número de telefone para reclamações etc.).

Qualidade dos serviços — as cooperativas de serviços e trabalhos poderão vencer a concorrência nos preços se formularem estratégias visando satisfazer às expectativas do cliente. Depois de ter recebido um serviço qualquer, o cliente normalmente confronta o serviço percebido com o serviço esperado. Quando o serviço percebido não corresponde ao serviço esperado, o cliente perde o interesse pelo fornecedor. Porém, se o serviço preencher ou superar suas expectativas, ele tenderá a recorrer novamente ao fornecedor. Além disso, recomendará o serviço a outros clientes potenciais. Desse modo, é preciso desenvolver estratégias de marketing com relação a: expectativas dos consumidores e percepções das gerências; percepções da gerência e especificações da qualidade nos serviços; especificações da qualidade dos serviços e desempenho final; desempenho funcional e resultados esperados.

Exemplo

Numa cooperativa de trabalho médico, no tocante a *expectativas dos consumidores e percepções das gerências,* nem sempre a gerência percebe corretamente o que os clientes desejam. Ela pode pensar que o cliente deseja maior quantidade de itens no plano de assistência médico-hospitalar, enquanto ele está mais preocupado com a qualidade dos itens ofertados.

Daí a necessidade de formular *estratégias de marketing* para prevenir possíveis discrepâncias entre a oferta de serviços e as expectativas dos consumidores.

No caso de uma cooperativa de consumo, com relação a *percepções da gerência e especificações da qualidade nos serviços,* a gerência pode perceber corretamente os desejos dos clientes, mas não ser capaz de estabelecer um padrão específico para o desempenho dos serviços.

Portanto é necessário gerenciar *estratégias de marketing* visando a implementação da qualidade nos serviços.

Suponhamos uma cooperativa de serviços de encomendas. Nesse caso, no que se refere a *especificações de qualidade dos serviços e desempenho final,* a negligência com relação aos padrões estabelecidos poderá causar atraso na entrega das encomendas. Será então necessário adotar *estratégias de marketing* para monitorar o desempenho funcional comparando-o com os resultados esperados.

No caso de uma cooperativa habitacional, com relação a *especificações dos serviços e comunicações externas,* a direção do CA pode veicular propaganda das unidades residenciais que não corresponda exatamente à realidade.

Distorções como essas exigem *estratégias de marketing* visando aprimorar a capacidade de resposta da cooperativa quanto às especificações do serviço divulgado.

Produtividade nos serviços — as cooperativas de serviços e trabalhos podem ser pressionadas por forças internas ou externas a manter seus custos baixos e aumentar a produtividade. No entanto, não podem comprometer a qualidade percebida de seus serviços, sob pena de perder a confiança de sua clientela. Do mesmo modo, não devem comprometer as sobras líquidas de seus associados nem cobrar taxas pelo uso da infra-estrutura da cooperativa não previstas estatutariamente.

Tais cooperativas podem adotar algumas estratégias para incremento da produtividade priorizando: o serviço percebido e a capacidade funcional; as encomendas dos serviços e a capacidade de resposta; a oferta dos serviços e a capacidade tecnológica; os serviços de assistência técnica e os custos de manutenção.

Exemplo

Suponhamos uma cooperativa de crédito. No que se refere a *serviço percebido e capacidade funcional*, os dirigentes do CA precisam de apoio funcional altamente qualificado em serviços bancários, caso os associados da cooperativa não estejam habilitados para tais funções.

Daí a necessidade de gerenciar uma estratégia de marketing para a seleção, admissão, treinamento, desenvolvimento e fixação de funcionários.

Suponhamos uma cooperativa de serviços de manutenção predial. No que diz respeito a *encomendas dos serviços e capacidade de resposta*, é preferível atender a um pequeno número de clientes a comprometer a qualidade dos itens contratados.

Situações de excessiva demanda exigem uma estratégia de marketing para comparar custos e benefícios.

Suponhamos uma cooperativa de crédito. No que se refere a *oferta dos serviços e capacidade tecnológica*, a direção do CA pode oferecer determinados serviços de crédito cuja eficácia venha a ser comprometida pelas limitações tecnológicas da cooperativa.

Em situações de demanda latente é preciso gerenciar uma estratégia de marketing voltada para o suprimento (implantação de caixas eletrônicos 24 horas, menus de serviços bancários via telefone, fax etc.), mas sempre levando em conta os custos, ou seja, o crédito ao associado deve permanecer competitivo em relação às ofertas do sistema bancário comum.

Suponhamos uma cooperativa de produtores. No que diz respeito a *serviços de assistência técnica* e *custos de manutenção*, os fornecedores de equipamentos agrícolas para a cooperativa normalmente são selecionados pelo critério do custo ao longo do tempo, ou seja, o custo da compra do item somado ao custo de manutenção e reparo menos o valor obtido com o descarte.

Em tais condições de mercado é preciso gerenciar uma estratégia de marketing para minimizar o tempo de espera dos usuários com relação aos serviços de manutenção. Isso porque quanto maior for o tempo ocioso de uma máquina quebrada, maior será o custo de produção.

As cooperativas em geral podem gerenciar outras estratégias de marketing para o desenvolvimento do *mix* de produtos ou serviços, a saber: as decisões estratégicas sobre marcas, as decisões estratégicas sobre embalagens e as decisões estratégicas sobre rotulagens.

Decisões estratégicas sobre marcas

As cooperativas não devem considerar a marca apenas um nome, pois seu estabelecimento é a arte e a essência do marketing. A marca pode ser um nome,

Marketing social e ético nas cooperativas

um logotipo ou um símbolo pelo qual os consumidores identifiquem os produtos ou serviços oferecidos pelas cooperativas.

Além disso, a marca é que faz a diferença com relação à concorrência. No entanto, desenvolver um produto ou serviço de marca exige grandes investimentos, sobretudo em propaganda, promoção e embalagem, sendo o retorno de longo prazo.

A marca corresponde à promessa da cooperativa de fornecer em seus mercados-alvo um produto ou serviço com determinados atributos e benefícios. Estudos mercadológicos têm demonstrado que as melhores marcas são as que oferecem uma garantia de qualidade e credibilidade aos clientes.[175]

Em suma, a marca é um símbolo que identifica os produtos ou serviços das cooperativas no mercado. Além de indicar as qualidades e atributos de um produto ou serviço, ela pode revelar outros aspectos das organizações cooperativas, tais como os valores, a cultura e a personalidade de seus associados, inclusive de seus consumidores, revendedores etc.

Exemplo

Suponhamos que a Organização das Cooperativas Brasileiras (OCB) queira encontrar meios organizacionais, administrativos e operacionais para certificar as cooperativas que atuam dentro da Lei nº 5.764/71 e assim combater as falsas cooperativas.

Nesse caso, os dirigentes do CA da OCB ou os responsáveis pelas atividades de marketing poderiam começar pelo estabelecimento de uma marca de referência para os serviços de suas filiadas, levando em conta:

❑ os *atributos dos serviços*: a referência da marca poderia estar refletida nas políticas, estratégias e planos de ação voltados para o combate às falsas cooperativas;

❑ os *benefícios dos serviços*: a referência da marca poderia refletir-se na recuperação da lisura nos negócios dentro e fora das cooperativas brasileiras. Internamente, os associados teriam confiança nos serviços da cooperativa. Externamente, os clientes teriam segurança em contratar os serviços das cooperativas genuínas, livrando-se das multas dos órgãos de fiscalização do Ministério Público aplicadas às transações comerciais com cooperativas fraudulentas;

❑ os *valores*: a referência da marca poderia refletir-se na valorização das relações de troca da OCB com suas filiadas (honestidade e eqüidade nos negócios internos) e também com a comunidade local, fornecedores, con-

continua

---

[175] Kapferer, 1992.

> tratantes de serviços, agentes financeiros, organizações não-governamentais ligadas ao cooperativismo, órgãos do governo etc., visto que se trata de combater as falsas cooperativas;
>
> ❑ a *personalidade*: a referência da marca poderia estar refletida no caráter ético dos dirigentes do CA da OCB, contrários a qualquer tipo de fraude na prestação de serviços tanto para as cooperativas filiadas quanto para terceiros, conforme o espírito dos primeiros movimentos cooperativistas. Ou seja, serviços baseados nos valores da eqüidade, sinceridade, igualdade e justiça;
>
> ❑ a *cultura*: a referência da marca poderia traduzir os valores das culturas organizacionais das cooperativas singulares, centrais, federações e confederações de cooperativas, em seus diversos segmentos, compartilhados pelas OCEs e a OCB;
>
> ❑ o *tipo de usuário*: a referência da marca poderia refletir-se na construção de relações de troca duradouras, tanto com as cooperativas singulares filiadas, centrais, federações, confederações e OCEs quanto com os consumidores externos, fornecedores, contratantes de serviços, agentes financeiros, membros da comunidade local etc.

Estudos mercadológicos mostram que os atributos de um produto ou serviço podem ser facilmente copiados, graças aos recursos das modernas tecnologias. O mesmo não ocorre com os significados da marca, pois estes se baseiam nos valores da cultura dos indivíduos que constituem a organização.

Além disso, são esses valores que podem fazer a diferença em relação à concorrência. Eis outras vantagens competitivas que as marcas podem proporcionar às cooperativas:

❑ ter seus custos de marketing reduzidos, graças à fidelidade do consumidor para com a sua marca;

❑ ter maior poder de negociação com contratantes de serviços, revendedores etc., uma vez que os consumidores diretos esperam que eles ofereçam uma marca já consagrada no mercado;

❑ cobrar preços mais altos que os dos concorrentes, já que a marca dos itens ofertados tem melhor conceito entre os clientes;

❑ poder expandir a linha de produtos ou serviços com maior facilidade, graças à credibilidade da marca no mercado;

❑ proteger-se contra a concorrência de preço, pois uma marca consagrada influencia as decisões de compra dos consumidores, revendedores etc.;

❑ oferecer proteção legal no que se refere a atributos exclusivos dos produtos ou serviços ofertados pela cooperativa;

❑ atrair um grupo de consumidores diretos ou varejistas fiéis e lucrativos para a cooperativa;

- facilitar a segmentação do mercado-alvo, conforme os atributos e benefícios específicos dos produtos ou serviços ofertados, e a extensão de marca;
- criar uma imagem corporativa dos fornecedores associados e da própria cooperativa, no tocante à oferta de serviços ou produtos de marca no mercado, o que possibilita lançar novos itens e ganhar rápida aceitação entre os revendedores locais ou internacionais.

Por outro lado, a marca exige um cuidadoso gerenciamento, a fim de manter o *valor patrimonial* adquirido ao longo do tempo, ou seja, um programa de marketing visando a conscientização sistemática dos consumidores diretos ou redes de varejo no tocante à qualidade e funcionalidade percebidas.

Conforme estudos na área de marketing, o requisito fundamental para sustentar o valor patrimonial de uma marca é o *valor do cliente*.[176] Assim, as cooperativas devem fazer o seu planejamento de marketing procurando ampliar o valor do cliente fiel ao longo do tempo. Devem também promover ações positivas, de responsabilidade social perante associados, empregados e seus familiares, membros da comunidade local etc.

Tais exigências mercadológicas de marca exigem pesados investimentos em P&D e publicidade, bem como excelente atendimento a associados, consumidores diretos, revendedores, redes de varejo etc., mas nem todas as cooperativas dispõem de recursos para tanto.

De qualquer forma, os dirigentes do CA ou os responsáveis pelas atividades de marketing precisam decidir se vão ter ou não uma marca. Para tanto, podem considerar duas possibilidades:

- patrocínio da marca;

Exemplo

Uma cooperativa de bordadeiras e costureiras poderia estabelecer parceria com alguma marca famosa para produzir itens sob encomenda, conforme solicitações dos estilistas.

Tais itens seriam utilizados na confecção de roupas despojadas, como *jeans* etc.[177]

---

[176] Kotler, 2000.

[177] A Cooperativa de Trabalho Artesanal e de Costura da Rocinha Ltda. (Coopa-Roca), do morro da Rocinha, na cidade do Rio de Janeiro, mantém convênios ou parcerias com marcas famosas, como a M. Officer, para divulgar seus itens em desfiles e eventos de moda, como MorumbiFashion etc. (*Gazeta Mercantil*, 25-7-2000).

❏ marca do distribuidor.

Exemplo

Uma cooperativa de hortifrutigranjeiros poderia estabelecer parceria com uma marca famosa de rede de varejo local para fornecimento exclusivo de leguminosas de produção orgânica.

Trabalhar com a marca do distribuidor varejista pode trazer algumas vantagens para as cooperativas. Eis algumas delas:

❏ é mais lucrativo, uma vez que permite reduzir consideravelmente os custos com propaganda, promoção de vendas e distribuição;
❏ garante uma diferenciação em relação à marca da concorrência, devido à exclusividade do varejista;
❏ livra as cooperativas das altas taxas de utilização de espaço nas gôndolas de supermercados, lojas de varejo etc.;
❏ possibilita distribuir alguns produtos ou serviços com a própria marca da cooperativa e outros com as marcas dos varejistas.

Exemplo

Numa cooperativa de produção e beneficiamento do leite *in natura*, a direção do CA ou os responsáveis pelas atividades de marketing poderiam gerenciar uma ou mais estratégias de marca, levando em conta os aspectos mercadológicos a seguir.

❏ *Extensão da linha de produtos*: lançar novos itens na mesma linha (leite longa vida), com a mesma marca, mas com novos sabores, ingredientes, tamanhos de embalagem etc.

A vantagem da extensão da linha é que os novos itens terão maior chance de sobreviver no mercado do que os produtos novos. A desvantagem é a possibilidade de a marca principal perder seu significado específico.

❏ *Extensão de marca de produtos*: lançar novos produtos de outra categoria, como ração balanceada para gado leiteiro.

A vantagem da extensão de marca é poder fortalecer o novo produto de categoria diversa a partir da marca original. A desvantagem é o risco de perder o foco da marca original devido à superextensão, ou

---

continua

melhor, a diluição de marca, já que os laticínios são itens para consumo humano, enquanto a ração é para consumo animal. Estudos mercadológicos mostram que quanto maior for a extensão da marca, maior será o risco de os consumidores deixarem de associá-la ao produto original.

❑ *Multimarcas de produtos ou serviços*: lançar outras marcas na mesma categoria dos laticínios, como leite em pó, manteiga, requeijão etc.

A vantagem é que a cooperativa poderá ocupar maior espaço nas prateleiras das redes de supermercados devido à variedade de seus itens. A desvantagem é o risco de obter apenas uma pequena participação de mercado, sem que nenhuma das marcas seja particularmente rentável.

❑ *Nova marca de produtos*: lançar uma nova marca para itens novos.

A vantagem é evitar a diluição de marca. A desvantagem é o risco de obter pequena participação de mercado.

❑ *Marca combinada de produtos*: lançar uma marca combinando dois ou mais nomes de marcas bem conhecidas. Ou seja, combinar a marca da cooperativa com outra marca famosa de uma rede de varejo ou supermercados.

A combinação de marcas pode assumir diversas formas: por exemplo, *marca combinada de ingrediente* (leite longa vida de produção orgânica) ou *marca combinada de múltiplos patrocinadores* (cada um produz uma parte do produto em questão).[178]

Decisões estratégicas sobre embalagens

Tão importante quanto a marca são as embalagens dos produtos ofertados pelas cooperativas. Conforme estudos na área de marketing, embalagens bem desenhadas podem gerar valores de conveniência ou promocionais. Para tanto é necessário considerar alguns fatores pertinentes às estratégias de embalagens: auto-serviço, segurança ou resistência da embalagem, imagem da marca ou organização e oportunidade de inovação.

---

[178] Ver a estratégia de combinação de marcas envolvendo oito cooperativas do norte do Paraná. Para exportar leite em pó para África, Oriente Médio, México e China, as cooperativas singulares criaram uma empresa, a Serlac Trading, em conjunto com algumas marcas famosas, como Embaré (MG), Itambé (MG), Ilpisa (AL) e Cooperativa Central de São Paulo (*Valor Econômico*, 3-9-2001). Decisões estratégicas semelhantes foram tomadas pelas cooperativas agroindustriais e agropecuárias do Rio Grande do Sul, dirigidas pela Federação das Cooperativas do Rio Grande do Sul (*Valor Econômico*, 30-1-2001).

Exemplo

Numa cooperativa de produtores de leguminosas e frutas tropicais, a direção do CA ou os responsáveis pelas atividades de marketing poderiam adotar uma ou mais estratégias com relação às embalagens de seus itens. Eis algumas delas:

❑ *Estratégia de auto-serviço*: concentrar-se nas compras por impulso, isto é, desenhar embalagens que propiciem o auto-serviço, ressaltando a cor natural das leguminosas, a polpa das frutas etc., com descrição detalhada dos atributos de cada item ofertado.

❑ *Estratégias de segurança ou resistência das embalagens*: agregar valor às aquisições dos consumidores com embalagens resistentes, capazes de manter as qualidades naturais dos produtos.

❑ *Estratégias de oportunidade de inovação*: aproveitar as novas oportunidades de mercado, criando embalagens recicláveis com informações adicionais sobre a preservação da natureza.

❑ *Estratégias de imagem da marca ou organização*: valorizar a imagem dos produtos ofertados mostrando na embalagem, por exemplo, ilustrações de parte do processo produtivo de manejo orgânico.

Antes de desenvolver uma embalagem, é necessário elucidar alguns aspectos. Por exemplo:

❑ definir qual o impacto que a embalagem deverá provocar no público-alvo (produto energético, saudável etc.);

❑ determinar quais serão os elementos adicionais da embalagem (tamanho, forma, conteúdo do texto, localização da marca etc.);

❑ especificar o material a ser utilizado nas embalagens (celofane, plásticos transparentes, bandeja de plástico, papel laminado etc.), levando em conta o caráter perecível de cada item;

❑ verificar os danos que a embalagem escolhida possa causar à natureza; se for de alto risco após o uso, pesquisar outros tipos de embalagens mais apropriadas e degradáveis;

❑ escolher o tipo de lacre que melhor assegure a inviolabilidade dos itens ofertados, de maneira a obter a confiança dos clientes;

❑ examinar os custos envolvidos na embalagem escolhida, levando em conta o preço final do produto, propaganda, transporte e armazenagem;

❑ submeter a embalagem escolhida a testes de resistência (conservação dos itens sob condições diversas) e visuais (legibilidade dos textos, cores etc.), bem como a testes com os consumidores e distribuidores, para saber sua opinião sobre manuseio, aspectos atrativos etc.

Decisões estratégicas sobre rotulagens

As cooperativas podem agregar valor às suas relações de troca mediante alguns cuidados mercadológicos e legais, principalmente aquelas que lidam com produtos perecíveis ou de origem animal, sob controle de órgãos oficiais como o Ministério da Agricultura (SIF).

O rótulo pode ser simplesmente uma etiqueta presa ao produto ou um projeto gráfico elaborado que faça parte da embalagem. Pode trazer apenas o nome da marca ou conter informações detalhadas sobre o produto.

Dependendo das leis locais ou internacionais, há certas exigências quanto à descrição do produto ofertado. Por exemplo, nome do fabricante, procedência das matérias-primas, instruções sobre manuseio e, no caso de itens comestíveis, teor de proteínas, gorduras, carboidratos, calorias, vitaminas e minerais, bem como percentuais para o consumo diário recomendados por especialistas.

Exemplo

No caso de uma cooperativa de produtores agropecuários, com relação à rotulagem da carne bovina, caberia informar a origem do produto, sistemas de criação e manejo, vacinações etc.

Isso permitiria obter maior retorno econômico e agregar valor às vendas, tanto nos mercados locais quanto internacionais. No Brasil, as certificações para produtos de manejo orgânico são emitidas pela Linha Pronatureza do Banco do Brasil. Já as certificações para produtos animais são da competência da Empresa Brasileira de Pesquisa Agropecuária (Embrapa).

Em se tratando de uma federação de cooperativas de trabalho médico, com relação à rotulagem dos serviços das cooperativas singulares filiadas, caberia submeter as diversas especialidades médicas, hospitais, ambulatórios, planos médicos etc. à avaliação qualitativa de institutos especializados, locais ou internacionais, visando obter a certificação de qualidade e fornecer garantias à clientela.

Capítulo 9

Decisões sobre o mix de preços nas cooperativas

Pesquisas[179] mostram que os dirigentes ou os profissionais da área comercial das cooperativas preocupam-se em estimar os preços das mercadorias ou serviços visando unicamente cobrir os custos variáveis e fixos da produção, da comercialização ou dos serviços mantidos com os associados consumidores ou fornecedores. Portanto, estão mais preocupados com a sobrevivência da cooperativa do que com a maximização do lucro nos seus mercados externos. A curto prazo, resolvem-se as questões financeiras internas da cooperativa, mas a longo prazo, segundo as pesquisas, isso leva ao desgaste gradativo das relações de troca com os associados e até mesmo ao encerramento das atividades da associação, como ocorreu com algumas das maiores cooperativas agropecuárias e agroindustriais brasileiras.[180]

No que se refere a preços, eis os problemas mais comuns enfrentados por todo e qualquer tipo de cooperativa:

- determinar preços visando exclusivamente cobrir custos;
- deixar de rever os preços a fim de capitalizar mudanças no mercado externo;
- estipular preços independentemente dos demais elementos do *mix* de marketing (produto, propaganda e ponto de distribuição);
- adotar preços únicos para os diferentes itens da linha de produtos ou serviços no mercado externo;
- estabelecer preços únicos para os diversos segmentos dos mercados externos e para as diferentes ocasiões de compra.

---

[179] Crúzio, 1989, 1991, 1993 e 1994.
[180] Crúzio, 1999.

186 Marketing social e ético nas cooperativas

Para evitar tais problemas, o primeiro passo dos dirigentes do CA ou dos responsáveis pelas atividades de marketing é determinar seus preços e decidir onde posicionar seus produtos ou serviços no mercado externo. O quadro 39 mostra combinações de nove estratégias preço-qualidade que podem ser adotadas pelas cooperativas.

Exemplo

Suponhamos três empresas, *A*, *B* e *C*, que fabricam o mesmo produto de uma determinada cooperativa. Nesse caso, conforme o quadro 39, o concorrente *A* poderia ofertar um produto de alta qualidade a preço elevado (estratégia de preço *premium*); o concorrente *B* poderia oferecer um produto de qualidade média a preço médio (estratégia de valor médio); e o concorrente *C* poderia oferecer um produto de baixa qualidade a preço igualmente baixo (estratégia de economia).

Em tais condições de concorrência, as três empresas poderiam seguir uma das três estratégias de números 1, 2 e 3, desde que no mercado em questão haja três grupos de compradores distintos: os que dão preferência à qualidade, os que insistem no preço e os que ponderam as duas coisas.

Nesse caso, a saída para a cooperativa seria seguir uma das três estratégias de números 2, 3 e 6, mas para tanto precisaria divulgar no mercado: *nosso produto tem a mesma alta qualidade que o produto ofertado pelo concorrente, mas cobramos um preço médio* (estratégia de alto valor). Ou então: *nosso produto tem a mesma alta qualidade que o produto ofertado pelo concorrente, mas oferecemos uma economia ainda maior* (estratégia de supervalor). Ou, em último caso: *nosso produto tem a mesma qualidade média que o produto ofertado pelo concorrente, mas oferecemos um preço baixo* (estratégia de valor bom).

As estratégias 2 e 3 podem ser gerenciadas pela cooperativa desde que o cliente seja sensível aos preços e acredite na qualidade do produto a ponto de ser levado a adquiri-lo. Por outro lado, nenhuma das estratégias de números 4, 7 e 8 seria recomendável, uma vez que o cliente, julgando-se explorado (produto de baixa qualidade por um preço alto), poderia fazer propaganda desfavorável à cooperativa.

continua

Decisões sobre o mix de preços nas cooperativas 187

Quadro 39
Combinações estratégicas de preço-qualidade

		Preço		
		Alto	**Médio**	**Baixo**
Qualidade do produto	Alta	1. Estratégia de preço *premium*	2. Estratégia de alto valor	3. Estratégia de supervalor
	Média	4. Estratégia de preço excessivo	5. Estratégia de valor médio	6. Estratégia de valor bom
	Baixa	7. Estratégia de exploração	8. Estratégia de falsa economia	9. Estratégia de economia

Fonte: adaptado de Kotler (2000).

Conforme o exemplo simulado no quadro, as combinações estratégicas preço-qualidade possibilitam às cooperativas estabelecer suas políticas de preços, mas para tanto é necessário considerar vários fatores: a) seleção do objetivo de mercado; b) determinação da demanda; c) estimativa de custos; d) análise de custos, preços e ofertas dos concorrentes; e) seleção de um método de determinação de preço; f) seleção do preço final.[181] Vejamos cada um desses fatores detalhadamente e com exemplos práticos nas cooperativas.

Seleção do objetivo de mercado

O primeiro fator a ser considerado na determinação da política de preços é o posicionamento da oferta de um produto ou serviço no mercado. Trata-se de definir o objetivo de mercado, conforme as etapas da análise da estrutura de mercado abordadas no capítulo 6. Quanto mais claro for o objetivo de mercado pretendido pela cooperativa, mais fácil será a determinação da política de preços. Eis alguns objetivos de mercado possíveis às cooperativas:

Sobrevivência

Se a cooperativa eleger a sobrevivência como seu principal objetivo, a curto prazo isso poderá funcionar, enquanto os preços cobrirem os custos variáveis e fixos. Geralmente as cooperativas buscam a sobrevivência quando se vêem diante de forte concorrência ou de mudanças nos desejos dos consumidores. Por outro lado, a longo prazo é preciso que a cooperativa aprenda a agregar valor, para não se ver obrigada a encerrar suas atividades.

---

[181] Kotler, 2000.

Maximização do lucro atual

A cooperativa pode estimar a demanda e os custos relativos a preços alternativos e escolher um preço que maximize o seu lucro corrente, o fluxo de caixa, de modo a obter retorno sobre o investimento (ROI). Tal estratégia enfoca apenas o desempenho financeiro corrente, acabando por sacrificar o desempenho a longo prazo. Ou seja, a cooperativa não considera outras variáveis importantes do *mix* de marketing que podem influenciar o seu desempenho a longo prazo, tais como as investidas dos concorrentes ou as restrições legais com relação a preços.

Maximização da participação no mercado

A cooperativa pode querer maximizar sua participação no mercado mediante uma estratégia visando maior volume de vendas. Ao se decidir por essa estratégia, a cooperativa acredita que o alto volume nas vendas lhe permitirá reduzir seus custos unitários e, conseqüentemente, obter lucros a longo prazo. Por isso determina o menor preço possível, pressupondo que o mercado é sensível ao preço. No entanto, essa estratégia só terá êxito se o mercado no qual ela pretende atuar for sensível ao preço. Além disso, a cooperativa deve ser capaz de reduzir seus custos de produção e distribuição, graças à experiência acumulada ao longo do tempo. E, por fim, deve esperar que preços mais baixos desestimulem os concorrentes.

Skimming máximo

A cooperativa pode querer determinar preços altos para fazer o *skimming* do mercado.[182] Ou seja, extrair o máximo da camada mais alta de mercado antes de baixar seus preços para atender aos demais níveis do mercado em questão. Mercadologicamente, essa estratégia faz sentido nas seguintes condições: a) quando há um número suficiente de compradores com alto poder de demanda corrente; b) quando o custo unitário de produzir um pequeno volume não é tão alto a ponto de anular a vantagem de cobrar um preço que o mercado possa pagar; c) quando o preço unitário elevado não atrai mais concorrentes para o mercado; d) quando o preço elevado reflete a maior qualidade dos itens ofertados em relação àqueles dos concorrentes.

---

[182] *Skimming* é uma estratégia de supervalorização na introdução de um produto ou serviço, mantendo-o no nível mais alto do mercado. Costuma levar a um constante rebaixamento de preços quando é necessário buscar novas faixas de consumidores ou fazer frente aos concorrentes.

Liderança na qualidade dos produtos ou serviços ofertados

A cooperativa pode ter como objetivo ser líder de mercado no tocante à qualidade de um produto ou serviço. Caso se decida por essa estratégia, deverá diferenciar seus itens das ofertas concorrentes. Para tanto é necessário oferecer atributos pelos quais possa cobrar um preço mais alto que os da concorrência e ainda garantir uma fatia de mercado; investir continuamente na qualidade dos produtos ou serviços ofertados; fazer constantes pesquisas de mercado para averiguar o grau de satisfação dos clientes; estar pronta para melhorar ou adaptar seus projetos de produtos ou serviços conforme as tendências tecnológicas ou as mudanças culturais no mercado.

Como se pode ver, são muitas as opções para os objetivos de mercado. Mas, vale ressalvar, não é recomendável deixar que os custos ou as forças de mercado passem a determinar os preços das cooperativas. Para tanto é preciso compreender como funciona a dinâmica da demanda de mercado, como veremos a seguir.

Determinação da demanda

Mercadologicamente, cada preço levará a um nível diferente de demanda e, conseqüentemente, gerará um impacto diferente nos objetivos de marketing da cooperativa. A figura 15 mostra uma simulação gráfica da relação entre os preços[183] alternativos e a demanda corrente resultante, representada pela curva de demanda.

Exemplo

Suponhamos uma cooperativa de profissionais da perfumaria cujo objetivo comercial seja propiciar a seus associados os meios para a produção de perfumes extraídos de ervas raras e sua venda diretamente no mercado.

Se a direção do CA decidisse aumentar o preço do frasco de determinada essência de R$10 para R$15 provocaria um declínio relativamente pequeno na demanda, de 105 para 100 unidades, como se vê na figura 15. Em tal situação, denominada *demanda inelástica*, ocorre um pequeno declínio da demanda porque para certos produtos, conhecidos como itens de prestígio ou de luxo, o preço elevado sinaliza qualidade para o consumidor.

Já na situação de *demanda elástica*, um acréscimo de 50% no preço de um bem de consumo provocaria um decréscimo excessivo na demanda,

continua

---

[183] Convém fazer simulações de preços usando também uma moeda mais estável, como o dólar, principalmente no caso das cooperativas que exportam seus itens.

de 150 para 50 unidades. A demanda decresce porque o consumidor sempre terá outras alternativas, como trocar o consumo de feijão-preto por feijão comum, sabão em pó por sabão comum etc.

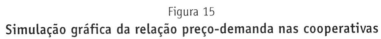

Figura 15
Simulação gráfica da relação preço-demanda nas cooperativas

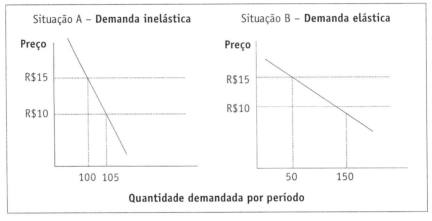

Fonte: adaptado de Kotler (2000).

Conforme o exemplo, o primeiro procedimento para estimar a demanda nas cooperativas é compreender o que afeta a *sensibilidade ao preço*. Para tanto é preciso considerar alguns fatores mercadológicos:[184]

- com relação ao *valor único* — os compradores são menos sensíveis ao preço quando os produtos ou serviços são exclusivos;
- com relação à *existência de substitutos* — os compradores são menos sensíveis ao preço quando ignoram a existência de produtos ou serviços substitutos;
- quanto à *dificuldade de comparação* — os compradores são menos sensíveis ao preço quando não podem comparar a qualidade de produtos ou serviços substitutos;
- quanto ao *dispêndio total* — quanto menor o dispêndio total do produto ou serviço em relação à renda total do cliente, menor é sua sensibilidade ao preço;
- quanto ao *benefício final* — quanto menor o dispêndio em relação ao custo total do produto ou serviço final, menor é a sensibilidade ao preço;

---

[184] Nagle & Holden, 1995.

Decisões sobre o mix de preços nas cooperativas   191

- com relação ao *custo compartilhado* — os compradores são menos sensíveis ao preço quando parte do custo de um produto ou serviço é assumida por terceiros;
- com relação ao *investimento reduzido* — os compradores são menos sensíveis ao preço quando os produtos ou serviços são utilizados em conjunto com outros bens comprados anteriormente;
- com relação a *preço-qualidade* — os compradores são menos sensíveis ao preço quando os produtos ou serviços têm mais qualidade, são exclusivos e refletem prestígio;
- com relação a *estoque* — os compradores são menos sensíveis ao preço quando não podem estocar o produto.

Tudo isso exige que as cooperativas introduzam diferenciações em seus produtos ou serviços, a fim de agregar valor às relações de troca com seus mercados-alvo. Além disso, muitos concorrentes vendem produtos ou serviços similares a preços iguais ou menores. Portanto é preciso que os dirigentes do CA ou os responsáveis pelas atividades de marketing conheçam os fatores que determinam a sensibilidade ao preço de consumidores diretos, revendedores etc. Eis alguns métodos para analisar as decisões de compra dos consumidores:[185]

- analisar a relação entre preços e quantidades vendidas de um produto ou serviço; essas análises estatísticas podem ser realizadas com dados lineares, ao longo do tempo;
- cobrar preços diferenciados para o mesmo produto em territórios de vendas similares, a fim de verificar como as vendas são afetadas;
- perguntar aos compradores de um produto quantas unidades eles comprariam por diferentes preços propostos. Vale observar que os compradores podem subestimar suas intenções de compra a preços mais altos para desestimular o aumento de preços;
- examinar a elasticidade de preço da demanda, conforme a simulação gráfica apresentada na figura 15. Se a demanda for elástica (aumento de preço reduz significativamente o nível da demanda), deve-se estudar a possibilidade de reduzir os preços, pois isso pode gerar maior receita total, desde que os custos de produção e vendas de um produto ou serviço não cresçam de forma desproporcional a ponto de comprometer as receitas das vendas.

---

[185] Kotler, 2000.

Estimativa de custos

As cooperativas precisam estabelecer um piso de preço para um dado produto ou serviço ofertado no mercado-alvo que permita cobrir seus custos de produção, distribuição e vendas. Tal piso deve levar em conta um retorno justo para seus associados, na forma de sobras líquidas, proporcional ao volume das mercadorias entregues na cooperativa ou às despesas operacionais decorrentes dos serviços. O piso de preço deve ser suficiente para cobrir os descontos percentuais para o fundo de reserva, o fundo de assistência técnica, educacional e social (Fates), os descontos do INSS e outras despesas de manutenção da cooperativa previstas estatutariamente.

A seguir veremos os principais métodos que as cooperativas podem utilizar para fazer suas estimativas de custos.

Método dos tipos de custos e níveis de produção

Os custos nas cooperativas podem assumir duas formas: custos fixos e custos variáveis. Os custos fixos, também conhecidos como custos indiretos, são aqueles que não variam em função do volume da produção ou da receita de vendas. Já os custos variáveis oscilam em função do nível de produção.

Exemplo

Uma cooperativa de costureiras poderia estimar seus custos mediante os procedimentos a seguir.

❏. *Calcular os custos fixos e variáveis, os custos totais e os custos médios*

Energia + juros diversos + salário do segurança + aluguel da loja = *custos fixos* ou *custos indiretos* (pagamento mensal, independentemente do nível de produção ou vendas).

Tecido + agulha + horas trabalhadas pelas costureiras = *custos variáveis* (o pagamento depende do nível de produção e tende a ser constante por unidades de peças produzidas).

Custos fixos + *custos variáveis* = *custos totais* (é a soma para qualquer nível de peças produzidas).

Portanto: *custos totais/unidades produzidas* = *custo médio* (é igual aos custos totais divididos pelas unidades de peças produzidas num dado nível de produção).

❏ *Examinar como os custos variam em diferentes níveis de produção*

Suponhamos que a cooperativa tenha adquirido certo número de máquinas de costura para produzir mil peças/dia. Nesse caso, conforme a si-

continua

mulação gráfica da situação A (figura 16), o custo por unidade seria alto se as costureiras produzissem apenas 500 unidades/dia. À medida que a produção se aproxima de mil unidades, o custo médio tende a cair porque os custos fixos serão diluídos por mais unidades produzidas. Assim, cada peça passa a absorver parcela menor do custo fixo.

Já para uma produção acima de mil peças, o custo médio tende a aumentar, conforme demonstrado na curva de custo médio a curto prazo. Esse acréscimo ocorreria porque a unidade fabril seria ineficiente, devido à sobrecarga das máquinas e às constantes quebras. Assim, as costureiras poderiam empatar o capital com a acumulação de matérias-primas e deixar de cumprir os contratos ou novas encomendas.

Por outro lado, se as costureiras acreditam que podem vender 2 mil unidades por dia, devem considerar a possibilidade de expandir suas instalações. Poderiam adquirir mais máquinas e dispô-las em série, conforme cada etapa do processo de confecção e as especialidades das costureiras. Assim, poderiam reduzir os custos unitários para uma produção de 2 mil peças/dia, conforme a curva de custo médio a longo prazo simulada na situação B (figura 16). E aumentariam a eficiência ainda mais ao produzir 3 mil peças. No entanto, a produção de 4 mil peças/dia seria menos eficiente, devido ao crescimento negativo das economias de escala. Portanto, nesse caso, a capacidade ideal de produção é de 3 mil peças/dia, desde que haja demanda suficiente para sustentar esse nível.

Figura 16
Simulação gráfica de estimativa de custos

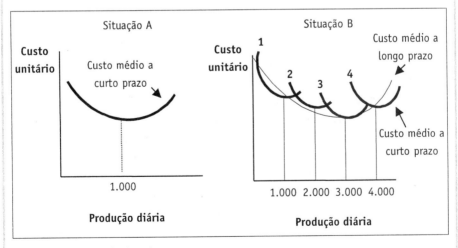

Fonte: adaptado de Kotler (2000).

Método da produção acumulada

À medida que a cooperativa adquire experiência na produção de um bem ou serviço, seu custo médio tende a cair. Mercadologicamente, isso é denominado *curva de experiência* ou *curva de aprendizagem*.

Exemplo

Tomemos novamente o caso da cooperativa de costureiras. Ao adquirir novas máquinas de costura industriais, ela atingiria a capacidade operacional de 3 mil peças de determinada confecção.

À medida que as costureiras adquirem experiência com as novas máquinas, seus métodos começam a melhorar, ou seja, elas passam a trabalhar com maior rapidez. Além disso, desperdiçam menos matérias-primas porque sabem exatamente a quantidade necessária para cada tipo de peça. Assim, empatam apenas o capital suficiente para atender a suas encomendas.

A figura 17 mostra a simulação gráfica de tais resultados. O custo médio cai com a experiência acumulada, ou seja, o custo médio de produzir as primeiras 100 mil peças é de R$10 por peça. Após a produção das primeiras 200 mil peças, o custo médio terá caído para R$9. Tão logo a experiência acumulada dobre novamente a produção para 400 mil peças, o custo médio será de R$8.

Suponhamos que a cooperativa tenha dois concorrentes, representados pelos círculos A e B da figura 17. Nesse caso, a cooperativa seria o fabricante de custo mais baixo, representado pelo círculo C (R$8 para produzir 400 mil peças).

Se os três concorrentes vendessem suas peças por R$10, a cooperativa ainda obteria um lucro de R$2 por peça. Enquanto o concorrente A ganharia R$1, o concorrente B ficaria apenas no ponto de equilíbrio.

Assim, a cooperativa de costureiras poderia até decidir baixar seu preço de R$10 para R$9, com o que alijaria do mercado o concorrente B e forçaria a retirada definitiva do concorrente A. Além disso, à medida que a cooperativa ultrapassasse a produção de 400 mil peças ao preço de R$9, seus custos cairiam ainda mais e com maior rapidez. Essa estratégia de determinação de preços forçaria a retirada dos concorrentes e propiciaria à cooperativa maior participação no mercado.

---

continua

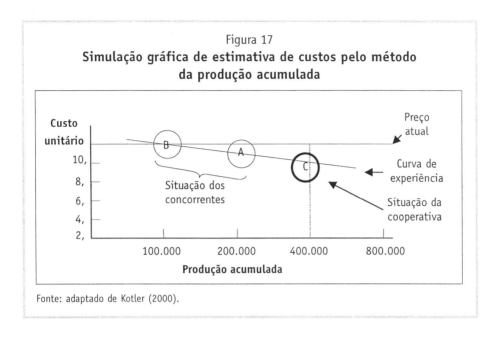

Figura 17
Simulação gráfica de estimativa de custos pelo método da produção acumulada

Fonte: adaptado de Kotler (2000).

Porém, quando centrada somente nos custos de fabricação, a estratégia de determinação de preços com base na curva de experiência tem certas limitações mercadológicas:

- pressupõe que todos os concorrentes da cooperativa sejam fracos e que não estejam dispostos a disputar o mercado;
- aumentar as unidades fabris na cooperativa para atender à demanda nem sempre produz as vantagens econômicas esperadas, pois o concorrente pode simplesmente usar nova tecnologia mais barata e produzir a custos inferiores aos dos líderes de mercado, provavelmente presos a tecnologias ultrapassadas;
- enfocar somente os custos de fabricação pode levar a cooperativa a negligenciar os custos de outras áreas, inclusive a de marketing, que podem também ser reduzidos ao longo da curva de aprendizagem.

Método das ofertas diferenciadas

Tal método consiste em negociar as ofertas de produtos ou serviços conforme as condições de cada cliente, o que permite diferir custos e lucros. Para estimar a lucratividade da negociação com diversos tipos de clientes, a cooperativa pode empregar o método da contabilidade de custos baseados em atividades (ABC), em vez da contabilidade de custo padrão.[186] O método ABC procura identificar os

---
[186] Cooper & Kaplan, 1991.

Marketing social e ético nas cooperativas

custos reais relacionados ao atendimento a diferentes tipos de clientes, atribuindo-se a cada tipo tanto os custos variáveis quanto os custos administrativos.

Método da determinação de custo-alvo

Como mostram as simulações da figura 17, os custos se alteram com o acréscimo da escala de produção e com a experiência acumulada. Mas podem mudar também em virtude de um esforço concentrado tanto por parte da cooperativa quanto por parte de seus clientes.

Mercadologicamente, o método que possibilita concentrar esforços é conhecido por determinação de custo-alvo e envolve os seguintes procedimentos:

❑ faz-se uma pesquisa de mercado para estabelecer as funções do produto ou serviço que se deseja desenvolver;

❑ determina-se o preço pelo qual se pode vendê-lo, levando em conta os preços dos concorrentes;

❑ deduz-se a margem de lucro almejada, sendo o valor restante igual ao custo-alvo;

❑ examina-se cada elemento de custo (processo de fabricação, embalagem, acondicionamento, transporte, vendas etc.), detalhando-os tanto quanto possível.

Quanto mais detalhados os elementos de custos, maior a possibilidade de melhorar ou suprimir certas partes do processo produtivo em questão, bem como de eliminar materiais complementares, reduzir os transportes etc. Tudo isso visando aproximar a previsão de custo final do custo-alvo estipulado. Se este não for atingido, é sinal de que o produto ou serviço não será vendido pelo preço-alvo nem realizará o lucro almejado pela cooperativa, devendo portanto ser abandonado.

Análise de custos, preços e ofertas dos concorrentes

As cooperativas podem definir suas faixas de preços em função da demanda de mercado e dos custos e preços, conforme as simulações apresentadas nas figuras 16, 17 e 18. Mas devem considerar também as possíveis reações de preços dos concorrentes. Por exemplo:

❑ se a oferta da cooperativa for igual à do concorrente, ela terá que determinar um preço semelhante ao do concorrente, sob pena de perder vendas;

❑ se a oferta da cooperativa for inferior à do concorrente, ela não poderá cobrar um preço maior que o do concorrente;

❑ se a oferta da cooperativa for superior à do concorrente, ela poderá cobrar um preço maior que o do concorrente.

Seleção de um método de determinação de preço

Uma vez programada a demanda dos clientes, determinada a função custo e examinados os preços dos concorrentes, a cooperativa estará pronta para selecionar um preço final. Antes, porém, deverá considerar alguns aspectos mercadológicos:

❑ os custos podem determinar um piso para o preço dos produtos ou serviços ofertados pelas cooperativas;

❑ os preços dos concorrentes e o preço de substitutos podem servir de orientação para as cooperativas;

❑ a avaliação preliminar das características singulares do produto ou serviço ajuda a estabelecer um teto para o preço;

❑ um preço elevado pode afugentar a demanda do produto ou serviço ofertado; por outro lado, um preço baixo pode não gerar lucro para a cooperativa.

Isto posto, a cooperativa poderá escolher um dos seguintes métodos para determinar seus preços: preço de *markup*, preço de retorno-alvo, preço de valor percebido, preço de valor, preço de mercado e preço de licitação, conforme veremos a seguir.

Método do preço de markup

Este é o método mais elementar para a determinação de preço; consiste em adicionar um *markup* padrão ao custo do produto.

Exemplo

Suponhamos uma cooperativa de funileiros cujo objetivo comercial seja propiciar a seus associados os meios materiais para a produção de bules de folha-de-flandres e sua venda diretamente no mercado dos varejistas e atacadistas.

A direção do CA ou os profissionais responsáveis pelas atividades de marketing poderão determinar os preços de suas ofertas mediante a projeção de custos e expectativa de vendas. Assim:

Custo variável unitário: 10
Custos fixos: 300.000
Vendas esperada em unidades: 50.000

Com esses dados, o custo unitário do bule pode ser determinado pela seguinte fórmula:

continua

$$\text{Custo unitário} = \text{custo variável} + \frac{\text{custos fixos}}{\text{unidades vendidas}} = 10 + \frac{300.000}{50.000} = 16$$

Suponhamos que os associados, reunidos em AGS, tenham decidido realizar um *markup* de 20% sobre as vendas dos bules. Poder-se-ia fazer a seguinte projeção:

$$\text{Preço do } markup = \frac{\text{custo unitário}}{1 - \text{retorno sobre as vendas}} = \frac{16}{1 - 0,20} = 20$$

Conforme os cálculos, a cooperativa poderia cobrar dos revendedores R$20 reais por bule e obter um lucro de R$4 por unidade. Do total das vendas seriam descontados os percentuais para o Fates e os previstos em lei para o INSS e o ISS, além das taxas de administração da cooperativa (pró-labore dos dirigentes), conforme previsto estatutariamente.

O restante seria distribuído entre os funileiros associados na forma de sobras líquidas (lucros líquidos) ou então reinvestido em novas máquinas, expansão da funilaria etc., conforme discutido e determinado pela *AGS*.

Cada funileiro associado deverá receber uma parte das sobras líquidas proporcional à quantidade de bules produzidos e ao volume comercializado com a cooperativa. Da mesma forma, deverá ratear os custos fixos e variáveis envolvidos na produção dos bules e no uso de matérias-primas e equipamentos da cooperativa.

De acordo com as fórmulas acima, tanto a cooperativa quanto os revendedores poderiam fazer outras simulações numéricas para testar outros preços e margens de lucro. Por exemplo, uma projeção de 50% sobre o preço de venda faria aumentar o preço do bule para R$40, equivalendo assim a um *markup* de 100% sobre o custo da produção de bules.

Fonte: adaptado de Kotler (2000).

As cooperativas que produzem itens sazonais, como leguminosas, poderão discutir com os revendedores potenciais a possibilidade de *markups* mais altos para prevenir-se contra possíveis riscos, como geadas, estiagens prolongadas etc. O mesmo vale para as cooperativas que lidam com produtos perecíveis ou especiais, que implicam altos custos de transporte, conservação, acondicionamento e armazenagem.

Desvantagens do markup

☐ qualquer método que não leve em conta a demanda atual, o valor percebido e a concorrência provavelmente não alcançará um preço ótimo;

Decisões sobre o mix de preços nas cooperativas 199

❑ a determinação de preços de *markup* sobre custos somente funcionará se o preço com *markup* realmente gerar o nível de venda esperado;

❑ no lançamento de um novo produto, geralmente procura-se determinar um preço mais elevado para recuperar os custos o mais rapidamente possível; tal estratégia pode revelar-se precipitada se algum concorrente estiver praticando preços mais baixos.

Vantagens do markup

❑ o preço de *markup* possibilita determinar os custos com muito mais facilidade do que estimar certa demanda; além disso, vincular o preço ao custo simplifica a tarefa de determinação de preços;

❑ quando todos os concorrentes de determinado setor utilizam o método de *markup* para a determinação de preços, estes tendem a ser similares; assim a competição de preços é minimizada, o que não seria possível se os concorrentes dessem mais atenção às variações da demanda ao determinarem seus preços;

❑ para o associado, o método do *markup* pode proporcionar um retorno mais justo, na medida em que se estabelecem parâmetros de preços antecipados e evitam-se outros ajustes devido às prováveis oscilações da demanda.

Método do preço de retorno-alvo

Tal método possibilita às cooperativas determinar um preço adequado à obtenção da taxa-alvo de retorno sobre os investimentos (ROI).

Exemplo

Ainda no caso da cooperativa de funileiros, poderia haver um acréscimo na demanda de bules, o que exigiria novos investimentos. Suponhamos que a AGS tenha decidido investir R$1 milhão. Com tal montante a cooperativa precisa calcular o preço a cobrar por unidade para obter um ROI de pelo menos 20%, ou seja, R$200 mil.

Vejamos uma simulação com os dados do exemplo anterior na fórmula do preço de retorno-alvo:

$$\text{Preço de retorno-alvo} = \frac{\text{custos unitário} + \text{retorno desejado} * \text{capital investido}}{\text{vendas unitárias}}$$

Substituindo valores na fórmula, teremos: $16 + \dfrac{0,20 * 1.000.000}{50.000} = 20$

---

continua

Conforme os cálculos, a cooperativa realizará 20% de ROI ao preço de R$20 por bule se as previsões de custos e vendas forem precisas e se o volume de vendas alcançar as 50 mil unidades previstas.

Antes de se tomar uma decisão final na AGS, tais previsões devem ser submetidas a novos testes. Por exemplo, uma simulação gráfica do *ponto de equilíbrio*, a fim de verificar o que ocorreria em outros níveis de vendas.

Note-se no gráfico da figura 18 os custos fixos de R$300 mil, independentemente do volume de vendas. Os custos variáveis, não mostrados no gráfico, sobem com o volume. Os custos totais são iguais à soma dos custos fixos e variáveis. A curva de receita total começa em zero e sobe a cada unidade vendida. Assim, as curvas de receita total e custo total cruzam-se em 30 mil unidades, que é o volume do ponto de equilíbrio encontrado mediante a fórmula:

$$\text{Volume do ponto de equilíbrio-alvo} = \frac{\text{custos fixos}}{\text{preço} - \text{custo variável}} = \frac{300.000}{20-10} = 30.000$$

Em tais simulações, a cooperativa espera vender 50 mil bules a R$20 a unidade para obter um ROI de R$200 mil. Tais previsões irão depender da elasticidade de preço e dos preços dos concorrentes. Portanto seria prudente fazer outras simulações com preços diferentes para estimar os prováveis impactos no volume das vendas e dos lucros, e para tentar reduzir os custos fixos e variáveis até baixar os volumes necessários para o ponto de equilíbrio.

Figura 18
Simulação gráfica do ponto de equilíbrio de preço *versus* retorno-alvo

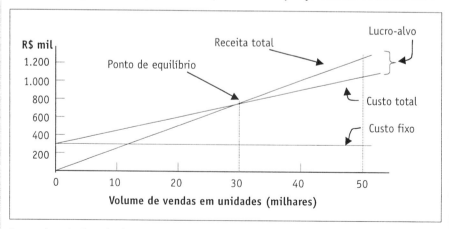

Fonte: adaptado de Kotler (2000).

Método do preço de valor percebido

Esse método baseia-se no valor percebido pelo cliente, e não nos custos envolvidos nos produtos ou serviços ofertados. Além disso, utiliza outros elementos do *mix* de marketing, como a propaganda e a força de vendas, de modo a aumentar o valor percebido pelos clientes.

A chave para a determinação de preços com base no valor percebido é definir com precisão a percepção do mercado quanto ao valor da oferta, levando em conta as seguintes condições:[187]

- se a cooperativa tiver uma visão inflacionada do valor de sua oferta, provavelmente determinará um preço demasiado alto para seus produtos ou serviços;
- se a cooperativa subestimar o valor de sua oferta, certamente cobrará um preço menor do que deveria.

Exemplo

Suponhamos uma cooperativa do setor metal-mecânico cujo objetivo comercial seja propiciar a seus associados os meios materiais para a produção de peças e componentes para máquinas de costura industriais.

Suponhamos também que determinado concorrente tenha uma oferta similar a um custo final de R$90, enquanto a oferta da cooperativa sai por R$100.

Em tais condições de concorrência, a cooperativa poderia incluir em sua estratégia de marketing uma força de vendas para explicar aos clientes por que sua oferta teria mais valor que a do concorrente (valor percebido), considerando os seguintes fatores:

- R$90 é o preço do produto equivalente àquele fabricado pelo concorrente;
- R$7 é o preço *premium* pela maior durabilidade do produto fabricado pela cooperativa;
- R$6 é o preço *premium* pela maior confiabilidade do produto fabricado pela cooperativa;
- R$5 é o preço *premium* pela melhor assistência técnica prestada pela cooperativa;
- R$2 é o preço *premium* pelo maior período de garantia do produto oferecido pela cooperativa;

continua

---

[187] Chang & Wildt, 1994.

202 Marketing social e ético nas cooperativas

> ❑ R$110 é o preço normal para cobrir o valor superior do produto da cooperativa;
> ❑ R$10 é o desconto na oferta da cooperativa;
> ❑ R$100 é o preço final do produto fornecido pela cooperativa.
>
> O vendedor poderia esclarecer melhor o valor percebido argumentando que o cliente, embora tenha de desembolsar mais R$10, está recebendo R$20 em valor extra. Ou seja, trata-se de convencer o cliente de que o produto adquirido na cooperativa acarretará a longo prazo menores custos operacionais e de manutenção que aquele oferecido pela concorrência.

Método do preço de valor

Consiste em cobrar um preço relativamente baixo por um produto, porém mantendo a sua qualidade. Mercadologicamente, a determinação do preço de valor requer que o preço represente uma oferta de alto valor para os consumidores.

Cabe citar como exemplo a prática de preços baixos todos os dias (*everyday low pricing*), muito comum nas redes de varejo e que pode ser adotada também nas cooperativas.

> # Exemplo
>
> Suponhamos uma cooperativa de agricultores cujo objetivo comercial seja propiciar a seus associados os meios materiais para a produção de leguminosas e hortaliças e sua venda na própria loja da cooperativa.
>
> Nesse caso, uma política de preço baixo todos os dias propiciaria as seguintes vantagens estratégicas em relação à concorrência:
>
> ❑ eliminar a incerteza dos consumidores quanto à alteração de preços de uma semana para outra;
> ❑ possibilitar aos consumidores fazer comparações com as políticas de preços dos concorrentes, normalmente limitadas às promoções temporárias;
> ❑ evitar as elevadas despesas com programas de descontos temporários;
> ❑ criar hábito de compra entre os consumidores que já sabem da existência de preços baixos todos os dias; normalmente os consumidores querem ganhar tempo em vez de sair em busca de preços mais baixos.

continua

No entanto, nem todas as cooperativas estão preparadas para oferecer maior valor em cada ponto da cadeia de produção e oferta. Em outras palavras, para praticar uma política de preços baixos todos os dias é necessário implementar estratégias de apoio, tanto na área administrativa quanto na operacional, visando baixar os custos e manter a qualidade das ofertas. Nesse caso, cabe fazer alguns levantamentos iniciais:

- rever toda a cadeia de produção dos associados, desde a aquisição de bens de produção e insumos agrícolas até o plantio, colheita e sistema de acondicionamento;
- examinar toda a cadeia de transporte e armazenagem, desde as propriedades dos associados até a loja da cooperativa;
- checar toda a cadeia comercial da cooperativa com seus associados, desde a concessão de crédito até o fornecimento de materiais, equipamentos etc.

Método do preço de mercado

O método de preço de mercado consiste na determinação de preços orientados pelos preços dos concorrentes. É bastante praticado nos setores oligopolistas, como por exemplo os fabricantes de adubos químicos e fertilizantes, que cobram no mercado o mesmo preço pelas suas ofertas. Aplica-se o preço de mercado quando é difícil estimar os custos, ou quando não se sabe como a concorrência reagiria a uma dada alteração de preço, o que leva a tomar o preço do concorrente como medida aceitável.

Determinados concorrentes podem cobrar um pequeno adicional ou conceder um ligeiro desconto, mas procuram preservar alguma diferença de valor, ou seja, promovem uma pequena alteração no preço de seus itens de modo a não provocar uma desestabilização no preço de mercado.

Exemplo

Suponhamos uma cooperativa de agricultores cujo objetivo comercial seja propiciar a seus associados e terceiros a compra de bens de produção (fertilizante, adubo, máquinas etc.) na própria loja da cooperativa.

Em reunião da AGS, sob a direção do CA, poder-se-iam estudar políticas diferenciadas de preços para produtores associados e não-associados. Por exemplo:

continua

- ❏ repassar aos associados bens de produção e insumos agrícolas a preços mais baixos e em condições de pagamento ou financiamento melhores que as oferecidas do mercado local;
- ❏ vender a terceiros bens de produção e insumos agrícolas a preços e em condições de pagamento ou financiamento competitivos em relação àqueles oferecidos pela concorrência local.

Essas políticas poderiam trazer algumas vantagens para a economia da cooperativa. Eis as principais:

- ❏ comprometer o associado com a compra de insumos e também a comercialização de seus produtos na cooperativa;
- ❏ atrair mais produtores locais para o quadro social da cooperativa e assim gerar maior economia de escala.

Método do preço de licitação

O método da determinação de preços por licitação é útil às cooperativas que participam com freqüência de licitações públicas ou privadas, principalmente as de serviços de manutenção predial, segurança, informática e afins. Esse método possibilita determinar o preço dos serviços a terceiros com base nas expectativas de como os concorrentes determinarão os deles. Em outras palavras, os preços são determinados não apenas com relação aos custos ou à demanda de um dado serviço.

Vale observar que esse método requer que a cooperativa ganhe determinado contrato relativo a serviços mediante apresentação de proposta de preço inferior àquele oferecido no mercado. Porém, como a cooperativa não pode determinar um preço abaixo do custo, ela deve formular sua proposta tentando gerenciar essas duas forças opostas em termos de lucro esperado e ofertas.

Exemplo

Suponhamos uma cooperativa de trabalho cujo objetivo comercial seja agenciar os serviços de seus associados, na área de manutenção predial, junto a empresas, indústrias, escritórios etc.

Ela poderia tomar como base para sua proposta outras propostas de terceiros para a prestação dos serviços em questão. A tabela apresenta uma simulação numérica.

Digamos que a cooperativa apresente uma proposta A, no valor de R\$9.500 (coluna a), com uma probabilidade de ganhar de 81% (coluna c).

continua

Tal proposta renderia um lucro de R$100 (coluna *b*). Assim, calcula-se o lucro esperado (coluna *d*) multiplicando o lucro da cooperativa (coluna *b*) pela probabilidade de ganhar o contrato (coluna *c*).

Por outro lado, se a cooperativa apresentasse a proposta *D*, a um preço de R$11 mil (coluna *a*), obteria um lucro de R$1.600 (coluna *b*). No entanto, a probabilidade de ganhar o referido contrato diminuiria para 1% (coluna *c*), e o lucro esperado seria de apenas R$16 (coluna *d*).

Conforme as simulações, o critério lógico para apresentar a proposta da cooperativa seria oferecer um preço que maximize o lucro esperado, em vez de propiciar maiores lucros, como as simulações das propostas *C* e *D*. Assim, a proposta *B* seria a melhor, com um preço de R$10 mil (coluna *a*) para um lucro esperado de R$216 (coluna *d*).

Simulação numérica para propostas de licitação e lucro esperado

	Preços R$ (a)	Lucros R$ (b)	Probabilidade de vencer a licitação (c)	Lucro esperado R$ (d = b * c)
Proposta A	9.500	100	0,81	81
Proposta B	10.000	600	0,36	216
Proposta C	10.500	1.100	0,09	99
Proposta D	11.000	1.600	0,01	16

Fonte: adaptado de Kotler (2000).

Seleção do preço final

Conforme os exemplos, os métodos de determinação de preços vão estreitando a faixa a partir da qual a cooperativa deve selecionar seu preço final. Portanto, é preciso considerar outros fatores que influenciam a política de preços: o preço psicológico, os elementos do *mix* de marketing, a missão social da cooperativa e os impactos dos preços sobre terceiros, como veremos a seguir.

O preço psicológico

Estudos de marketing mostram que muitos consumidores utilizam o preço como indicador de qualidade. Portanto, a determinação de preço com base na imagem é especialmente eficaz para produtos que apelam para a vaidade das pessoas, como os perfumes, as confecções de marca etc. Porém, quando se dispõe de informações sobre a verdadeira qualidade de um produto, o preço deixa de ser um indicador significativo da qualidade. E quando tais informações não existem, o preço torna-se o principal indicador.

> ## Exemplo
>
> Suponhamos uma cooperativa de costureiras cujo objetivo comercial seja propiciar a suas associadas os meios materiais para a confecção de vestidos de noiva e sua venda na própria loja da cooperativa.
>
> A direção do CA poderia optar por estratégias de preços diferenciados, conforme os setores da loja. Por exemplo, oferecer vestidos de grife no setor das confecções mais caras. Tal estratégia pressupõe que os vestidos aí encontrados sejam de qualidade superior.
>
> Nos demais setores, os preços das confecções poderiam terminar em números ímpares, digamos, R$299, sugerindo assim ao cliente que estariam mais na faixa de R$200 do que na de R$300. Para as confecções de grife, tal estratégia não é recomendável, pois transmite a idéia de desconto ou pechincha, que contradiz a imagem de alta qualidade que se deseja transmitir à clientela.

Elementos do mix de marketing

Outros elementos do *mix* de marketing podem afetar a política de preços das cooperativas em geral. Segundo estudos mercadológicos,[188] há marcas que apresentam qualidade relativa, mas com elevados orçamentos em propaganda. Ao que parece, os consumidores estão mais dispostos a pagar um preço mais alto por produtos conhecidos do que por ofertas desconhecidas.

Missão social da cooperativa

A política de preço de cada cooperativa deve ser coerente com a sua missão social, sobretudo no que se refere à comercialização mantida com seus associados. Conforme as pesquisas,[189] quando estabelecem seus preços abaixo das ofertas de mercado, as cooperativas deixam de pagar à vista pelas mercadorias adquiridas de seus associados e passam a comprar por consignação (os riscos das vendas, devoluções etc. são condicionados às vendas a terceiros). Com isso os associados ou abandonam a cooperativa, ou se tornam infiéis a ela, adquirindo bens de produção ou insumos a preços melhores que os de mercado e desviando sua produção para terceiros.[190] Tal situação acaba por descapitalizar a cooperativa e enfraquecer a sua economia, a ponto de levá-la a encerrar suas atividades.

---

[188] Farris, 1979.

[189] Crúzio, 1989, 1991, 1993 e 1994.

[190] *Agroanalysis*, 2001d.

Decisões sobre o mix de preços nas cooperativas   207

Impactos dos preços sobre terceiros

As cooperativas devem considerar possíveis reações aos preços por parte de terceiros. Assim, antes de estabelecer preços, cumpre esclarecer algumas questões:

- como reagirão aos preços os distribuidores e os revendedores da cooperativa?
- a força de vendas da cooperativa estará disposta a vender pelo preço estabelecido?
- como reagirão os concorrentes?
- os fornecedores aumentarão seus preços ao constatar que a cooperativa pratica preços mais elevados?
- o governo intervirá para impedir a cobrança do preço estipulado?

Quanto à última questão, vale notar que as cooperativas de taxistas e de transportes urbanos têm seus preços controlados pelo governo. Portanto, precisam levar em conta as políticas de preços estabelecidas pelos órgãos oficiais para o setor em questão.

Assim como as empresas comuns, as cooperativas não devem determinar um preço único. Ou seja, precisam elaborar uma estrutura de preços que reflita as variações geográficas na demanda e nos custos, as exigências dos segmentos de mercado, as oportunidades de compra, os níveis de pedidos, a freqüência de entrega, as garantias, os contratos de serviço etc. Além disso, considerando os resultados dos descontos, as reduções de preços e o apoio promocional, a cooperativa raramente realizará o mesmo lucro sobre cada unidade do produto vendido. Daí a necessidade de adotar certas estratégias de adequação de preços, como veremos a seguir.

Estratégia de preço geográfico

A cooperativa pode estabelecer estratégias de preços diferenciados para clientes dispersos geograficamente.

Exemplo

Uma cooperativa de bordadeiras poderia adotar a estratégia do *escambo*, ou seja, a troca direta de mercadorias sem envolver dinheiro. No caso, fechar um acordo com determinada marca de referência mundial para lançamento de moda, oferecendo, em contrapartida, bordados para roupas despojadas.

---

continua

> Uma cooperativa de pescadores poderia optar pela estratégia de *acordo de compensação*, pela qual o fornecedor de determinado maquinário para curtir o couro do peixe receberia parte em dinheiro e o restante em mercadorias (pulseiras, bolsas, calçados etc.).
>
> Uma cooperativa de produtores e processadores de castanha-de-caju poderia recorrer à estratégia de *recompra*, pela qual o fornecedor de determinada tecnologia para reduzir a perda na extração da castanha receberia como parte do pagamento a castanha pronta para consumo. No acordo seria levado em conta o pagamento parcial da dívida em quantias previamente estabelecidas.[191]
>
> Uma cooperativa de produtores das bebidas e sucos tropicais poderia seguir a estratégia de *reciprocidade*, firmando um acordo com determinado produtor europeu para a compra e distribuição do licor de frutas. Em contrapartida, a cooperativa aplicaria parte do dinheiro recebido na compra e distribuição local de alguma bebida típica do país importador.

Preço com descontos e concessões

As cooperativas podem ajustar seus preços de lista e promover descontos ou concessões por pagamento antecipado ou, ainda, conforme o volume de compras, as compras fora de temporada etc.

---

[191] Com a instalação de uma fecularia, a Cooperativa Agrícola de Ubirajara (SP), mediante parceria com a Universidade Estadual Paulista (Unesp), deixará de ser simples produtora e vendedora de mandioca *in natura*, passando também a transformar a fécula. Isso propiciará aos seus 27 cooperados acréscimos de até 1.650% na receita por tonelada do produto. Enquanto a tonelada de mandioca *in natura* é vendida por R$40, a da fécula vale R$700. Descontando-se custos como energia, mão-de-obra e tributos, o produtor tem um ganho real de aproximadamente R$200 por tonelada. Para produzir 1t de fécula são necessárias 4t de mandioca. A cooperativa produz atualmente 60t por mês de mandioca de mesa embalada e congelada, processando 120t do produto *in natura*. O custo de instalação da fecularia é de aproximadamente R$80 mil, mas a tecnologia é transferida gratuitamente pela Unesp. O projeto é ideal para pequenos produtores, que têm de 20 a 30 alqueires plantados. Segundo estatísticas da Embrapa e da Secretaria da Agricultura de São Paulo, o estado de São Paulo é o maior produtor. Já os estados do Nordeste, principalmente, não têm fecularias suficientes para suprir a grande demanda de insumos e amidos para os setores de panificação, papeleiro etc. (*DCI*, 30-10-2002).

Exemplo

Uma cooperativa de hortifrutigranjeiros poderia adotar uma estratégia de *desconto em dinheiro*, pela qual concederia uma dedução na fatura das leguminosas adquiridas pelas redes de varejo ou supermercados e pagas antecipadamente.

Uma cooperativa de produtores e processadores de coco de babaçu poderia seguir uma estratégia de *desconto por quantidade*, concedendo uma redução no preço para compradores internacionais de grandes quantidades do óleo extraído da amêndoa. Tais descontos podem ser oferecidos em bases não-cumulativas (para cada pedido colocado) ou cumulativas (sobre o número de pedidos num determinado período).

Uma cooperativa de costureiras poderia preferir uma estratégia de *descontos sazonais*, visando incentivar a compra de seus itens fora de estação mediante a oferta de descontos especiais, conforme as quantidades encomendadas.

Uma cooperativa de produtores agropecuários poderia adotar uma estratégia de *desconto funcional*, concedendo descontos às redes de varejo que assumissem certas funções, tais como acondicionar, transportar e armazenar produtos derivados da carne bovina. Poderia oferecer diferentes descontos a diferentes canais comerciais, mas sempre os mesmos descontos dentro de cada canal.

Uma cooperativa de costureiras poderia optar pela estratégia de *concessões* na troca de modelos encalhados por novos modelos, oferecendo descontos para recompensar seus revendedores. Quanto aos itens devolvidos, as costureiras poderiam remodelá-los ou promover algum tipo de oferta especial na própria comunidade.

Preço promocional

As cooperativas precisam determinar seus preços promocionais, ou melhor, incentivar as compras antecipadas de seus associados e consumidores externos. Porém, estudos mercadológicos mostram que as estratégias de preços promocionais podem ser ineficazes nas seguintes condições:

- se a estratégia for bem-sucedida, os concorrentes logo a copiarão, o que acaba por comprometer sua eficácia;
- se a estratégia não funcionar como o esperado, poderá haver desperdício de recursos financeiros da cooperativa, que poderiam ser aplicados em outras ferramentas de marketing visando fortalecer a imagem do item ofertado e obter resultados mais duradouros.

Exemplo

Uma cooperativa de produtores que mantêm uma loja de consumo poderia adotar a estratégia de *"preço-isca"*, ou seja, atrair seus associados e clientes externos reduzindo o preço de alguns itens de marcas conhecidas. Tais reduções poderiam ser programadas com os fornecedores dessas marcas, para barganhar um preço mais acessível.

Uma cooperativa educacional poderia recorrer à estratégia de *preço de ocasião*, visando atrair também consumidores não-associados com uma liquidação de volta às aulas etc.

Uma cooperativa de consumo poderia adotar estratégias de *abatimentos em dinheiro* para associados e terceiros, a fim de incentivar a compra de certos produtos num determinado período. Tais descontos contribuiriam para diminuir os estoques sem ter que reduzir definitivamente o preço estipulado em tabela.

Uma cooperativa de produtores agropecuários poderia, em vez de cortar preços, aplicar uma estratégia de *financiamento a juros baixos* para associados e clientes externos.

Uma cooperativa de produtores poderia seguir a estratégia de *prazos de pagamento mais longos*, instituindo diferentes linhas de crédito para produtores associados e não-associados.

Uma cooperativa de serviços de manutenção predial poderia adotar uma estratégia de *garantias e contratos de serviços*, oferecendo aos contratantes garantias adicionais ou serviços mais em conta, conforme os itens contratados, seja por pacote ou por período.

Preço diferenciado ou discriminatório

As cooperativas podem ajustar seus preços básicos conforme a variedade de produtos ou serviços ofertados ou a praça na qual mantêm suas operações etc. O preço é discriminatório quando a cooperativa vende um dado produto ou serviço por dois ou mais preços, mas estes não refletem uma diferença proporcional de custos.

Vale observar que as políticas de preços discriminatórios praticadas nos mercados externos não devem aplicar-se às transações da cooperativa com seus associados. Se tal for necessário, a direção do CA deverá padronizar tais políticas na forma de propostas e submetê-las à AGS, sob pena de descaracterizar o ato cooperativo e transgredir o valor da eqüidade com os associados.

Exemplo

Suponhamos que uma central de cooperativas de produtores agropecuários queira adotar uma estratégia de *preço por segmento de cliente*. Assim, ela pode oferecer um preço X para os revendedores do leite longa vida que compram mais de mil unidades/mês, um preço $X + 1$ para os que compram menos de mil unidades/mês e assim por diante. Tudo isso levando em conta o relacionamento comercial que ela deseja construir a curto, médio e longo prazos com tais segmentos.

Suponhamos que uma cooperativa de consumo decida seguir uma estratégia de *preço pela versão do produto ou serviço*. Ela pode conceder descontos conforme a diversidade das embalagens. No caso, oferecer aos associados preços mais acessíveis na compra de açúcar embalado na própria cooperativa, conforme acordo com o fabricante.

No caso de uma cooperativa de vinicultores que tenha optado pela estratégia de *preço de imagem*, ela pode fornecer descontos para determinado agente exportador de marca própria.

Se uma cooperativa de trabalho médico decidir aplicar uma estratégia de *preço por localização*, ela poderá gerenciar vários consultórios médicos em diferentes bairros, cidades, estados ou regiões, adotando políticas de preços diferenciados conforme as condições socioeconômicas de cada segmento de mercado. Além disso, embora os custos de oferecer esses serviços sejam os mesmos em cada localidade, tal estratégia ajudaria a criar uma imagem de cooperativa também voltada para o social.

Uma cooperativa de produtores de suco natural poderia optar por uma estratégia de *preço por período*, estabelecendo preços diferenciados para o mercado externo conforme os períodos de safra e entressafra.

Preço de mix de marketing

As cooperativas devem buscar um conjunto de preços que maximize os lucros do seu *mix* total. Mas essa é uma tarefa um tanto difícil porque vários produtos têm custo e demanda inter-relacionados e estão sujeitos a diferentes graus de concorrência. Mercadologicamente, podemos distinguir seis situações que envolvem a determinação de preços de um *mix* de produtos, a saber: preço de linha de produtos, preço de características opcionais, preço de produtos cativos, preço composto, preço de subprodutos e preço de pacote de produtos.[192]

---

[192] Kotler, 2000.

Exemplo

Suponhamos que uma cooperativa de alfaiates decida adotar a estratégia de preços para *linhas de produtos ou serviços*. Assim, poderá oferecer ternos com três faixas de preços: na faixa de R$200, ternos simples para clientes de baixa renda; na faixa de R$350, ternos de bom acabamento para clientes de renda média; e na de R$500, ternos sob medida. Portanto, a linha estratégica da cooperativa é estabelecer diferenças em termos de qualidade percebida que justifiquem as diferenças de preços.

Uma cooperativa de serviços de manutenção predial que implemente uma estratégia de preços para *características opcionais* poderá incluir no pacote principal o serviço adicional de segurança do patrimônio. Para tanto, a direção do CA deverá reunir os associados em AGS para definir os itens dos serviços a serem incluídos no preço padrão e quais as ofertas opcionais.

Suponhamos uma cooperativa do setor metal-mecânico que tenha optado por uma estratégia de preço para *produtos complementares*, tais como peças de reposição. Nesse caso, ela poderá estabelecer faixas de preços altos para peças de reposição sob encomenda e serviços de manutenção, ou seja, realizar os lucros no pós-mercado.

Vale notar que a estratégia de produtos complementares pode ser prejudicada por fabricantes piratas que ofereçam peças falsificadas e mais baratas. Em tais circunstâncias, cabe à cooperativa verificar quais são os riscos de aparecimento de piratas e de uma possível queda nas vendas.

Se uma cooperativa do setor de transporte e mudanças adotar uma estratégia de *preço composto*, ela poderá cobrar uma taxa fixa e uma taxa de utilização variável, conforme a abrangência dos serviços ofertados. No caso, cobrar um preço fixo para o serviço cativo de mudança e preços variáveis para serviços adicionais, como mudança, consertos rápidos, pintura, instalações etc. A questão é decidir em quais desses serviços ela poderá obter lucro.[193]

Suponhamos que uma cooperativa de pequenos produtores de caju tenha escolhido uma estratégia de preços de *subprodutos*. Ela poderá culti-

continua

---

[193] Ver o caso da Cooperativa de Transportes de Cargas do Estado de Santa Catarina (Coopercarga), com filial na cidade de São Paulo. Com relação à estratégia de serviços adicionais, a Coopercarga, além de transportadora, é operadora logística, encarregando-se do gerenciamento dos estoques de sua clientela e da distribuição urbana dos produtos. Entre os projetos de expansão da Coopercarga está a criação de armazéns em Curitiba para estocar produtos refrigerados de empresas como Sadia, Perdigão, Seara e Aurora (*Gazeta Mercantil*, 23, 24 e 25-8-2002).

Decisões sobre o mix de preços nas cooperativas   213

var o caju e beneficiar os subprodutos da castanha e do bagaço de caju. Para tanto, deverá examinar qual o valor dos subprodutos para cada grupo de clientes e determinar seus preços com base nos valores apurados. Às vezes, o subproduto pode gerar mais lucro do que o produto principal, como é o caso da castanha-de-caju.

Suponhamos uma cooperativa de agricultores que decidiu aplicar uma estratégia de preço de *pacotes de produtos*. Na venda de tratores e maquinários agrícolas, ela poderá oferecer pacotes incluindo adicionais. No caso, o transporte do equipamento adquirido pelo associado até sua propriedade e a respectiva instalação, tudo por $x + 1$ valor. Se o associado não se interessar pelos serviços adicionais, a cooperativa poderá reduzir o pacote para $x - 1$ valor. Estará assim satisfazendo o associado não só com a redução do preço, mas também com a venda do maquinário de seu interesse.

Alterações de preços conforme as reações dos clientes

As cooperativas em geral podem ter que alterar seus preços em duas situações:

❑ reduzir o preço devido ao excesso da capacidade produtiva ou à queda na participação no mercado;

❑ aumentar o preço devido à inflação de custos. Ou seja, se os custos forem crescentes e não se fizerem acompanhar de ganhos de produtividade, as margens de lucro diminuirão e a cooperativa terá de aumentar freqüentemente os seus preços. Tais aumentos podem também ocorrer quando há excesso de demanda e a cooperativa é incapaz de atendê-la.

Do ponto de vista mercadológico, ambas as situações apresentam riscos e opções estratégicas.

Exemplo

❑ *Quanto ao risco de redução de preços*

a) uma redução de preço nas ofertas da cooperativa pode ser interpretada no mercado como sinal de baixa qualidade;

b) o preço baixo pode propiciar à cooperativa maior participação num determinado mercado, mas não a fidelidade dos clientes nesse mercado; ou seja, o cliente pode passar para o concorrente se este também oferecer um preço mais baixo;

continua

c) os concorrentes das cooperativas com preços mais altos podem reduzir seus preços e mostrar maior resistência por terem mais reservas financeiras.

❑ *Quanto às opções estratégicas para as alterações de preços*

a) a cooperativa pode manter o preço e a qualidade percebida, abrindo mão dos clientes menos lucrativos e conquistando clientes fiéis; conseqüentemente, teria menor participação no mercado e lucratividade reduzida;

b) a cooperativa pode aumentar a qualidade percebida, devendo para tanto elevar seus preços para cobrir os custos com a melhora na qualidade e justificar seus preços mais altos; com isso reduziria sua participação no mercado, mas manteria a lucratividade;

c) a cooperativa pode manter o preço e aumentar a qualidade percebida; conseqüentemente, reduziria sua participação no mercado e, a curto prazo, sua lucratividade, podendo porém aumentá-la a longo prazo;

d) a cooperativa pode reduzir parcialmente o preço e aumentar a qualidade percebida, dando maior ênfase ao valor da oferta; assim manteria sua participação no mercado e reduziria sua lucratividade a curto prazo, podendo no entanto mantê-la a longo prazo;

e) a cooperativa pode reduzir amplamente o preço e manter a qualidade percebida; com isso desencorajaria a concorrência e manteria sua participação no mercado, porém a curto prazo teria menor lucratividade;

f) a cooperativa pode reduzir amplamente o preço e também a qualidade percebida, visando desencorajar a concorrência e manter sua margem de lucro; como resultado, manteria sua participação no mercado, mas reduziria sua lucratividade a longo prazo;

g) a cooperativa pode manter o preço e reduzir a qualidade percebida, cortando as despesas com marketing para diminuir os custos crescentes; como conseqüência, teria menor participação no mercado e manteria sua margem, mas reduziria a lucratividade a longo prazo.

Capítulo 10

Decisões sobre o mix do ponto-de-venda

Nas cooperativas em geral, as decisões relativas ao canal de marketing são da maior importância, uma vez que o tipo de canal de vendas ou distribuição escolhido poderá influenciar as demais decisões do *mix* total de marketing. Por exemplo:

- a determinação dos preços dos produtos ou serviços ofertados depende do tipo de distribuidor escolhido (atacadistas, redes de varejo, feiras livres ou lojas especializadas);
- as vendas e divulgação desses produtos ou serviços dependem do treinamento e da motivação dos distribuidores escolhidos;
- a eficácia do canal de distribuição selecionado pela cooperativa depende da qualidade dos contratos ou compromissos de longo prazo firmados com esse mesmo canal.

Além disso, antes de tomar uma decisão final sobre o tipo de canal de marketing, as cooperativas precisam avaliar as vantagens e desvantagens de ter ou não seu próprio canal.

Eis as principais vantagens de se usar o canal de distribuição de terceiros:

- aproveitar a experiência dos contatos, a especialização e a escala de operação do canal de distribuição de terceiros, o que livra a cooperativa de grandes investimentos e do demorado retorno financeiro ou econômico na própria distribuição de seus itens;
- obter maior eficácia na distribuição, uma vez que a cooperativa normalmente produz em grande quantidade uma variedade limitada de itens, enquanto os consumidores querem comprar em quantidade limitada uma grande variedade de itens;
- obter agilidade operacional e garantir a distribuição de itens no mercado através de canais já especializados, como as grandes redes de varejo, revendedores atacadistas, feiras livres, pequenos lojistas etc.

Eis as principais desvantagens de ter canal de distribuição próprio:

- desviar a cooperativa de sua atividade principal, já que vender produtos ou serviços diretamente no mercado requer uma especialização mínima em vendas, divulgação etc.;
- comprometer o retorno financeiro da atividade principal da cooperativa, dada a necessidade de investir parcelas significativas de recursos na distribuição de seus itens;
- ingressar numa área que a cooperativa não domina, o que pode comprometer a eficiência (serviços ou produtos bem-feitos) e a eficácia (serviços ou produtos bem-feitos, com maior rapidez e menor custo) da atividade principal.

Exemplo

Suponhamos três cooperativas de costureiras, $C1$, $C2$ e $C3$, cada qual vendendo seus itens diretamente num mercado constituído de três clientes, $c1$, $c2$ e $c3$, conforme apresentado na simulação da figura 19. Em tal sistema de distribuição seriam necessários nove contatos diferentes, conforme cálculos mostrados na parte inferior da figura.

Se as três cooperativas se unissem numa central distribuidora, conforme mostrado na simulação B, o número de contatos diminuiria para seis. Tal redução poderia contribuir para a queda dos preços dos itens ofertados pelas três cooperativas de costureiras.

Figura 19
Simulação gráfica da redução de contatos da cooperativa com seus clientes

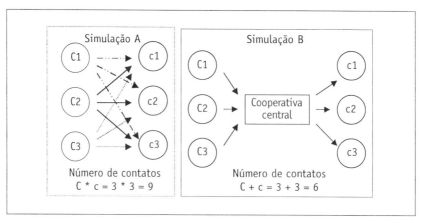

Fonte: adaptado de Kotler (2000).

Decisões sobre o mix do ponto-de-venda   217

É importante que as cooperativas saibam distinguir, operacional e economicamente, um canal de distribuição de *terceiros* de um canal de distribuição de *atravessador.*

Exemplo

Suponhamos uma cooperativa de agricultores. Nesse caso, o atravessador seria o intermediário que compra diretamente dos cooperados a sua produção de leguminosas por um determinado preço e a revende até 100% mais caro a feirantes, supermercados etc.

Sendo assim, valeria a pena a cooperativa ter seu próprio canal de distribuição, pois a longo prazo os cooperados poderiam recuperar os investimentos iniciais em transporte, sistemas de acondicionamento, força de vendas etc. Ou seja, um canal de distribuição próprio lhes permitiria obter economias de escala.

Já um canal de marketing de terceiros poderia usar marca própria, mediante acordos de compensação econômica ou operacional. Para as cooperativas, a principal vantagem de contar com um canal de distribuição especializado está em reduzir os custos com a divulgação e exposição de suas ofertas.

Exemplo

Uma cooperativa de costureiras poderia obter melhores resultados operacionais e econômicos na divulgação e distribuição de seus bordados estabelecendo parceria com determinada marca lançadora de moda. No caso, ofereceria bordados para roupas despojadas exibidas em grandes desfiles.

Mercadologicamente, a decisão sobre o tipo do canal de distribuição envolve algumas avaliações técnicas: a) a função e o fluxo do canal de marketing; b) os níveis dos canais; c) o projeto do canal; d) o gerenciamento do canal; e) os canais verticais e horizontais e multicanal; f) o canal de varejo nas cooperativas; g) o canal de atacado e a logística de mercado nas cooperativas.[194]

---

[194] Kotler, 2000.

Função e fluxo do canal de marketing

A função do canal de marketing é transferir mercadorias de um dado fabricante para os consumidores. O canal de marketing deve preencher as lacunas de tempo, espaço e posse que separam as mercadorias do mercado-alvo. Assim, os membros do canal de marketing podem exercer várias funções-chave para as cooperativas. Eis algumas delas:

- reunir informações sobre os clientes potenciais e regulares das cooperativas, bem como sobre os concorrentes e outros elementos ou forças do ambiente de marketing;
- desenvolver e disseminar mensagens persuasivas para estimular a compra dos produtos ou serviços ofertados pelas cooperativas;
- firmar acordos sobre preços ou condições das ofertas dos produtos ou serviços das cooperativas, visando facilitar a transferência de posse;
- levantar os recursos necessários para financiar os estoques dos produtos ou serviços ofertados pelas cooperativas em diferentes níveis no canal de marketing;
- assumir riscos relacionados à operação do canal de marketing e à distribuição dos produtos ou serviços ofertados pelas cooperativas;
- providenciar o transporte, acondicionamento, armazenagem e distribuição dos itens ofertados pelas cooperativas;
- agenciar a aquisição de produtos ou serviços das cooperativas junto aos consumidores diretos e liquidar faturas por meio de agentes bancários etc.;
- supervisionar a transferência real do produto fornecido pela cooperativa até os consumidores diretos.

Algumas dessas funções, como fornecer bens de produção a consumidores associados ou terceiros, constituem um *fluxo para a frente*, ou seja, uma operação da cooperativa para seus clientes. Outras funções, como quitar a fatura dos bens de produção adquiridos, constituem um *fluxo para trás*, ou seja, uma operação dos clientes para a cooperativa.

A figura 20 mostra uma simulação gráfica da evolução de fluxos para a frente e para trás, envolvendo a cooperativa, o distribuidor, o banco, o divulgador e o cliente.

Figura 20
Simulação gráfica dos fluxos dos canais de marketing

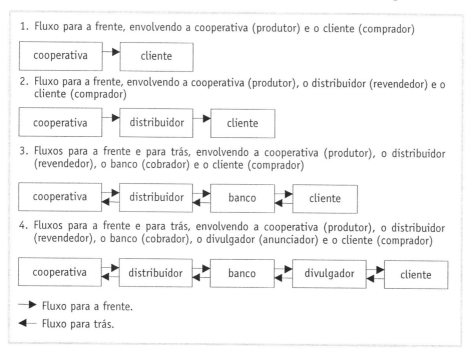

Fonte: adaptado de Kotler (2000).

É importante que as cooperativas simulem suas possibilidades de canais de distribuição, porque a transferência de algumas funções a terceiros permite reduzir os pesados investimentos em distribuição. Sem contar que essas possíveis reduções ou economias possibilitam baixar os preços das mercadorias ofertadas no mercado.

Os níveis dos canais de marketing

Cooperativas, revendedores, redes de varejo, atacadistas, contratantes de serviços, consumidores finais, todos fazem parte de uma cadeia de canais de marketing, sendo cada qual um nível de canal. Mercadologicamente, o número de níveis intermediários indica uma extensão de canal. A figura 21 apresenta uma simulação gráfica dos níveis dos canais de distribuição nas cooperativas.

Figura 21
Simulação gráfica da extensão de canais de marketing possíveis às cooperativas

Suponhamos uma cooperativa de produtores cujo objetivo comercial seja propiciar a seus associados os meios materiais para a produção de leguminosas e sua venda diretamente no *mercado consumidor*. Ela poderia criar um entreposto de vendas ao consumidor na entrada de determinada capital.

Esse tipo de canal de marketing denomina-se *canal de distribuição de nível zero ou canal de marketing direto*, conforme simulação gráfica abaixo. É muito usado em vendas de porta em porta, reuniões de vendas com demonstrações, mala direta, telemarketing etc.

Suponhamos que a mesma cooperativa prefira vender a produção das leguminosas diretamente no *mercado varejista*. Nesse caso, ela poderia estabelecer parceria com determinada rede de varejo (um supermercado) para garantir-lhe a sua produção. Em troca, a rede de varejo assumiria as funções de acondicionamento, transporte e embalagem de marca própria.

Esse tipo de canal de marketing denomina-se *canal de distribuição de um nível*, pois conta com um único intermediário nas vendas, conforme simulação gráfica abaixo. É muito comum nos mercados de bens de consumo.

Suponhamos uma cooperativa de produtores agropecuários cujo objetivo comercial seja propiciar a seus associados os meios materiais para a produção de leite *in natura* e sua venda diretamente no *mercado atacadista*. Nesse caso, o atacadista assumiria as funções de processamento, embalagem e venda do leite beneficiado (tipo C) nas redes varejistas, que por sua vez o repassaria aos consumidores.

Esse tipo de canal de marketing denomina-se *canal de distribuição de dois níveis*, conforme simulação gráfica abaixo.

Suponhamos uma cooperativa de produtores agropecuários cujo objetivo comercial seja propiciar a seus associados os meios materiais para a produção do

continua

gado de corte e sua venda no mercado atacadista. Nesse caso, o atacadista assumiria o transporte da carne das fazendas até as lojas especializadas no corte, conservação e revenda de carne para uma determinada rede de varejo, que por sua vez a acondicionaria em embalagem de marca própria e a distribuiria aos consumidores. Esse tipo de canal de marketing denomina-se canal de distribuição de três níveis, conforme simulação gráfica abaixo.

Fonte: adaptado de Kotler (2000).

Conforme os exemplos de canais de marketing, a cooperativa deve examinar as vantagens e desvantagens de ter seu próprio canal de distribuição até o consumidor final ou utilizar canais de terceiros. Para tanto é preciso considerar dois aspectos básicos em marketing.

- Os canais de marketing normalmente têm um fluxo de produtos ou serviços para a frente. Mas existem os *fluxos reversos*, que exigem algumas tarefas especiais de marketing.

Exemplo

No caso de uma cooperativa de coletores de materiais recicláveis, os canais reversos podem ser a comunidade local, escritórios, indústrias etc., ou seja, o público-alvo, em vez de agir como consumidor, passa a ser um fornecedor potencial da cooperativa, suprindo-a de materiais recicláveis.

Assim, a cooperativa precisaria incentivar seus canais reversos a fazer a coleta seletiva dos recicláveis. Ou seja, propiciar os meios para a coleta, treinamento ou propaganda de conscientização.[195]

- O conceito de canal de marketing não se limita à distribuição de mercadorias físicas. Assim, as cooperativas de trabalho e serviços devem criar

---

[195] As cooperativas Coopamare, Coopcicla e Coolimpa, no estado de São Paulo, geram emprego e renda para seus associados e ao mesmo tempo contribuem para a preservação do meio ambiente procurando esclarecer o público e as indústrias locais (canais reversos) a respeito dos procedimentos para a coleta seletiva dos recicláveis (*Folha de S. Paulo*, 11-2-2002; *Diário do Grande ABC*, 30-11-2001).

canais apropriados para oferecer seus serviços de forma eficiente e eficaz no mercado-alvo.

> ## Exemplo
>
> Suponhamos uma cooperativa de profissionais de informática cujo objetivo comercial seja agenciar os serviços de seus associados junto às empresas interessadas.
>
> Nesse caso, ela poderia usar o canal de marketing da internet para veicular em seu *site* informações sobre as modalidades dos serviços, preço, promoções, formas de pagamento etc.[196]
>
> Esses canais alternativos possibilitam reduzir a quantidade de canais intermediários e os custos com os métodos tradicionais de propaganda, bem como oferecer preços mais baixos que os dos concorrentes.

Projeto do canal de marketing

Projetar o canal de marketing para determinada cooperativa requer alguns procedimentos básicos, tais como: analisar os níveis de produção dos serviços desejados pelos clientes; definir os objetivos e limites do canal de marketing; identificar e avaliar as principais opções de canal.

Níveis de produção dos serviços

Para estabelecer o canal de marketing da cooperativa é necessário conhecer os níveis de produção de serviços desejados pelos clientes-alvo. Mercadologicamente, os canais de marketing podem ter cinco níveis de produção de serviços, a saber: tamanho do lote, tempo de espera, conveniência espacial, variedade do produto e serviço de apoio.

> ## Exemplo
>
> Suponhamos uma cooperativa de hortifrutigranjeiros cujo objetivo comercial seja propiciar a seus associados os meios materiais para a produção de leguminosas e sua venda diretamente no mercado.

continua

---

[196] A cooperativa Coopdesign, na cidade de Santo André (SP), criada por cerca de 20 estudantes, presta todo tipo de serviços ligados à informática, desde a manutenção de computadores até a criação de páginas na internet (*Gazeta Mercantil*, 30-9-2002).

Com relação ao *tamanho do lote*, é preciso levantar a quantidade de leguminosas desejadas pelo canal de vendas, levando em conta uma base de tempo conforme as necessidades de suprimento.

No tocante ao *tempo de espera*, a direção do CA poderia estabelecer comunicação direta com o canal de vendas por meio da internet, para viabilizar a reposição automática. Assim, tão logo o volume de vendas tenha atingido o lote de reposição das leguminosas, segundo o registro nas caixas do supermercado, comunica-se à cooperativa que providencie a reposição de itens.

No que se refere à *conveniência espacial*, a direção do CA poderia analisar a viabilidade econômica de manter um entreposto na entrada principal da cidade escolhida como mercado-alvo, a fim de permitir o abastecimento imediato dos canais de vendas.

Quanto à *variedade do produto*, a direção do CA poderia obter exclusividade de determinado canal de vendas ampliando a sua linha de produtos (hortaliças, frutas regionais e outros itens produzidos pelos associados).

No que diz respeito ao *serviço de apoio*, a direção do CA poderia oferecer aos canais de vendas serviços adicionais, como entrega, arrumação nas gôndolas do supermercado, reposição das leguminosas estragadas etc., de maneira a garantir a exclusividade do canal distribuidor.

Objetivos e limitações do canal de marketing

No projeto do canal de marketing é preciso definir o objetivo e os limites do canal no que se refere aos níveis de produção de serviços. Ou seja, em situação de concorrência, os participantes do canal devem organizar suas tarefas funcionais para minimizar os custos totais referentes aos níveis desejados de produção de serviços.[197]

Exemplo

No caso de uma cooperativa de oleiros, é importante projetar um canal de marketing que permita reduzir ao máximo as distâncias entre a olaria e os canais intermediários. A cooperativa poderia manter um entreposto na entrada principal da cidade para estocar seus itens conforme os pedidos.

continua

---

[197] Bucklin, 1966.

> Já uma cooperativa de hortifrutigranjeiros, cuja oferta se constitui de itens perecíveis, deve projetar canais de marketing que lhe permitam escoar os seus produtos o mais rápido possível, de modo a garantir a sua qualidade.

Opções de canal de marketing

No projeto do canal de marketing devem-se considerar as opções de canais de distribuição. Mercadologicamente, a opção de um canal pode ser avaliada sob três aspectos: os tipos de intermediários disponíveis, a quantidade de intermediários necessária e os direitos e responsabilidades dos membros do canal.

Exemplo

Suponhamos uma cooperativa de produtores de *escargot*. No que se refere aos *tipos de intermediários*, ela deve primeiramente levantar os possíveis canais do produto beneficiado (redes de supermercados, restaurantes de hotéis, agentes de exportação etc.). Em seguida, examinar como alcançar esses canais (força de vendas própria, agentes por territórios de vendas etc.).[198]

No que diz respeito à *quantidade de intermediários*, poderia optar entre:

- ❑ *distribuição exclusiva*, se quiser limitar o número de intermediários e vender, digamos, somente para restaurantes de hotéis internacionais, devendo para tanto firmar um acordo de *direito de exclusividade*, pelo qual o comprador se compromete a não adquirir a carne de *escargot* de outros produtores;
- ❑ *distribuição seletiva*, caso prefira intermediários interessados num item específico do produto, digamos, carne congelada semipronta;
- ❑ *distribuição intensiva*, se quiser colocar seus diversos itens no maior número de pontos-de-venda possível; a vantagem é poder incrementar o volume de vendas, e a desvantagem, poder perder o controle da qualidade do produto no tocante a conservação, exposição, preços etc.

continua

---

[198] A Cooperativa Agrícola de Escargot Cantareia (Ceac), no estado de São Paulo, planeja escoar a produção beneficiada (patê, molho congelado etc.) pelos canais de empórios e casas de alimentação. Atualmente, toda a produção de *escargot* é consumida internamente, mas o projeto de expansão prevê a exportação de parte da produção para França, Itália e Grécia (*Gazeta Mercantil*, 25 a 31-7-2001).

Com relação aos *direitos e responsabilidades dos membros do canal*, a cooperativa poderia examinar os seguintes pontos:

- criar programas de descontos que os canais intermediários considerem justos;
- acertar as condições de venda, levando em conta os prazos de pagamento e as garantias da cooperativa em caso de queda na produção;
- oferecer programas de descontos a distribuidores que paguem antecipadamente pelo produto;
- firmar acordos sobre direitos territoriais dos compradores ou distribuidores;
- estabelecer responsabilidades mútuas no tocante a conservação e exposição do produto, cumprimento dos prazos de entrega, quantidade, exclusividade etc.

Avaliação das opções de canal de marketing

Antes de escolher o canal de marketing, é preciso avaliar cada opção disponível mediante certos critérios. Os mais importantes são os critérios econômico, de controle e de adaptação.

Exemplo

Suponhamos uma cooperativa de oleiros. Pelo *critério econômico*, caberia à direção do CA determinar o que geraria mais vendas: constituir uma força de vendas própria ou contratar canais intermediários?

A vantagem da primeira é a possibilidade de priorizar os produtos da cooperativa, ministrar treinamento especial para cada item da linha de produtos. Além disso, os vendedores podem demonstrar maior agressividade porque seu futuro depende do desempenho das vendas. Por outro lado, os canais intermediários têm maior número de vendedores, e os clientes preferem lidar com representantes porque eles oferecem itens de várias empresas e dispõem de mais informações sobre o mercado.

A escolha do canal de distribuição requer também a análise dos custos de vendas. Estudos mostram que é mais barato manter um representan-

continua

te do que montar o próprio escritório de vendas.[199] Entretanto, os custos podem crescer mais rapidamente com os representantes, pois suas comissões costumam ser maiores do que as remunerações da equipe de vendas da própria cooperativa. Por outro lado, se os territórios de vendas forem pequenos em termos de volume de vendas, é preferível manter o canal revendedor externo, pois os custos de manter uma força própria podem comprometer as receitas da cooperativa e prejudicar a distribuição das sobras líquidas aos associados.

Pelo *critério de controle*, a direção do CA deveria considerar em sua decisão a possibilidade de perder o controle sobre as vendas ao escolher o canal de terceiros. Ou seja, por ser independente, o representante pode concentrar-se apenas nos clientes que compram mais, deixando de informar melhor os clientes a respeito dos itens ofertados pela cooperativa.

Pelo *critério de adaptação*, a direção do CA poderia considerar em sua escolha de canal algumas políticas flexíveis de vendas, permitindo ao distribuidor, durante um período de adaptação, promover pequenas alterações nos preços e nas condições de pagamento, levando-se em conta as particularidades de cada território de vendas.

Gerenciamento de canal de marketing

Uma vez escolhido o canal de marketing, a cooperativa deve selecionar, treinar, motivar e avaliar os membros constituintes do canal selecionado, bem como criar programas para aprimorar o canal, a fim de adequá-lo às mudanças ou às novas exigências do mercado-alvo.

Exemplo

Suponhamos uma cooperativa de hortifrutigranjeiros que tenha por objetivo comercial propiciar a seus associados insumos e equipamentos para a produção de leguminosas e hortaliças e o abate de aves e sua venda diretamente no mercado dos varejistas.

No que diz respeito à *seleção* dos canais externos, caberia à direção do CA levantar as características de cada canal de vendas, tais como tempo de

continua

---

[199] Kotler, 2000.

experiência no negócio, outras linhas de produtos vendidos, histórico de crescimento e lucro, capacidade de cooperação e reputação no mercado.

No que se refere ao *treinamento* dos membros do canal, a direção do CA poderia desenvolver programas de capacitação específicos, tanto para a força de vendas mantida nos entrepostos da cooperativa quanto para os membros dos canais intermediários.

Com relação à *motivação* dos membros do canal, a direção do CA poderia levantar os pontos fortes e fracos dos canais intermediários, visando corrigir falhas e tentar agregar valor às relações de troca com os consumidores finais. Para tanto caberia fazer pesquisas de mercado e criar programas visando capacitar os intermediários ou melhorar seu desempenho.

Quanto à *avaliação* dos membros do canal, a direção do CA deveria desenvolver um programa para avaliar periódica e sistematicamente o desempenho tanto da força de vendas interna quanto dos intermediários, estabelecendo para tanto índices ou padrões de quotas de vendas, nível médio de estoques, tempo de entrega ao cliente, zelo com as mercadorias etc. Também poderiam ser implantados outros meios de avaliação de desempenho, como caixa de sugestões dos clientes, serviço de atendimento ao consumidor etc.

Com relação ao *aprimoramento* do canal, caberia à direção do CA promover periodicamente melhorias tanto nos entrepostos da cooperativa quanto dos canais intermediários, levando em conta o desempenho esperado e o desempenho efetivo das vendas.

Independentemente do tipo de canal de marketing escolhido, cumpre incentivar os membros da força de vendas da cooperativa ou dos canais intermediários externos. Para tanto é necessário conhecer-lhes as necessidades, preferências, percepções ou grau de satisfação.

Mercadologicamente, existem alguns pontos a serem considerados quando se trata de incentivar os membros dos canais de vendas. Por exemplo:

❑ geralmente o intermediário age como um comprador para seus clientes e apenas de maneira secundária como representante de vendas de seus fornecedores; além disso, os intermediários normalmente estão interessados em vender qualquer produto que seus clientes desejem comprar;

❑ o intermediário tenta reunir todas as suas ofertas num conjunto de itens para ser vendido como um pacote a clientes individuais; portanto seus esforços de venda visam primeiramente obter pedidos de pacotes de produtos, em vez de itens individuais;

Marketing social e ético nas cooperativas

- ❏ o intermediário não está preocupado em levantar informações sobre as vendas de determinado produto; logo, a não ser que receba incentivos financeiros ou de outro tipo, pouco esforço fará para colher dados que possibilitem à cooperativa desenvolver novos produtos, adequar seus preços, melhorar o projeto de embalagem ou planejar suas promoções;
- ❏ se o relacionamento da cooperativa com seus intermediários for de *cooperação*, ela deverá adotar algumas táticas de motivação, tais como conceder-lhes maior margem de lucro, melhores condições de pagamento, prêmios pelo volume alcançado nas vendas etc.;
- ❏ se tal relacionamento basear-se na *programação de distribuição*, a cooperativa deverá planejar juntamente com seus intermediários algumas metas (relativas, por exemplo, a limites territoriais, garantias de suprimento ou de prazos de entrega, exposição dos itens ofertados, níveis de estoques desejados, treinamento de vendedores etc.), bem como as estratégias de propaganda e promoção.

Canais verticais e horizontais e multicanal

As cooperativas podem valer-se de três tipos de canal de distribuição, a saber: canal vertical, canal horizontal ou multicanal.

Exemplo

Suponhamos que um conjunto de cooperativas singulares do mesmo segmento produtivo tenha por objetivo comercial propiciar a seus associados os meios materiais para a produção de laranjas e sua venda no mercado.

Haverá uma distribuição *vertical* se as cooperativas singulares constituírem uma cooperativa central para comercializar a produção de laranja de suas filiadas, vendendo o suco diretamente no mercado consumidor.

Suponhamos uma cooperativa de costureiras cujo objetivo comercial seja propiciar a suas associadas os meios materiais para a produção de confecções diversas e sua venda no mercado.

A distribuição será *horizontal* se a direção do CA selecionar os canais de distribuição por tipo de item produzido — digamos, redes de supermercados para toalhas de mesa, tapetes, porta-copos etc., lojas ou magazines para vestidos de noiva, e assim por diante.

Suponhamos uma cooperativa de produtores cujo objetivo comercial seja propiciar a seus associados os insumos e equipamentos para a produ-

continua

ção de soja, milho e arroz e sua venda diretamente no mercado local e internacional, bem como prestar serviços de assistência técnica e manutenção, treinamento etc.

Nesse caso, a direção do CA poderia optar pelo *multicanal* especializado por tipo de produto, serviço e mercado — digamos, intermediários para a venda da produção de grãos no mercado internacional, força de vendas própria para o mercado local, técnicos para demonstrar as formas de aplicação de adubos, o uso de tratores etc.

Canal de varejo

Mercadologicamente, o varejo inclui todas as atividades relacionadas à venda de produtos ou serviços diretamente aos consumidores finais, para uso pessoal e não-comercial. Assim, vários varejistas independentes poderiam constituir uma cooperativa para viabilizar a compra, o transporte, a estocagem e a venda de itens diversos.

Exemplo

Suponhamos que alguns lojistas estabelecidos no bairro X da cidade Y compram e vendem gêneros alimentícios, ferragens e materiais de construção, enquanto outros prestam serviços de lavanderia, cabeleireiro, conserto de calçados e roupas, instalações hidráulicas e elétricas etc.

Tais lojistas poderiam formar uma cooperativa de varejo e instalar pequenas lojas numa galeria de grande movimento, obtendo assim muitas vantagens operacionais e econômicas:

- comprar diretamente dos fabricantes produtos acabados em grande quantidade e a preços mais baixos;
- reduzir os custos com o transporte dos itens adquiridos mediante a programação e redução do número de viagens;
- economizar com programas de propaganda e promoção coletivos e atrair maior número de consumidores com liquidações, cupons de descontos, brindes ou sorteios etc.;
- criar um ponto de referência no bairro com relação à oferta de produtos ou serviços variados;

continua

- suprir imediatamente as diversas lojas da cooperativa, conforme o volume das vendas, levando em conta o perfil do público-alvo do bairro e adjacências;
- economizar na decoração das lojas da cooperativa, principalmente durante as festas de final de ano;
- oferecer serviços de pré-compra por meio de uma central de telemarketing;
- criar uma central de atendimento para serviços de entrega, embalagens especiais, consertos, devoluções etc.;
- instalar serviço bancário 24 horas, segurança coletiva, estacionamento, praça de alimentação, cinemas etc.;
- economizar com pesquisa de mercado coletiva.

Canal de atacado e logística de mercado

Mercadologicamente, o atacado inclui todas as atividades relacionadas à venda de bens ou serviços a clientes revendedores ou para uso comercial. O canal de vendas no atacado difere do canal de vendas no varejo nos seguintes aspectos:

- confere pouca importância às promoções, ao ambiente e à localização, porque lida com clientes empresariais, e não com os consumidores finais;
- realiza transações comerciais em grandes quantidades e, normalmente, cobre uma área comercial maior;
- possibilita o suprimento de produtos para grande variedade de clientes;
- permite reduzir custos nas transações com clientes, porque adquire grandes lotes de mercadorias e revende em pequenos lotes, conforme os pedidos;
- pode suprir os clientes com maior rapidez porque tem mercadorias em estoque;
- possibilita absorver parte do risco ao assumir a posse de produtos, arcando com os custos decorrentes de roubos, danos, avarias e obsolescência dos itens;
- acumula informações sobre lançamentos de produtos, evolução de preços etc., mediante sistema de contabilidade e controle de estoque;
- pode oferecer treinamento e serviços técnicos aos clientes, mediante parcerias com fornecedores ou fabricantes;
- facilita a logística de mercado, isto é, o planejamento, a implementação e o controle dos fluxos físicos de matérias-primas ou componentes, bens de capital e produto final, envolvendo os pontos de origem, transformação e uso de produtos acabados.

Exemplo

Um grupo de pequenas cooperativas agropecuárias poderia atuar como atacadista mediante a constituição de uma cooperativa central,[200] sediada em determinada capital, com o objetivo de comercializar e transportar toda a produção do leite *in natura* das cooperativas filiadas, transformando-o em leite tipo C, manteiga, queijo, doce de leite etc. e vendendo diretamente no mercado das redes de varejo, panificações e restaurantes. Isso lhes traria muitas vantagens operacionais, logísticas e financeiras, a saber:

- com relação ao *acondicionamento e transporte* do leite *in natura*, a direção do CA da central de cooperativas poderia instalar tanques de resfriamento junto às principais rodovias da bacia leiteira para recolher o produto em tempo hábil e assim preservar a sua qualidade;
- com relação ao *mercado*-alvo dos derivados do leite *in natura*, a direção do CA poderia definir seus diversos segmentos conforme o tamanho do cliente (grandes redes de supermercados), o tipo de cliente (confeitarias) etc. e, dentro de cada grupo-alvo, identificar os clientes mais lucrativos e fazer-lhes ofertas mais atraentes;
- com relação aos *preços* das mercadorias, a direção do CA poderia estabelecer um preço de *markup* ao custo dos produtos das cooperativas associadas, de modo a cobrir as despesas gerais — digamos, 20%, para obter uma margem média de lucro em torno de 2%;
- com relação ao *processamento de pedidos*, a direção do CA poderia implantar um sistema informatizado para agilizar os processos de recebimento do pedido, verificação do crédito do cliente, estocagem dos produtos, remessa, fatura e recebimento do pagamento via banco;
- com relação à *armazenagem dos produtos acabados*, a direção do CA poderia providenciar um sistema automatizado, localizado na central, visando reduzir os custos de mão-de-obra, os acidentes de trabalho, a ocorrência de furtos, os gastos com a manutenção dos estoques etc.;
- com relação ao *transporte dos produtos acabados*, a direção do CA poderia reduzir os custos e o número de viagens até os revendedores adotando um único veículo para o transporte de itens que exigem diferentes condições de refrigeração.

---

[200] A maior cooperativa de leite do Brasil, a Central Leite Nilza, resultou da fusão da Cooperativa Nacional Agroindustrial (Coonai), de Ribeirão Preto, no estado de São Paulo, com a Cooperativa Agroindustrial do Sudeste Mineiro (Casmil), da cidade de Passos, e a Coopercarmo, da cidade de Carmo do Rio Claro, ambas sediadas no estado de Minas Gerais (*Valor Econômico*, 3-9-2001).

Capítulo 11

Decisões sobre o mix da promoção

O marketing moderno consiste não apenas em desenvolver um bom produto a preço atraente e colocá-lo no mercado, mas também em comunicar-se com os mercados-alvo, efetivos ou potenciais, visando atender às suas necessidades ou preferências. Além disso, é preciso saber o que comunicar, e com que freqüência, nos diferentes estágios de pré-venda, vendas, consumo e pós-consumo.

Tudo isso faz parte do *mix* da promoção ou comunicação, que inclui o desenvolvimento dos seguintes planos:[201] o plano de propaganda; o plano de promoção de vendas; o plano de publicidade e relações públicas; o plano da força de vendas; e o plano do marketing direto. Vejamos cada um desses planos detalhadamente.

O plano de propaganda

Propaganda é qualquer forma paga de apresentação e promoção de idéias, bens ou serviços por um patrocinador identificado. A propaganda pode trazer algumas vantagens para as cooperativas. Por exemplo:

- ❑ dar certa legitimidade e confiabilidade aos produtos ou serviços ofertados, já que são divulgados publicamente;
- ❑ esclarecer o consumidor a respeito dos produtos ou serviços da cooperativa, os quais poderão ser comparados com as ofertas concorrentes;
- ❑ transmitir uma imagem positiva dos produtos ou serviços ofertados, bem como da própria organização cooperativa.

Cabe aos responsáveis pelas atividades de marketing desenvolver as diversas estratégias de propaganda da cooperativa, definindo para cada uma delas um programa de ação e respectivo orçamento.

---

[201] Kotler, 2000.

Nem toda cooperativa está preparada financeira e operacionalmente para manter um departamento de marketing. Além disso, conforme o volume das atividades de cada cooperativa, nem sempre é necessário manter permanentemente uma equipe de especialistas nessa área. As cooperativas de pequeno porte podem eventualmente contratar agências especializadas para criar suas campanhas publicitárias.

De qualquer modo, um programa de propaganda envolve os seguintes procedimentos: estabelecer os objetivos da propaganda; determinar as bases do orçamento da propaganda; escolher a mensagem da propaganda; selecionar a mídia e avaliar a sua eficiência.

Objetivos da propaganda

Os objetivos da propaganda devem resultar das decisões tomadas anteriormente sobre o mercado-alvo e o posicionamento nesse mercado, como vimos no capítulo 6. Mercadologicamente, tais objetivos dependem dos propósitos de marketing de cada cooperativa, conforme se trate de informar, persuadir ou lembrar determinado público-alvo.

Exemplo

Suponhamos uma cooperativa de criadores de cordeiro.[202] Com relação à propaganda *informativa*, caberia incentivar a demanda de carne de cordeiro divulgando amplamente as qualidades do produto, como sabor, teor de gordura etc.

No caso de uma cooperativa de manutenção predial, a propaganda *persuasiva* teria por objetivo criar uma demanda seletiva ressaltando as diferenças com relação às ofertas dos concorrentes (melhores preços, condições de pagamento, garantias etc.).

Suponhamos uma cooperativa de bordadeiras. A propaganda de lembrete visaria convencer determinado público-alvo de que fez a escolha certa ao comprar os bordados da cooperativa. Nesse caso, poder-se-iam associar as ofertas a uma causa social, lembrando que parte da receita reverterá em benefício dos menores carentes da comunidade local etc.

---

[202] Em 1999 foram criadas na cidade de Franca (SP) duas cooperativas para a produção e comercialização de carne de cordeiro. Atualmente elas disputam esse mercado com o produto importado da Argentina (*DCI*, 25-8-2000). Outro exemplo de iniciativa bem-sucedida é a Cooperativa de Produção Agropecuária de Ovinos de Restinga, naquele mesmo estado (*O Estado de S. Paulo*, 6-9-2000).

Bases do orçamento de propaganda

Embora a propaganda seja tratada como despesa corrente, parte dela representa um investimento na construção de um ativo intangível chamado *patrimônio de marca*.[203] Portanto, a propaganda nas cooperativas pode exercer um efeito que vai além do exercício corrente.

Para determinar a base orçamentária da propaganda, devem-se considerar alguns aspectos:[204] o estágio do ciclo de vida do produto, o crescimento da participação no mercado e da base de consumidores, o estado da concorrência e a saturação da comunicação, a substituição do produto e a freqüência da propaganda.

Exemplo

Suponhamos uma cooperativa de criadores de ema para abate. Com relação ao *estágio do ciclo de vida do produto*, o objetivo da propaganda pode ser lançar no mercado local um produto novo cuja demanda é inexistente.[205] Nesse caso, cabe à direção do CA fazer grandes investimentos em propaganda visando criar demanda, ou seja, induzir os clientes potenciais a experimentarem a carne de ema e seus derivados.

Suponhamos uma cooperativa de produtores agropecuários. No tocante ao *crescimento da participação no mercado e da base de consumidores*, o objetivo da propaganda pode ser aumentar as vendas do leite C. Nesse caso, a cooperativa se defrontaria com duas situações de mercado: a) se as vendas do leite C tiverem grande participação no mercado, serão necessários menos gastos com propaganda; e b) se a cooperativa pretender melhorar a sua participação no mercado, terá de investir alto em propaganda.

Suponhamos uma cooperativa de manutenção predial. No que diz respeito ao *estado da concorrência e à saturação da comunicação*, o objetivo da propaganda pode ser revitalizar a demanda plena dos serviços de faxina predial. Nesse caso, a direção do CA deverá anunciar maciçamente seus serviços

continua

---

[203] Kotler, 2000.

[204] Schultz, 1984.

[205] Em Bariri (SP), 25 produtores criaram uma cooperativa para produzir e comercializar a carne de avestruz e seus derivados, tendo investido inicialmente R$2 milhões numa incubadora com capacidade para 230 mil ovos por mês. Futuramente, a cooperativa pretende investir em propaganda para divulgar as qualidades do produto, que tem sabor semelhante ao do filé mignon bovino e teor calórico inferior ao da carne de frango. A intenção é concorrer no mercado local, que atualmente é abastecido com produtos importados da Espanha, África do Sul e Namíbia (*Gazeta Mercantil*, 20-11-2000).

236 Marketing social e ético nas cooperativas

para se tornar conhecida, uma vez que no mercado já existem muitos concorrentes que provavelmente fazem grandes investimentos em propaganda.

Suponhamos uma cooperativa de produtores e processadores de guaraná. Quanto à *substituição do produto*, o objetivo da propaganda pode ser criar uma imagem diferenciada em relação ao refrigerante de guaraná. Nesse caso, a direção do CA deverá investir maciçamente em propaganda ressaltando certas qualidades do produto (sabor natural, sem aditivos ou conservantes químicos etc.).

Suponhamos uma cooperativa central de beneficiamento do leite *in natura*. No que se refere à *freqüência da propaganda*, o objetivo da propaganda vai depender da participação no mercado de cada item produzido (leite C, longa vida, queijo, manteiga, requeijão etc.). Nesse caso, caberia desenvolver propagandas específicas e determinar a freqüência ideal de sua veiculação conforme a posição de cada item nos respectivos segmentos de mercado, levando também em conta outros fatores, como grau de concorrência e familiaridade dos consumidores.

Mensagem da propaganda

A elaboração da mensagem da propaganda deve levar em conta os aspectos a seguir.

❑ Criação da mensagem.

Exemplo

Uma cooperativa de produtores e processadores de guaraná natural poderia usar dois métodos para criar suas mensagens de propaganda:

❑ método *indutivo* — realizam-se entrevistas para saber como as pessoas reagem à oferta do guaraná totalmente natural e também para identificar que tipos de pessoas compram produtos naturais, em que ocasiões e com que freqüência;

❑ método *dedutivo* — procura-se oferecer um dos quatro tipos de recompensa que os consumidores normalmente procuram num dado produto: racional, sensorial, social ou satisfação do ego.

Conforme estudos mercadológicos, os consumidores podem perceber as recompensas de um dado produto pelos resultados imediatos do uso, pela experiência que têm com o produto ou pelos eventos incidentais no uso. Dessa maneira, se o publicitário da cooperativa *cruzar* os quatro tipos de *recompensas* com os três tipos de *experiências*, é possível gerar 12 possibilidades de mensagens, relativas às propagandas.

continua

> Nesse caso, uma mensagem do tipo "o verdadeiro sabor de um refrigerante da própria fruta" seria uma promessa de recompensa sensorial ligada à experiência de uso do produto.

❑ Avaliação e seleção da mensagem.

Exemplo

Suponhamos uma cooperativa de faxineiras. O objetivo da propaganda pode ser divulgar mensagens que a diferenciem das falsas cooperativas.

Nesse caso, caberia à direção do CA providenciar uma pesquisa para averiguar que tipo de apelo funcionaria melhor junto ao público-alvo (a cooperativa não é simples agenciadora de mão-de-obra; as associadas participam das AGSs e estabelecem as condições de trabalho etc.). Em seguida, solicitaria aos clientes que avaliassem essas questões numa escala de zero a 10 pontos. As que obtivessem melhores escores serviriam de base para criar as mensagens da propaganda.

❑ Impacto da mensagem.

Exemplo

Suponhamos uma cooperativa de costureiras. O objetivo da propaganda poderia ser causar um impacto no público-alvo. Nesse caso, as mensagens deveriam conter algum apelo racional ou emocional: "a cada cem peças adquiridas, um menor abandonado vai para a escola", ou "menor na escola, menor livre da delinqüência" etc.

❑ Responsabilidade social da mensagem

Exemplo

Suponhamos uma cooperativa de produtores de leguminosas de manejo orgânico. O objetivo da propaganda poderia ser incutir o senso de responsabilidade social.

Nesse caso, a direção do CA deveria veicular mensagens destacando os benefícios que o consumo desses produtos pode trazer tanto para a saúde quanto para a preservação da natureza.

Seleção da mídia e avaliação de sua eficiência

Uma vez escolhida a mensagem, seleciona-se uma mídia adequada aos produtos ou serviços, em função do mercado-alvo. Para tanto é necessário analisar a mídia com relação à sua cobertura, freqüência e impacto; levantar suas vantagens e limitações; decidir sobre o seu *timing* e alocação orçamentária; e, por fim, avaliar o seu desempenho, como veremos a seguir.

Cobertura, freqüência e impacto da mídia

Do ponto de vista mercadológico, selecionar uma mídia significa encontrar um meio de comunicação eficaz em termos de custos e que possibilite submeter o público-alvo a um número ideal de exposições ou anúncios. O número de exposições desejado refere-se à resposta do público-alvo com relação ao nível de experimentação do produto ou serviço ofertado. Isso significa dizer que o índice de experimentação dependerá, entre outros fatores, do nível de conscientização da marca entre o público-alvo.

Exemplo

Suponhamos uma cooperativa de criadores de ema. Nesse caso, o índice de *experimentação* da carne de ema aumenta em proporção menor que o nível de *conscientização* do público.

Para a cooperativa obter uma taxa de *experimentação* T*, seria necessário atingir um nível de *conscientização* A* (simulação *A* da figura 22). Em seguida, deve-se examinar quantas *exposições* E* produziriam um nível de *conscientização* A* (simulação *B*).

Vale observar que o efeito da exposição sobre o nível de conscientização dependerá da *cobertura, freqüência* e *impacto* das *exposições*, conforme especificados a seguir:

❑ cobertura (C) é o número de pessoas ou famílias expostas a uma determinada mensagem na mídia pelo menos uma vez durante certo período;

❑ freqüência (F) é o número de vezes, em média, que uma pessoa ou família é exposta à mensagem durante certo período;

❑ impacto (I) é o valor quantitativo de uma exposição através de algum meio de comunicação.

A simulação *B* da figura 22 mostra a relação entre conscientização e cobertura. Quanto maior for a conscientização do público, maiores serão a cobertura, a freqüência e o impacto das exposições.

---

continua

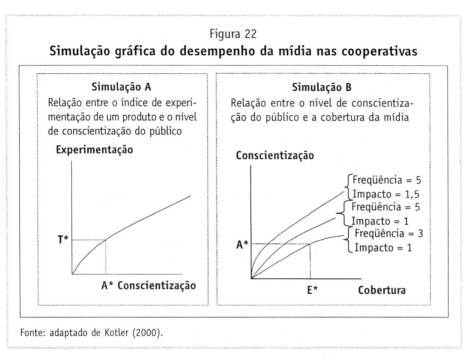

Fonte: adaptado de Kotler (2000).

Conforme as simulações gráficas da figura 22, nota-se que a escolha da mídia eficaz depende de uma certa compensação entre cobertura, freqüência e impacto.

Exemplo

Suponhamos que a direção do CA da Organização das Cooperativas Brasileiras (OCB) disponha de R$1 milhão no orçamento anual para investir em propaganda contra as falsas cooperativas cobrindo todas as regiões brasileiras.

Para alcançar esse objetivo seria necessário calcular a *freqüência média* das exposições, em função do número de pessoas a serem atingidas com as mensagens. Supondo que mil exposições de qualidade média custem R$5, com R$1 milhão a OCB poderia comprar 200 mil exposições, conforme o cálculo abaixo:

$$\text{Valor total de compra das exposições ou anúncios} = \frac{1.000.000,00}{5,00} = 200.000$$

Caso a OCB pretendesse obter uma freqüência média de 10 exposições, então poderia atingir 20 mil pessoas, conforme o cálculo:

continua

$$\text{Número de pessoas a alcançar} = \frac{200.000,00}{10} = 20.000$$

Caso queira melhorar essa média, a um custo de R$10 por mil exposições, conforme o orçamento, atingiria apenas 10 mil pessoas:

$$\text{Valor total de compra das exposições ou anúncios} = \frac{1.000.000,00}{10.00} = 100.000,00$$

A menos que faça uma compensação, reduzindo a freqüência média de exposição de 10 para cinco, conforme o cálculo:

$$\text{Número de pessoas a atingir} = \frac{100.000,00}{5} = 20.000$$

Fonte: adaptado de Kotler (2000).

De acordo com o exemplo, as cooperativas podem fazer várias simulações da relação entre cobertura, freqüência e impacto da mídia, contanto que levem em conta dois conceitos básicos:[206]

❑ número de exposições (E): é a cobertura multiplicada pela freqüência média ($E = C \times F$); tal número é medido em GRPs (*gross rating points*); assim, se a programação da mídia de determinada cooperativa atingir 80% dos lares com uma freqüência média de 3, diz-se que a programação da mídia tem 240 GRPs (80×3).

❑ número ponderado (NPE): é a cobertura multiplicada pela freqüência média vezes o impacto médio ($NPE = C \times F \times I$).

Com base nesses conceitos e fórmulas, é possível simular a combinação de cobertura, freqüência e impacto mais efetiva possível em termos de custo, levando em consideração o orçamento disponível.

Mercadologicamente, a cobertura é mais eficaz quando se trata de lançamento de produtos, marcas paralelas, extensões de marcas conhecidas ou marcas pouco compradas, ou quando se busca um mercado-alvo indefinido. Já a freqüência é mais eficaz quando existem fortes concorrentes, o tema da propaganda é complexo, há forte resistência dos consumidores ou o ciclo de compra é freqüente.[207]

---

[206] Kotler, 2000.
[207] Schultz, 1984.

Vantagens e limitações da mídia

Além das combinações de cobertura, freqüência e impacto da mídia, é preciso examinar a capacidade dos principais tipos de mídia, ou seja, as vantagens e limitações de cada veículo, conforme o objetivo da propaganda junto ao público-alvo. Para tanto devem-se considerar alguns fatores, tais como:

- os hábitos do público-alvo — estudos mostram que o rádio e a televisão são os meios de comunicação mais eficazes para atingir adolescentes;
- as características dos produtos ou serviços — conforme essas características, é possível selecionar a mídia mais adequada para anunciá-los; por exemplo, a propaganda de roupas femininas funciona melhor em revistas coloridas, ao passo que a televisão é mais indicada para anunciar aparelhos domésticos;
- a mensagem — uma mensagem para anunciar uma grande liquidação deve ser veiculada em rádio, televisão ou jornal, enquanto para uma mensagem contendo grande quantidade de dados técnicos os veículos mais apropriados são as revistas e a mala direta;
- o custo — a propaganda na televisão é muito cara, mas no jornal é relativamente barata; além disso, os custos da propaganda na televisão aumentam mais rapidamente que os de outros meios, sendo pois aconselhável considerar o custo por mil exposições, conforme a simulação apresentada no caso da OCB.

O quadro 40 mostra as vantagens e as limitações dos principais meios de comunicação.

Quadro 40
Principais tipos de mídia

Meio	Vantagens	Limitações
Jornais	Flexibilidade, oportunidade, boa cobertura do mercado local, ampla aceitação e alta credibilidade.	Vida curta, baixo nível de qualidade de reprodução, circulação limitada a pequeno número de públicos.
Televisão	Combina visão, som e movimento; apela para os sentidos; alta repetição e cobertura.	Custo elevado, alta saturação de comunicação, exposição transitória, menor grau de seletividade.
Mala direta	Seletividade de público, flexibilidade, ausência de concorrência dentro do mesmo veículo e personalização.	Custo relativamente alto, imagem de correspondência inútil, pouca oportunidade de interação.
Rádio	Cobertura de massa; alto grau de seletividade geográfica e demográfica; baixo custo.	Apresentação sonora apenas, menor grau de atenção do que na televisão, tarifas não tabeladas e transitórias.

continua

Meio	Vantagens	Limitações
Revistas	Alto grau de seletividade geográfica e demográfica, credibilidade e prestígio, alta qualidade de reprodução, longa vida e boa circulação de leitores.	O espaço precisa ser comprado com muita antecedência; pequena circulação.
Outdoor	Flexibilidade, alta repetição, baixo custo e menor concorrência.	Criatividade limitada na concepção dos anúncios.
Páginas amarelas	Excelente cobertura local, alta credibilidade, ampla cobertura e baixo custo.	Alta concorrência; o espaço precisa ser comprado com muita antecedência; criatividade limitada.
Informativos	Altíssima seletividade, controle total, oportunidades interativas e custos relativos baixos.	Os custos podem fugir ao controle.
Brochura ou folder	Flexibilidade, controle total e mensagens de maior impacto.	A produção excessiva pode levar ao descontrole dos custos.
Telefone	Muitos usuários e oportunidade de dar um toque pessoal.	Custo relativamente alto, a não ser que conte com voluntários.
Internet	Alta seletividade, possibilidades interativas e custo baixo.	Veículo relativamente novo e ainda com pequeno número de usuários no Brasil.

Fonte: adaptado de Kotler (2000).

Outras opções são os anúncios veiculados em praças de esporte, salas de cinema, vídeos, capas de livros, relatórios anuais e catálogos de produtos. Com relação à mídia emergente, cabe citar:

❏ revistas digitais (digizines ou e-zines) — circulam na internet; estudos mostram que o investimento inicial nessas revistas é muito menor que os custos envolvidos nas revistas impressas;[208]
❏ televisão interativa — conjunto de aparelhos conectados em rede por meio de um computador central, telefone e televisão, possibilitando ao vendedor e ao comprador interagirem na aquisição de um bem ou serviço;
❏ fax automático — meio de comunicação eletrônico que possibilita armazenar informações sobre clientes; a economia obtida em serviços postais já compensa o investimento nesse sistema.

Timing da mídia

É importante saber quais são os momentos mais oportunos para veicular a propaganda do produto ou serviço no mercado-alvo. Pode-se optar pela

---

[208] Kotler, 2000.

macroprogramação, que são os anúncios de temporada, ou por ciclo de negócios, ou pela *microprogramação*, que são os anúncios propagados num curto período, visando obter o impacto máximo.

O quadro 41 mostra os critérios para definir a macroprogramação e a microprogramação, isto é, o *timing* dos anúncios.

Quadro 41
Critérios para definir o timing dos anúncios

Critério da continuidade	As cooperativas que desejam ampliar seu mercado, que lidam com itens adquiridos com muita freqüência ou que têm uma categoria de compradores bem definida devem programar exposições regulares por um longo período.
Critério da concentração	As cooperativas que lidam com itens relacionados a datas festivas ou comemorações, como dia das mães, festas de fim de ano, festas juninas etc., devem programar seus anúncios para cobrir o período em questão.
Critério da alternância	As cooperativas que lidam com itens cujos ciclos de compra são relativamente descontínuos ou que têm recursos financeiros limitados devem programar seus anúncios alternando períodos de intensa propaganda com períodos sem propaganda.
Critério da intermitência	As cooperativas que lidam com itens adquiridos com muita freqüência e que têm recursos financeiros limitados devem programar seus anúncios de modo a equilibrar a propaganda contínua com a propaganda alternada.

Alocação orçamentária

Definida a programação dos anúncios, o passo seguinte é estabelecer os critérios para a alocação orçamentária dos recursos disponíveis para propaganda, como mostra o quadro 42.

Quadro 42
Critérios de alocação dos recursos para propaganda nas cooperativas

Para compras nacionais	Se os itens ofertados forem para compras nacionais, a cooperativa deverá alocar recursos para anúncios em redes de televisão ou revistas de circulação nacional.
Para compras específicas	Se os itens ofertados forem para compras específicas, a cooperativa deverá alocar recursos para anúncios em horários seletivos nas estações de televisão locais ou regionais.
Para compras locais	Se os itens ofertados forem para compras locais, a cooperativa deverá alocar recursos para anúncios em jornais, emissoras de rádio ou *outdoors* locais.

Desempenho da mídia

É importante fazer uma avaliação periódica da mídia utilizada pela cooperativa. Em mercadologia, isso é o que se chama de teste de *recall*.

As cooperativas podem testar a eficácia de seus anúncios na mídia por meio de entrevistas realizadas no local da compra. O quadro 43 apresenta alguns critérios para avaliar o desempenho da mídia junto aos clientes.

Quadro 43
Critérios para avaliar o desempenho da mídia

Resultado de leitura percebido	Percentual de leitores de determinada revista que se lembram de ter visto o anúncio da cooperativa.
Resultado visto ou associado	Percentual de leitores de determinada revista que identificam corretamente os atributos do produto ou serviço da cooperativa, associando-os ao anúncio.
Resultado lido com atenção	Percentual de leitores de determinada revista que dizem ter lido mais da metade do texto do anúncio do produto ou serviço da cooperativa.

O plano de promoção de vendas

O plano de promoção de vendas consiste num conjunto de técnicas mercadológicas para estimular a compra mais rápida ou em maior quantidade.[209]

Enquanto a propaganda pode oferecer uma razão para a compra, a promoção de vendas pode oferecer um incentivo à compra. Eis algumas dessas técnicas promocionais:

- ❏ *promoção de consumo* — são amostras, cupons, reembolso, descontos, brindes, prêmios, recompensas, testes gratuitos, garantias, promoções combinadas, promoções cruzadas, *displays* de ponto-de-venda e demonstrações;
- ❏ *promoção de comércio* — são descontos, concessões de propaganda, bonificações de exposição e amostras grátis;
- ❏ *promoção setorial e para equipe de vendas* — são feiras comerciais e convenções, concursos para vendedores e propagandas dirigidas.

Um plano de promoção eficaz requer alguns procedimentos, a saber: definir os objetivos da promoção de vendas; selecionar as ferramentas de promoção

---

[209] Blattberg, 1990.

Decisões sobre o mix da promoção 245

de vendas para consumidores e empresas; selecionar as ferramentas de promoção de vendas para a equipe ou força de vendas; e, por fim, desenvolver o programa de promoção de vendas, conforme veremos nos tópicos seguintes.

Objetivos da promoção de vendas

As ferramentas de promoção de vendas podem ter vários objetivos específicos.

- Uma cooperativa de produção pode fornecer uma amostra grátis de determinado item para estimular o teste de consumo. Já uma cooperativa de consultores de contabilidade rural pode prestar gratuitamente um serviço simples de demonstração contábil para sedimentar uma relação a longo prazo com determinado cliente do setor rural.
- Uma cooperativa que mantém uma loja de bens de consumo e produção pode utilizar as ferramentas de promoção de vendas quer para atrair consumidores não-associados, quer para recompensar clientes fiéis, quer para aumentar as recompensas a clientes eventuais.
- Uma cooperativa que transforma leite *in natura* em leite longa vida pode programar sua promoção de vendas para persuadir as redes de varejo e os supermercados a comprarem os novos itens derivados do leite (manteiga, iogurte, requeijão etc.), ou então para incentivá-los a manterem maiores níveis de estoque do leite longa vida. Tudo isso com o propósito de manter-se equiparada com as promoções dos concorrentes, construir fidelidade à marca do leite longa vida e, conseqüentemente, ganhar acesso a novos pontos de varejo.
- Uma cooperativa de costureiras que produz agasalhos pode programar suas promoções para estimular as vendas antecipadas, fora de estação.

Exemplo

Suponhamos uma cooperativa de consumo cujo objetivo comercial seja a oferta de bens de consumo a associados e terceiros não-associados.

A direção do CA ou os responsáveis pelas atividades de marketing devem atentar para a possibilidade de atrair três tipos de novos compradores:

- usuários de bens de outra marca porém da mesma categoria que o bem ofertado;
- usuários de bens de outras categorias que não a do bem ofertado;
- usuários que estão sempre mudando de marca ao adquirir o bem ofertado.

continua

Diante disso, a cooperativa poderia programar suas promoções de vendas para atrair os usuários que estão sempre mudando de marca, uma vez que os usuários de bens de outras marcas e categorias nem sempre percebem ou aproveitam uma promoção. Além disso, os usuários que estão sempre mudando de marca procuram primeiramente preço baixo, valor agregado ou valores adicionais.

Assim, as promoções de vendas dificilmente irão transformá-los em usuários fiéis da cooperativa. Estudos mostram que as promoções em mercados de alta similaridade de marcas geram alto volume de vendas a curto prazo, mas pouco ganho permanente em termos de participação no mercado. Já nos mercados onde há grande disparidade entre marcas, as promoções de vendas podem alterar definitivamente as participações.[210]

Ferramentas de promoção de vendas para consumidores e empresas

Para escolher uma ferramenta adequada aos consumidores ou empresas revendedoras é necessário levar em conta o tipo de mercado, os objetivos da promoção de vendas, as condições de competitividade e a eficácia em termos de custo de cada ferramenta promocional.

Nas cooperativas, é possível separar as promoções de vendas em dois grandes grupos: as promoções para revendedores e as promoções de bens de consumo ou produção para associados.

Exemplo

Suponhamos uma cooperativa de produtores agropecuários cujo objetivo seja comercializar e industrializar o leite *in natura* produzido por seus associados e vender diretamente na rede varejista o leite longa vida, manteiga, margarina etc.

Como promoção para os *revendedores*, a cooperativa poderia oferecer gratuitamente um pacote de manteiga por caixa de 12 unidades.

Suponhamos uma cooperativa de consumo cujo objetivo comercial seja fornecer a seus associados bens de consumo a preços e em condições de pagamento melhores que as ofertas das redes de supermercados comuns.

As promoções *de consumo* para associados poderiam consistir em vendas mediante a distribuição de cupons dando direito a um desconto de-

continua

---

[210] Kotler, 2000.

> clarado na compra de um dado produto. Tais cupons poderiam ser enviados pelo correio, anexados a outros produtos ou incluídos nos anúncios veiculados em revistas e jornais.

O quadro 44 mostra algumas das principais ferramentas de promoção de vendas que podem ser utilizadas pelas cooperativas de consumo.

Quadro 44
Cooperativas de consumo: ferramentas de promoção de vendas

Amostras	Oferta de um produto que pode ser distribuído de porta em porta, enviado pelo correio, anexado a outro produto ou entregue pessoalmente na loja da cooperativa.
Cupons	Emissão de cédulas dando direito ao portador a um desconto declarado na compra de determinado produto. Os cupons podem ser eficazes para estimular as vendas de uma marca madura e para induzir o consumidor a experimentar um novo produto ofertado pela cooperativa de consumo.
Brindes	Oferta de uma mercadoria a preço relativamente baixo ou grátis, como incentivo à compra de determinado produto. O brinde pode acompanhar o produto dentro da embalagem ou estar anexado ao próprio pacote. Também pode ser remetido pelo correio, desde que o consumidor envie à cooperativa um comprovante de compra.
Reembolso pós-vendas	Oferta de redução de preço depois da compra. O consumidor envia um comprovante da compra de determinado produto na cooperativa e recebe pelo correio um reembolso de parte do preço.
Prêmios (concursos, sorteios, jogos)	Prêmios em dinheiro, viagens ou mercadorias oferecidos em concursos, sorteios ou jogos aos consumidores que efetuaram compras na cooperativa.
Promoções combinadas	Parceria com determinado fabricante ou fornecedor na oferta de cupons de desconto ou reembolsos. Em contrapartida, a cooperativa lhe oferece maiores espaços nas prateleiras para seus itens.
Pacotes com preços promocionais	Oferta de descontos sobre o preço regular de um produto (por exemplo, duas unidades pelo preço de uma).

As promoções de vendas nas cooperativas de produção diferem das promoções das cooperativas de consumo nos seguintes aspectos:

❑ em vez de desenvolver e manter sua própria propaganda para divulgar seus produtos, as cooperativas de produção contam com a promoção de vendas dos intermediários varejistas ou comerciantes;

❑ as cooperativas de produção têm que oferecer aos varejistas e atacadistas algum tipo de desconto ou compensação, mercadorias grátis ou a garantia de devolução de produtos avariados, seja para incentivá-los a estocar suas ofertas, seja para obter mais espaço nas prateleiras das redes varejistas;

248 Marketing social e ético nas cooperativas

☐ a cooperativa de produção deve convencer o varejista a promover a marca de seus produtos expondo-os com destaque. Em contrapartida, a cooperativa lhe oferece alguma compensação em dinheiro ou em mercadorias.

O quadro 45 mostra as principais promoções de vendas para as cooperativas de produção.

Quadro 45

Cooperativas de produção: ferramentas de promoção de vendas

Desconto direto	Oferta para incentivar o revendedor a comprar maior quantidade ou incluir nas compras um novo produto.
Garantias do produto	A cooperativa garante a qualidade do item ofertado ao varejista ou o reembolso dos itens não vendidos em determinado prazo.
Demonstrações no ponto-de-venda e *displays*	Destacamento de vendedores da cooperativa para arrumar ou repor seus produtos nas prateleiras dos varejistas, afixar cartazes, instalar *displays* etc.
Experimentação gratuita	Oferta de amostra de um produto da cooperativa à rede de varejo para permitir que os clientes o experimentem.
Concessão	Ofertas à rede de varejo na forma de produtos a mais, conforme o volume pedido. Em contrapartida, a rede de varejo concede mais espaço em suas prateleiras para os itens da cooperativa.

Ferramentas de promoção para a força de vendas

Além dos anúncios veiculados na mídia, é necessário desenvolver programas de promoção para a força de vendas da cooperativa. Tais programas têm por objetivo:

☐ incentivar a busca de novos negócios;
☐ recompensar os consumidores, revendedores ou contratantes de serviços;
☐ motivar os vendedores para a explicação dos atributos dos produtos ou serviços ofertados no mercado;
☐ fornecer à cooperativa novas informações sobre as necessidades, preferências e percepções dos clientes.

Desenvolvimento do programa de promoção de vendas

Para desenvolver o programa de promoção de vendas é necessário considerar alguns aspectos básicos:

☐ determinar o nível do incentivo promocional — o ideal é atingir um nível mínimo, pois um nível mais alto de incentivo pode obter melhor resposta, mas produz uma taxa decrescente em função dos custos;

Decisões sobre o mix da promoção   249

❑ estabelecer as regras de participação nos incentivos promocionais — podem-se oferecer incentivos a todos os consumidores ou apenas a determinados grupos selecionados, ou oferecer bônus apenas ao consumidor que apresentar algum comprovante de compra; convém igualmente evitar a participação dos empregados da cooperativa envolvidos na programação das promoções;

❑ definir o meio de distribuição — é importante avaliar cada veículo no que se refere a cobertura, custo e impacto sobre o público-alvo;

❑ estimar o orçamento total de promoção de vendas — pode-se aplicar a seguinte fórmula: *custo administrativo* (impressão, postagem e promoção da oferta) + *custo do incentivo* (custo do brinde ou dos descontos e reembolsos) × *número de unidades que se espera vender na oferta.* Na oferta de cupons, o custo deve levar em conta o fato de que apenas uma parte dos consumidores os reembolsará; no caso de brinde inserido na embalagem, o custo da oferta deve incluir o custo de compra e o custo da embalagem;

❑ fazer um pré-teste do programa de promoção — o pré-teste é importante para determinar se as ferramentas promocionais são adequadas, se o volume dos incentivos é o ideal e se o método de apresentação é satisfatório;

❑ planejar a implementação do programa promocional — ao estimar o tempo necessário para preparar o programa, devem-se levar em conta os serviços de correio ou distribuição direta da ferramenta de promoção, a instalação do material de propaganda nos pontos-de-venda, a notificação do pessoal de vendas, as alocações para distribuidores individuais, a compra e impressão de brindes ou embalagens especiais, a produção de estoques antecipados para suprimento em data estabelecida e a distribuição às redes varejistas, se for o caso;

❑ avaliar os resultados das promoções de vendas — tal avaliação pode ser feita através dos registros das vendas nas caixas da loja da cooperativa e das redes de varejo ou, ainda, entrevistando diretamente os consumidores para conhecer a sua opinião a respeito dos planos promocionais.

O plano de publicidade e relações públicas

Tal plano é importante para as cooperativas porque possibilita construir um relacionamento duradouro com associados, consumidores, fornecedores, revendedores, agentes financeiros, membros da comunidade local etc.

A função de relações públicas (RP) nas cooperativas deve cumprir os seguintes objetivos:

- distribuir à imprensa notícias e informações sobre a missão social, política e econômica da cooperativa, visando granjear-lhe credibilidade;
- dar publicidade aos negócios da cooperativa, divulgando seus produtos ou serviços;
- fazer *lobby* junto aos legisladores e autoridades governamentais para defender os interesses das cooperativas;
- orientar a AGS e conselheiros do CF e do CA em questões técnicas, legais ou éticas relacionadas aos produtos ou serviços da cooperativa;
- incentivar a equipe de vendas e os revendedores a divulgarem novos produtos ou serviços antes de seu lançamento;
- conter os custos de promoção, mantendo contatos diretos com associados, consumidores, fornecedores, revendedores etc.

Ao profissional de relações públicas competem as atribuições a seguir.

- *Cuidar de publicações* — para alcançar e influenciar seus mercados-alvo, as cooperativas precisam de materiais publicados, como relatórios anuais, folhetos, periódicos etc.

Exemplo

Numa cooperativa de trabalho médico, a tarefa do responsável pela função de RP seria transmitir informações positivas aos associados, clientes externos, fornecedores e agentes financeiros, visando conquistar credibilidade para a associação.

Para tanto caberia enviar-lhes periodicamente folhetos ou relatórios contendo informações sobre resultados financeiros, volume dos negócios, aquisição de materiais e equipamentos médicos etc., bem como facilitar-lhe o acesso a documentos, recibos e contratos referentes às atividades da cooperativa.

- *Promover eventos* — para chamar a atenção do público-alvo para novos produtos ou serviços, as cooperativas podem organizar eventos especiais, como conferências, seminários, exposições e concursos, ou mesmo patrocinar competições esportivas e atividades culturais.

Exemplo

Numa cooperativa de produtores agropecuários, caberia ao profissional de RP divulgar a nova linha de laticínios de produção orgânica.

Para tanto poderia organizar palestras, por ocasião do lançamento, visando esclarecer consumidores e clientes sobre os métodos de manejo sem o uso de produtos químicos e suas vantagens não apenas em termos econômicos, mas também para a saúde humana e a preservação da natureza.

❑ *Gerar notícias* — uma das principais tarefas do responsável pela função de RP é criar notícias favoráveis sobre as atividades da cooperativa. Isso requer competência não só para pesquisar, redigir artigos e divulgá-los na imprensa, mas também para persuadir a mídia a elaborar matérias específicas sobre o dia-a-dia da cooperativa, seus produtos ou serviços etc.

Exemplo

Suponhamos uma cooperativa de trabalho. Nesse caso, caberia ao responsável pela função de RP construir uma imagem de cooperativa ética, sobretudo no que se refere às relações de troca mantidas com seus associados.

Para tanto poderia convidar os clientes e a imprensa local a participarem de uma reunião da AGS, de modo a evidenciar a prática da democracia numa cooperativa onde os associados participam das decisões mais importantes.

❑ *Prestar serviços de interesse público* — as cooperativas podem construir uma imagem positiva diante do público em geral contribuindo com serviços, produtos ou dinheiro para as causas sociais.

Exemplo

Numa federação de cooperativas de trabalho médico, a tarefa do profissional de RP pode ser criar junto à opinião pública uma imagem positiva das cooperativas singulares filiadas, no que diz respeito à sua responsabilidade social para com as comunidades carentes.

Para tanto poderia lançar uma campanha de âmbito nacional visando esclarecer as gestantes sobre a importância do "teste do pezinho" ou,

continua

> ainda, criar um serviço ambulatorial móvel para atendimento doméstico das gestantes de baixa renda.
>
> Tais iniciativas demonstrariam a responsabilidade social da cooperativa, uma vez que essa falta de assistência médico-hospitalar gera alta incidência de hipotiroidismo congênito.

❑ *Criar a identidade de mídia* — as cooperativas precisam ter uma identidade visual para que o público possa reconhecê-las imediatamente. Tal identidade pode ser transmitida através de logotipo, cartão de apresentação, crachás, uniformes, leiaute físico etc.

> ### Exemplo
>
> Suponhamos uma cooperativa de perueiros. Caberia ao responsável pela função de RP criar a identidade visual da cooperativa diante de seu mercado-alvo.
>
> Para tanto poderia estampar nas laterais dos veículos o logotipo da cooperativa, com número de telefone para reclamações e sugestões, bem como instituir o uso de uniforme e crachá de identificação para os motoristas e cobradores etc.

O plano da força de vendas

A força de vendas é o elo pessoal da cooperativa com seus consumidores, varejistas, atacadistas ou contratantes de serviços. O profissional de vendas representa a cooperativa para muitos clientes. Além disso, são os vendedores que trazem novas informações sobre o cliente.

Para constituir uma força de vendas na cooperativa, devem-se considerar alguns aspectos mercadológicos: estabelecer os objetivos e estratégias da força de vendas; examinar as necessidades da estrutura da força de vendas; determinar o tamanho e a remuneração da força de vendas; recrutar e treinar seu pessoal; e capacitar a força de vendas para o marketing de relacionamento.

Objetivos e estratégias da força de vendas

Os objetivos da força de vendas nas cooperativas podem ser:

❑ prospecção — os vendedores devem buscar novos clientes para os produtos ou serviços da cooperativa;

Decisões sobre o mix da promoção 253

- definição do alvo — os vendedores precisam decidir como repartir seu tempo entre os clientes em potencial e os clientes efetivos da cooperativa;
- comunicação — cabe aos vendedores esclarecer os clientes a respeito dos atributos dos produtos ou serviços da cooperativa;
- venda — os vendedores da cooperativa devem saber aproximar-se dos clientes, apresentar-lhes os produtos ou serviços e fechar as vendas;
- atendimento — compete aos vendedores da cooperativa mostrar os diversos itens de uma linha de produtos aos clientes, prestar-lhes informações ou assistência técnica, providenciar o financiamento e agilizar a entrega;
- coleta de informações — os vendedores da cooperativa podem conduzir uma pesquisa de mercado para obter informações.

Exemplo

Suponhamos uma cooperativa de produtores agropecuários cujo objetivo comercial seja vender leite C, leite longa vida, manteiga e iogurte diretamente nas redes de supermercados, panificações etc.

Para tanto, a direção do CA ou os responsáveis pelas equipes de vendas poderiam estabelecer a seguinte programação para os vendedores:

- os vendedores do leite C ocuparão 80% de seu tempo com os clientes efetivos e o restante com os clientes potenciais;
- os vendedores do leite longa vida dedicarão 85% de seu tempo a esse produto e o restante a novos lançamentos, como manteiga e iogurte.

É importante estabelecer objetivos claros, com metas viáveis e quantificáveis, a fim de que os vendedores não percam tempo vendendo produtos já existentes para clientes já garantidos, em vez de oferecer novos produtos a novos clientes. Ademais, as tarefas dos vendedores podem variar conforme a conjuntura econômica — por exemplo, em épocas de escassez de produtos pode ser que eles não tenham o que vender. Em tal situação, em vez de diminuir o número de vendedores, a direção do CA poderia atribuir-lhes tarefas alternativas, como prestar informações a clientes insatisfeitos, comunicando-lhes os planos da cooperativa para superar a escassez de determinados produtos, ou vender outros produtos etc., conforme os negócios de cada cooperativa.

Uma vez definidos os objetivos da força de vendas, é preciso desenvolver algumas estratégias de marketing para alcançar o público-alvo. Tais estratégias podem ser:

- vendedor para comprador — designa-se um vendedor da cooperativa para manter contato pessoal ou por telefone com um cliente, efetivo ou potencial;
- vendedor para grupo de compradores — designa-se um vendedor da cooperativa para manter contatos com o maior número possível de consumidores de determinado grupo de revendedores;
- equipe de vendas para comprador — constitui-se uma equipe de vendas da cooperativa para manter contatos diretos com os consumidores de determinado grupo de revendedores;
- reunião de vendas — designa-se um vendedor da cooperativa para organizar uma reunião entre os associados fornecedores de produtos ou serviços e os clientes potenciais, a fim de examinar novas oportunidades de vendas;
- seminário — constitui-se uma equipe de vendas para promover um seminário para clientes potenciais, a fim de apresentar-lhes os últimos lançamentos.

Uma vez que a cooperativa tenha definido uma abordagem estratégica, pode usar uma força de vendas direta ou contratada. A força de vendas direta pode ser constituída por associados ou funcionários da própria cooperativa, em tempo integral ou parcial. Tal força pode contar com vendedores internos (para trabalhar no próprio escritório da cooperativa, em telemarketing ou recebendo visitas de possíveis compradores) ou com vendedores de campo (para visitar as propriedades dos associados, no caso das cooperativas agrícolas, ou os clientes, no caso das cooperativas de trabalho e serviços).

As cooperativas podem também formar sua força de vendas contratando agentes especializados, como representantes comerciais, vendedores autônomos ou corretores, pagando-lhes comissões conforme o volume das vendas.

A decisão sobre manter uma força de vendas própria ou terceirizá-la vai depender do porte da cooperativa e da experiência ou especialização exigida dos vendedores.

Exemplo

Suponhamos uma cooperativa agrícola cujo objetivo comercial seja vender tratores, equipamentos, adubos etc. para associados e terceiros.

A direção do CA poderia constituir uma força de vendas especializada em assistência técnica. Assim, técnicos da própria cooperativa se encar-

continua

Decisões sobre o mix da promoção   255

regariam de visitar os produtores para mostrar-lhes como usar os equipamentos adquiridos.

Ou então a cooperativa poderia firmar uma parceria para manter uma força de vendas e assistência técnica do próprio fabricante.

Estrutura da força de vendas

A estrutura da força de vendas vai depender da estratégia adotada pela cooperativa. Existem várias maneiras de se estruturar uma força de vendas.

☐ Força de vendas por território.

Exemplo

A direção do CA de uma cooperativa de bordadeiras e costureiras poderia estruturar sua força de vendas designando vendedores para oferecer sua linha de produtos independentemente do tipo de cliente. Estruturando suas vendas por território, a cooperativa obteria algumas vantagens:

☐ definir claramente as responsabilidades do vendedor;
☐ incentivá-lo a estabelecer relações comerciais e pessoais no âmbito local;
☐ reduzir despesas com viagens, uma vez que o vendedor se deslocará dentro de uma área já estabelecida;
☐ configurar diversos territórios com o mesmo potencial de vendas e renda, de modo a poder avaliar e comparar o desempenho individual dos vendedores;
☐ estabelecer territórios de vendas por unidades (cidades, regiões, estados etc.).

☐ Força de vendas por produto.

Exemplo

Suponhamos uma cooperativa de produtores cujo objetivo comercial seja vender a seus associados e terceiros máquinas e equipamentos agrícolas.

A direção do CA poderia estruturar sua força de vendas por produto. A vantagem é que cada vendedor se especializaria num determinado item, podendo esclarecer os clientes a respeito das características do mesmo (uso, manutenção, requisitos técnicos etc.).

256   Marketing social e ético nas cooperativas

❑ Força de vendas por mercado.

> ### Exemplo
>
> Suponhamos uma cooperativa de trabalho médico que tenha por objetivo vender planos de assistência médico-hospitalar.
>
> Nesse caso, a direção do CA poderia estruturar sua força de vendas por mercado (pessoas físicas e pessoas jurídicas). A vantagem dessa especialização é que as forças de vendas passariam a conhecer melhor as necessidades, preferências, percepções e grau de satisfação de seus respectivos mercados, podendo assim colher informações úteis para a cooperativa.
>
> A desvantagem é que os clientes normalmente estão espalhados, o que pode aumentar os custos com longas viagens dos vendedores.

❑ Força de vendas combinada.

> ### Exemplo
>
> Suponhamos uma cooperativa de agropecuaristas cujo objetivo seja processar e comercializar a produção de leite *in natura*, carne bovina e grãos de seus associados, bem como vender-lhes tratores, equipamentos, adubos etc.
>
> Nesse caso, a direção do CA poderia estruturar sua força de vendas combinando território (bacia leiteira) e produto (implementos agrícolas); território (região da soja) e mercado (grandes produtores) e assim por diante. A vantagem é permitir que se façam combinações para designar vendedores por linha de produtos em diferentes mercados.

Tamanho e remuneração da força de vendas

Uma vez definidos o objetivo, a estratégia e a estrutura de sua força de vendas, a cooperativa poderá estabelecer o número e a remuneração dos vendedores. Do ponto de vista mercadológico, os vendedores representam um dos patrimônios mais produtivos e mais caros de qualquer negócio de vendas, pois quanto maior o seu número, maiores as vendas e também os custos.

A seguir relacionamos alguns procedimentos mercadológicos para estabelecer o número e a remuneração dos vendedores:

❑ identificar grupos de clientes, conforme o volume anual das vendas;

❑ estipular um número ideal de visitas (freqüência) para cada conta num grupo de clientes;

Decisões sobre o mix da promoção   257

- multiplicar o número de contas em cada grupo de clientes pela freqüência de visitas, de modo a obter a carga de trabalho total por região, cidade, estado ou país em termos de visitas por ano;
- determinar o número médio de visitas que um vendedor pode fazer por ano;
- estimar o número necessário de vendedores, dividindo o número total de visitas anuais exigidas pela média anual de visitas realizadas por vendedor.

Exemplo

Suponhamos que o objetivo da força de vendas de uma cooperativa de criadores de ema seja incentivar o consumo dessa carne e derivados num mercado de demanda latente.

Nesse caso, a direção do CA poderia fazer uma simulação numérica por conta de grupo de clientes:

- cada uma das contas A (1.000) requer 36 visitas por ano;
- cada uma das contas B (2.000) requer 12 visitas por ano.

Assim, a cooperativa precisaria de uma força de vendas capaz de fazer 60 mil visitas por ano: $(1.000 \times 36) + (2.000 \times 12) = 60.000$.

Suponhamos que o vendedor possa fazer em média mil visitas por ano. Logo, a cooperativa precisaria de 60 vendedores em tempo integral: $60.000/1.000 = 60$.

Fonte: adaptado de Kotler (2000).

Fixado o número de vendedores e visitas, cumpre estipular a remuneração dos vendedores. Para tanto devem-se considerar quatro componentes:

- quantia fixa — pode ser um salário destinado a satisfazer à necessidade de estabilidade de renda do profissional de vendas; a desvantagem do salário fixo é que o vendedor pode ver-se obrigado a cumprir tarefas alheias à sua função, ou esforçar-se pouco para convencer os clientes a comprarem mais;
- quantia variável — pode ser uma comissão, bonificação ou distribuição de lucros, visando estimular e recompensar um esforço maior dos vendedores. O plano de comissão costuma atrair vendedores de alto desempenho, dá maior motivação, requer menos supervisão e permite controlar os gastos com vendas. Pode haver também uma combinação de pagamentos fixos e variáveis, associando a parte variável a certas metas de vendas;
- ajuda de custo — permite ao vendedor cobrir as despesas de transporte, hospedagem, alimentação e lazer;

Marketing social e ético nas cooperativas

- ❏ benefícios — podem ser férias remuneradas, seguro de vida ou contra acidentes, plano de saúde, pensões etc., visando dar segurança e satisfação no trabalho aos vendedores.

Seleção e treinamento da força de vendas

Os principais requisitos de um bom vendedor são: honestidade, confiabilidade, disposição para assumir riscos, autoconfiança e empatia com o cliente.

O recrutamento da força de vendas pode ser feito por meio de indicações de bons profissionais da mesma área, agências de emprego, anúncios de jornais etc.

Quanto ao programa de treinamento, deve-se capacitar os vendedores para prestar esclarecimentos sobre os produtos ou serviços da cooperativa, construir relacionamentos duradouros com os clientes e saber persuadi-los às compras, assumir responsabilidades nas tarefas de campo etc.

Além dos vendedores externos, a cooperativa pode necessitar também de vendedores internos:

- ❏ pessoal de suporte técnico — pode ser uma força de vendas interna para prestar assessoria técnica aos clientes, sobretudo nas cooperativas agrícolas que vendem bens de produção;
- ❏ assistentes de vendas — vendedores internos que dão apoio logístico à força de vendas externa por telefone, fax ou internet; confirmam compromissos com os clientes, efetuam verificações de crédito; fazem o acompanhamento das entregas de mercadorias e respondem às questões dos clientes;
- ❏ pessoal de telemarketing — força de vendas interna que usa o telefone para fazer contato com novos clientes.

Uma força de vendas interna pode proporcionar muitas vantagens às cooperativas. Por exemplo:

- ❏ permitir aos vendedores externos dedicar mais tempo às contas importantes;
- ❏ identificar e aproveitar novas oportunidades de negócios;
- ❏ fazer o acompanhamento de estoques e pedidos, de modo a incentivar as compras;
- ❏ reativar contas antigas e colher informações para a mala direta;
- ❏ munir os vendedores externos de informações transmitidas por computador.

Marketing de relacionamento

O marketing de relacionamento visa estabelecer uma parceria de longo prazo com os clientes dispensando-lhes um tratamento diferenciado, ao contrário do marketing de massa. Para tanto as cooperativas podem valer-se das ferramentas de prospecção da internet, as quais apresentam inúmeras vantagens. Eis algumas delas:

- identificar previamente possíveis clientes a serem visitados pelos vendedores;
- exibir a página de apresentação da cooperativa a clientes potenciais auto-identificados;
- prestar atendimento *on-line* para pedidos de produtos ou serviços da cooperativa;
- permitir ao cliente entrar em contato com a cooperativa para informar-se a respeito de algum produto ou serviço exposto em sua página;
- divulgar o *site* em diversos idiomas, conforme o objetivo comercial da cooperativa nos mercados internacionais;
- atualizar prontamente as informações sobre os produtos ou serviços da cooperativa.

O plano de marketing direto

O marketing direto, última etapa do desenvolvimento do *mix* de propaganda, é um sistema de marketing interativo que possibilita às cooperativas atender de forma diferenciada a seus clientes. Também é conhecido como marketing de pedido direto ou marketing customizado. O quadro 46 mostra as principais diferenças entre o marketing customizado e o marketing de massa.

Quadro 46
Marketing de massa e marketing customizado nas cooperativas

Marketing de massa	Marketing customizado
Cliente médio	Cliente individual
Anonimato do cliente	Perfil do cliente
Produto padrão	Produto customizado
Produção em massa	Produção customizada
Distribuição em massa	Distribuição personalizada
Propaganda em massa	Propaganda personalizada
Promoção em massa	Incentivos personalizados
Mensagem só no sentido do fornecedor	Mensagens no sentido do fornecedor e do cliente
Participação de mercado	Participação do cliente
Procura todos os clientes	Procura apenas clientes rentáveis
Enfatiza a atração de clientes	Enfatiza a retenção de clientes

Fonte: adaptado de Kotler (2000).

A prática do marketing direto ou customizado nas cooperativas requer a ferramenta do banco de dados para armazenar e atualizar dados sobre clientes potenciais. A tecnologia do *database marketing* (DBM) permite criar e manter um banco de dados sobre clientes, produtos, vendedores etc., visando estabelecer os contatos iniciais e efetuar vendas.

Não se deve confundir uma lista de mala direta de clientes com um banco de dados. A primeira é simplesmente uma série de nomes, endereços e números de telefone, ao passo que o banco de dados reúne grande volume de informações detalhadas sobre os clientes.

O banco de dados pode contribuir para as vendas das cooperativas nos seguintes aspectos:

❑ identificar clientes potenciais — a cooperativa pode incluir nos anúncios de determinada oferta um questionário pré-pago a ser devolvido pelo cliente; com os dados assim obtidos, selecionam-se os melhores clientes potenciais e faz-se contato com eles (correio, telefone ou visita pessoal);

❑ selecionar clientes potenciais para uma oferta específica — a cooperativa utiliza o banco de dados para identificar os clientes com perfil mais adequado à oferta em questão;

❑ aprofundar a fidelidade dos clientes — a cooperativa levanta informações sobre o padrão de consumo do cliente e procura motivá-lo enviando brindes, cupons de desconto etc.;

❑ reativar as compras dos clientes — a cooperativa cria um programa de postagem automática (marketing automático) para enviar cartões de aniversário e divulgar ofertas especiais.

Vale observar que o DBM requer recursos financeiros suficientes para investir em equipamentos e programas apropriados, bem como pessoal capacitado para operá-los. O quadro 47 mostra outras modalidades de canais de marketing direto que podem ser utilizadas pelas cooperativas.

Quadro 47
Canais de marketing direto

Venda pessoal
Trata-se da visita a clientes, a modalidade mais antiga de marketing direto.

Mala direta
Envio de ofertas, anúncios, folhetos, vídeos etc. a clientes potenciais.

Marketing de catálogo
Envio de catálogos de produtos a clientes selecionados. Alguns cuidados devem ser tomados no envio de catálogos, como: criar textos no idioma apropriado, conforme o

continua

mercado-alvo; controlar os estoques dos itens anunciados, para evitar a falta; disponibilizar o produto ao cliente conforme as informações contidas nos anúncios; manter uma linha de teleatendimento para tirar possíveis dúvidas de clientes.

Telemarketing

Esse canal utiliza operadores de telefone para atrair novos clientes, contatar os clientes atuais, determinar níveis de satisfação ou anotar pedidos. O telemarketing pode ser totalmente automatizado, para atender a chamadas, gravar, reproduzir e/ou registrar pedidos via secretária eletrônica, ou, senão, transferir a chamada para atendentes.

Alguns cuidados devem ser observados, quanto à eficácia do telemarketing. São eles: o operador de telemarketing deve ter voz agradável e transmitir entusiasmo, deve iniciar o treinamento com um roteiro, precisa saber como concluir a conversação se o cliente parecer desinteressado etc.

Marketing de terminais multimídia

Permite associar máquinas eletrônicas para fazer pedidos via chamadas de terminais. No terminal multimídia é possível expor a foto do produto ao cliente. Não havendo o produto em estoque, o cliente pode utilizar o telefone do próprio terminal para fazer a encomenda e digitar o número do cartão de crédito para pagamento e o endereço para receber o pedido.

E-commerce

São os canais eletrônicos que possibilitam transações comerciais eletrônicas, como o envio de pedidos de compra para fornecedores via EDI (troca eletrônica de dados), ligados a dispositivos de caixas eletrônicos e cartões magnéticos. Esses dispositivos, integrados via internet, podem expedir a fatura e realizar o pagamento de forma simultânea. A tecnologia do e-commerce nas cooperativas pode ser instalada de duas maneiras:

❑ Comprar espaço em um serviço comercial *on-line* ou estabelecer um *link* do próprio computador da cooperativa com determinada rede de clientes.

❑ Criar o próprio *site* Web da cooperativa, podendo ser *site* Web corporativo (possibilita interagir via *e-mail* com clientes potenciais), *site* Web de marketing (permite projetar uma página, com imagens acompanhadas de som, cores variadas e movimento, conforme o objetivo do anúncio), *site* de comunidades Web (são *sites* públicos ou privados que prestam informações diversas. Por exemplo:

❑ www.audida-ta.com.br — informa sobre procedimentos contábeis, tributários, patrimoniais, atividades da pecuária etc. Fornece instruções sobre o INSS, Confaz, SRF etc.

❑ www.abnt.org.br — informa sobre produtos controlados pelo Ministério da Agricultura (CIF) e normas técnicas da Associação Brasileira de Normas Técnica (ABNT).

continua

- www.agronegócios-e.com.br — permite cadastrar as cooperativas nos balcões dos negócios agrícolas, nos mercados tanto locais, quanto internacionais.
- www.ies.inf.br/secex e www.braziltradenet.gov.br — promovem as exportações dos produtos brasileiros, por intermédio da Agência de Promoção das Exportações (Apex), informam sobre o Manual do Exportador, disponibilizam estudos de mercados etc.

Parte IV

Planejamento, sistemas de informações e organização da estrutura de marketing nas cooperativas

Capítulo 12

Planejamento estratégico orientado para os mercados

São três as finalidades básicas do planejamento estratégico nas cooperativas:

- gerenciar os negócios da cooperativa conforme os investimentos por carteira;
- identificar os pontos fortes e fracos de cada carteira de negócios, considerando a taxa de crescimento do mercado e a posição competitiva da cooperativa nesse mercado;
- desenvolver estratégias de marketing para alcançar os objetivos de cada carteira de negócios.

Missão corporativa das unidades de negócios da cooperativa

Cada unidade de negócios deve ter sua missão corporativa definida de acordo com a missão social, política e econômica prevista nos estatutos da cooperativa. Vale observar que a missão estatutária é de responsabilidade da Assembléia Geral dos Sócios (AGS) e somente pode ser alterada por decisão dos donos da cooperativa. Já a missão corporativa pode ficar a cargo da presidência do CA ou dos profissionais da área de marketing.

Além disso, a missão estatutária está mais ligada aos aspectos institucionais da associação, enquanto a missão corporativa diz respeito aos produtos ou serviços das unidades de negócios. Porém, uma deve estar em perfeita sintonia com a outra, caso se pretenda evitar os conflitos organizacionais e administrativos que acarretaram o fracasso de certas cooperativas agropecuárias e agroindustriais brasileiras.

> ## Exemplo
>
> Suponhamos uma cooperativa de produtores de leite. Nesse caso, como parte da missão estatutária, caberia à direção do CA promover o desenvolvimento econômico dos cooperados de modo a garantir-lhes um retorno financeiro proporcional ao volume da produção do leite *in natura* comercializado com a cooperativa.
>
> Já a missão corporativa, sob responsabilidade dos profissionais da área de marketing, seria suprir as principais redes de supermercados de produtos derivados do leite *in natura*, conforme as seguintes carteiras de negócios: leite tipo C, leite longa vida, manteiga, iogurte etc.

Como se pode ver, a missão corporativa reflete o objetivo comercial da cooperativa, o qual deve ser compartilhado por associados, dirigentes do CA, empregados, revendedores varejistas ou atacadistas etc. Assim, a missão corporativa deve fornecer às organizações em geral uma orientação para suas atividades nos próximos 10 ou 20 anos. Mas para tanto é necessário considerar alguns aspectos mercadológicos. Por exemplo:

- em vez de querer atuar em vários negócios totalmente independentes, concentrar-se num número limitado de metas: oferecer produtos ou serviços de qualidade, a preços mais baixos, com a mais ampla distribuição;
- enfatizar os valores sociais, políticos e econômicos que deverão reger as relações de troca internas e externas da cooperativa;
- definir claramente o setor em que a cooperativa pretende atuar, ou seja, os produtos ou serviços a serem oferecidos, conforme as condições técnicas e econômicas de seus associados, a capacitação do quadro de pessoal, a capacidade administrativa dos dirigentes, a infra-estrutura material etc.;
- indicar as competências técnicas que a cooperativa procurará desenvolver (qualidade, quantidade, prazo de entrega, preço, distribuição etc.);
- determinar a abrangência comercial da cooperativa (território, município, cidade, estado, região, país ou continente).

Para definir a missão corporativa, primeiramente é necessário responder a algumas questões básicas.[211]

- Qual é o negócio da cooperativa?
- Quem é o cliente da cooperativa?

---

[211] Drucker, 1973.

Planejamento estratégico orientado para os mercados

- Qual a melhor atividade produtiva, comercial ou de serviços para a cooperativa?
- Qual a melhor maneira de conduzir as atividades da cooperativa?
- O que tem mais valor para ser comercializado com os associados ou terceiros?

Quanto à última questão, os dirigentes cooperativistas devem ter em mente que a oferta de um produto ou serviço alcançará êxito se proporcionar valor ou satisfação ao comprador. Além disso, para que o associado não desvie sua produção para terceiros (atravessadores), a cooperativa deve proporcionar-lhe valor ou satisfação na comercialização de suas mercadorias.

Definimos valor como a razão entre o que o associado ou o cliente externo recebem e o que eles dão em troca. Tanto o associado quanto o cliente externo recebem benefícios e devem assumir custos. Os primeiros incluem benefícios práticos e emocionais; os custos incluem custos monetários, custos de tempo, custos de energia e custos psicológicos, conforme mostrado na fórmula:

$$\text{Valor} = \frac{\text{benefícios}}{\text{custo}} = \frac{\text{benefícios práticos} + \text{benefícios emocionais}}{\text{custo monetário} + \text{custo tempo} + \text{custo energia} + \text{custo psicológico}}$$

A partir dessa fórmula, a direção do CA ou os responsáveis pelas atividades de marketing podem aumentar o valor nas relações de troca dentro e fora da cooperativa mediante algumas ações estratégicas.[212] Eis as mais importantes:

- aumentar os benefícios;
- reduzir os custos;
- aumentar os benefícios e reduzir os custos;
- aumentar os benefícios em maior proporção que os custos;
- reduzir os benefícios em menor proporção que os custos.

Unidades estratégicas de negócios da cooperativa

Não é difícil escolher a carteira de negócios da cooperativa, podendo a mesma incluir produtos e serviços já existentes ou ainda por criar. A questão é avaliar e classificar as carteiras de negócios em termos de maior potencial de mercado e lucratividade, tanto para os associados quanto para a economia geral da cooperativa.

Uma das ferramentas mais conhecidas para avaliar e classificar as carteiras de negócios e que podem auxiliar a direção do CA ou os responsáveis pelas atividades de marketing nas cooperativas a identificar suas unidades estratégicas de negócios (UENs) é a matriz de crescimento/participação, do Boston Consulting Group (BCG).[213]

---

[212] Kotler, 2000.

[213] Heldey, 1977.

A figura 23 mostra uma simulação gráfica do tamanho e da posição atual de oito unidades de negócios de uma determinada cooperativa. O volume de cada negócio em moeda é proporcional à área do círculo. Assim, os dois maiores negócios estão representados pelos círculos de números 5 e 6, isto é, as carteiras de negócios UEN *A* e UEN *B*. A posição de cada unidade de negócios indica a taxa de crescimento do mercado e a participação relativa do negócio no mercado.

O eixo vertical da figura representa a taxa de crescimento anual do mercado em que a UEN opera, a qual pode variar de zero a 20%. Do ponto de vista mercadológico, uma taxa de crescimento de mercado acima de 10% é considerada alta.

O eixo horizontal da figura representa a participação da UEN no mercado em que a cooperativa opera, em relação à participação de seu maior concorrente no mesmo segmento. Assim, o exame do eixo horizontal permite avaliar a força da cooperativa no segmento de mercado em questão.

Uma participação relativa no mercado de 0,1 indica que o volume de vendas da cooperativa é de apenas 10% do volume de vendas do líder no mercado. Já uma participação relativa de 10 significa que a UEN é líder e tem um volume de vendas 10 vezes maior que o do concorrente mais próximo naquele mercado.

Vale observar que a participação relativa no mercado é dividida em participações altas e baixas, conforme a linha divisória que passa pelo valor 1 da figura 23. Em outras palavras, a participação relativa é representada em escala logarítmica, de modo que distâncias iguais representam o mesmo aumento percentual.

Figura 23
Simulação gráfica para avaliar crescimento/participação no mercado

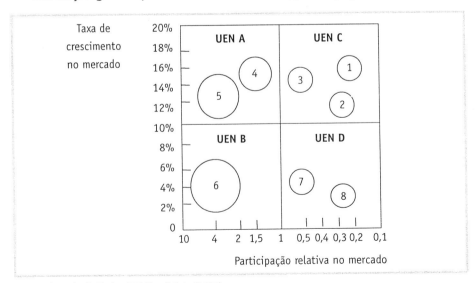

Fonte: adaptado de Kotler (2000) e Crúzio (1994).

Exemplo

Suponhamos que os associados de uma cooperativa de produtores queiram saber a participação atual e as perspectivas de crescimento e lucratividade das carteiras de leite *in natura* e carne bovina, em relação aos concorrentes.

Para tanto poderiam utilizar os recursos da matriz BCG, conforme a simulação gráfica da figura 23. Nas células UEN *A*, UEN *B*, UEN *C* e UEN *D*, digamos que os círculos representam as seguintes carteiras de negócios: salsicha industrializada (1), lingüiça industrializada (2), salame industrializado (3), leite C (4), leite longa vida (5), manteiga (6), doce de leite (7) e iogurte industrializado (8).

Assim, as carteiras de negócios 1, 2 e 3 da UEN *C* operam em mercados de alto crescimento, mas têm baixas participações relativas. São negócios iniciados com alguma incerteza, porque a cooperativa tenta ingressar num mercado de alto crescimento onde já existe um líder. Portanto, a cooperativa precisaria investir em novas fábricas, equipamentos e pessoal qualificado para tentar assumir a posição de líder nesse mercado. Mas, como a cooperativa opera com três negócios incertos, o que pode ser excessivo, ela poderia investir apenas em um ou dois deles.

Por outro lado, se obtiverem sucesso, as carteiras de negócios 1, 2 e 3 da UEN *C* deverão passar para a UEN *A*. Os negócios que se encontram nessa célula são considerados líderes num mercado de alto crescimento, mas não produzem, necessariamente, um fluxo de caixa positivo. Logo, a cooperativa deverá investir recursos substanciais para poder acompanhar a alta taxa de crescimento e repelir os possíveis ataques dos concorrentes. No caso, a cooperativa tem dois negócios líderes, identificados pelos números 4 e 5.

Com relação à carteira de negócio da UEN *B*, se a taxa anual de crescimento do mercado caísse para menos de 10%, o negócio de número 6 poderia gerar muito caixa para a cooperativa, desde que mantida a maior participação relativa no mercado em questão. Isso dispensaria a cooperativa de financiar expansões da capacidade, visto que a taxa de crescimento do mercado já diminuiu. Além disso, por ser líder, o negócio de número 6 pode obter economias de escala e maiores margens de lucros. Nesse caso, a cooperativa poderia usar os recursos obtidos com esse negócio para pagar contas e/ou apoiar outros negócios deficitários.

Por outro lado, a cooperativa estaria vulnerável por ter apenas um negócio de sucesso. E se o negócio de número 6 perder participação relativa

continua

no mercado, a cooperativa terá que investir recursos para manter a liderança no mercado. Do contrário, esse negócio deixa de ser lucrativo e passa para a UEN *D*.

Já as carteiras de negócios de números 7 e 8 da UEN *D* têm pequena participação no mercado e baixo crescimento, gerando pouco lucro ou mesmo prejuízo. Manter esses dois negócios pode ser excessivo. Assim, a cooperativa pode manter apenas um deles, desde que haja a possibilidade de retomar a taxa de crescimento do mercado ou de reconquistar a liderança.

Em suma, a cooperativa teria uma carteira de negócios desequilibrada se optasse por muitos negócios nas UENs *D* ou *C* e poucos negócios nas UENs *A* e *B*.

Decisões estratégicas

Conforme a simulação gráfica da figura 23, a direção do CA da cooperativa de produtores agropecuários poderia tomar decisões estratégicas quanto ao crescimento e à participação no mercado, considerando quatro possibilidades:[214]

Construir — significa aumentar a participação no mercado, mesmo que a cooperativa tenha de renunciar a lucros de curto prazo. Tal decisão é indicada para as carteiras de negócios de números 1, 2 e 3 da UEN *C*, conforme simulado na figura 23. Isso porque a cooperativa precisaria aumentar sua participação no mercado para atingir a posição da célula UEN *A*.

Manter — é preservar a participação no mercado. Essa estratégia é adequada para negócios fortes, de modo que continuem a render grandes fluxos de caixa. É o caso da carteira de negócios de número 6 da UEN *B*.

Colher — equivale a aumentar o fluxo de caixa de curto prazo, independentemente do efeito de longo prazo. Em outras palavras, a direção do CA decide-se pela retirada de um determinado negócio ou pela implementação de um programa de redução contínua de custos, podendo eliminar pesquisa e desenvolvimento (P&D), diminuir os gastos com propaganda e manter a unidade física, mesmo com seu desgaste, e o pessoal de vendas. Tal estratégia possibilita reduzir custos a um ritmo mais acelerado que o de uma eventual

---

[214] Kotler, 2000.

redução nas vendas, o que pode resultar num aumento do fluxo de caixa da cooperativa. É a mais indicada para a carteira de negócios de número 6 da UEN *B*, uma vez que seu futuro é pouco claro e ela exige maior fluxo de caixa. Mas serve também para as carteiras 1, 2 e 3 da UEN *C* e para as carteiras 7 e 8 da UEN *D*.

Abandonar — significa vender ou liquidar o negócio, uma vez que os recursos assim obtidos podem ser empregados em outras unidades de negócios mais lucrativas da cooperativa. Essa estratégia é adequada para as carteiras de negócios 1, 2 e 3 da UEN *C* e para as carteiras 7 e 8 da UEN *D*, visto que representam um peso para a cooperativa.

Portanto, é preciso decidir se a melhor estratégia para negócios fracos é colher ou abandonar. Conforme a situação do negócio, colher significa reduzir o valor futuro do negócio e, portanto, o preço pelo qual poderá ser vendido. Por outro lado, a decisão de abandonar pode produzir ofertas interessantes, desde que o negócio em questão se encontre em condições relativamente boas e ofereça mais valor para os possíveis compradores.

Novos negócios versus redução de negócios superados

Nas cooperativas, nem sempre as vendas e os lucros de determinadas unidades de negócios correspondem às estimativas dos dirigentes do CA ou dos profissionais da área de marketing. Por isso é necessário utilizar as ferramentas do planejamento estratégico para desenvolver novos negócios, visando preencher eventuais lacunas. Ou então abandonar os negócios cuja manutenção é cara e que não são rentáveis nem para os associados nem para a economia geral da cooperativa.

Exemplo

Suponhamos uma cooperativa de produtores agropecuários cujo objetivo industrial com relação à carne bovina seja o processamento da salsicha.

A figura 24 mostra uma simulação gráfica de lacuna de planejamento para a carteira de negócios da salsicha. A curva inferior representa as vendas esperadas nos próximos cinco anos. A curva superior descreve as vendas desejadas no mesmo período.

continua

Nesse caso, é provável que a cooperativa queira crescer muito mais rapidamente do que permite o negócio da atual carteira. Para preencher essa lacuna de planejamento, a direção do CA teria algumas opções estratégicas:

- *crescimento intensivo* — identificar novas oportunidades e conseguir crescimento adicional dos negócios atuais (por exemplo, salsicha à base de orgânicos);
- *crescimento integrativo* — identificar novas oportunidades para criar ou adquirir negócios relacionados aos atuais (por exemplo, salame industrializado);
- *crescimento por diversificação* — identificar novas oportunidades para criar negócios atraentes não relacionados aos atuais (por exemplo, leite longa vida).

Figura 24
Simulação de lacunas entre vendas desejadas e vendas projetadas

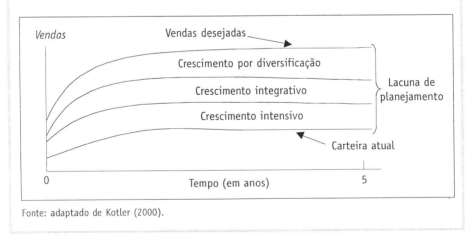

Fonte: adaptado de Kotler (2000).

Conforme o exemplo, para promover o crescimento intensivo da carteira da salsicha industrializada, a direção do CA deveria analisar as oportunidades para melhorar o desempenho dos negócios existentes. O quadro 48 mostra algumas estratégias de marketing para as alternativas produto *versus* mercado.

Planejamento estratégico orientado para os mercados   273

Quadro 48
Estratégias de crescimento intensivo

Mercados atuais	1. *Estratégia de penetração no mercado*: verificar se é possível aumentar a participação no mercado atual com o produto atual. No caso da carteira da salsicha industrializada, caberia estimular os clientes às compras, atrair os clientes da concorrência ou incentivar o consumo entre as pessoas avessas ao produto.	3. *Estratégia de desenvolvimento de produtos*: verificar se é possível desenvolver novos produtos de interesse para os mercados atuais. No caso da carteira da salsicha industrializada, caberia oferecer o produto com baixo teor de gordura e sal. Caso não se obtenha o crescimento esperado, verificar a possibilidade de *crescimento integrativo* mediante parceria com outro fabricante.
Novos mercados	2. *Estratégia de desenvolvimento de mercado*: verificar se é possível desenvolver novos mercados para o produto atual. No caso da carteira da salsicha industrializada, caberia procurar novos clientes nas atuais áreas de vendas, ou então tentar expandir as vendas nos mercados internacionais, sobretudo onde há escassez da carne bovina e derivados.	4. *Estratégia de diversificação*: verificar se é possível desenvolver novos produtos para novos mercados. No caso da carteira da salsicha industrializada, caberia promover o crescimento por diversificação horizontal da linha de produtos, mesmo que não tenham relação tecnológica com a salsicha industrializada.

Fonte: adaptado de Ansoff (1957).

Planejamento estratégico das unidades de negócios

Nas cooperativas, cada carteira de negócios deve ter um planejamento estratégico. Este envolve uma seqüência de procedimentos mercadológicos visando definir a missão corporativa, os objetivos, as estratégias, os programas de ação e os meios de controle de uma determinada unidade de negócios da cooperativa.

274 Marketing social e ético nas cooperativas

Exemplo

Numa cooperativa de produtores agropecuários, a direção do CA elaborou o planejamento estratégico da unidade de negócios em questão conforme esta seqüência de procedimentos.

- *Missão corporativa* — suprir as principais redes de supermercados de itens derivados do leite *in natura* de produção totalmente orgânica.
- *Objetivo* — aumentar em 15%, nos próximos dois anos, a taxa de retorno sobre o investimento da carteira do leite longa vida de produção orgânica.
- *Estratégia de foco* — a cooperativa concentrará seus esforços mercadológicos no segmento do leite longa vida de produção orgânica.
- *Estratégia de diferenciação* — a cooperativa buscará ser líder em qualidade nesse segmento.
- *Estratégia de alianças promocionais* — a cooperativa estabelecerá parceria com uma rede de supermercados para promover e distribuir no mercado o leite longa vida de produção orgânica; em contrapartida, garantirá à rede exclusividade no fornecimento do produto.
- *Estratégias de aliança de produtos* — a cooperativa formará com outras cooperativas singulares do mesmo setor uma central para a produção de leite *in natura* de manejo orgânico e o processamento de derivados do leite C (manteiga, iogurte etc.).
- *Programa de ação para as despesas* — determinar qual é o nível de despesas adequado para atingir os objetivos de mercado da cooperativa.
- *Programa de ação para a alocação de recursos* — elaborar o orçamento total de marketing para a oferta do leite longa vida de produção orgânica.
- *Programa de ação para o mix do produto* — especificar a qualidade do leite longa vida e desenvolver *design*, embalagem e marca.
- *Programa de ação para o mix de preço* — determinar faixas de preços, descontos ou compensações no atacado e no varejo, e condições de crédito aos revendedores.

continua

- *Programa de ação para o mix de distribuição* — selecionar, com base na relação custo/benefício, os canais de distribuição do leite longa vida de produção orgânica (canal distribuidor exclusivo ou canais variados, como panificações etc.).

- *Programa de ação para o mix de propaganda* — escolher a mídia para anunciar o produto, levando em conta a cobertura, a freqüência e o impacto dos diversos meios.

- *Controle por planos anuais* — estabelecer metas de vendas e lucros para cada mês ou trimestre, bem como parâmetros para avaliar o desempenho no mercado.

- *Controle de lucratividade* — avaliar a lucratividade real obtida com as vendas do leite longa vida, comprando o desempenho dos diferentes canais de distribuição.

- *Controle estratégico* — avaliar a eficácia das estratégias de marketing no tocante à adequação entre produto e mercado, levando em conta as freqüentes mudanças no ambiente geral de marketing.

Autogestão do planejamento estratégico de marketing

Nas cooperativas, a parte mais técnica ou especializada do planejamento estratégico pode ficar a cargo de profissionais contratados para a área de marketing, assim como as atividades orçamentárias, a apuração do ponto ótimo entre receitas e despesas e outras tarefas que exigem um mínimo de especialização.

Mas cabe aos associados, reunidos em AGS, e aos conselheiros do CF e do CA acompanhar a implementação e o controle do planejamento estratégico da cooperativa, comparando os resultados previstos com os efetivamente alcançados no exercício anual.

A figura 25 mostra algumas rotinas administrativas para monitorar o planejamento estratégico em suas diversas etapas.

Figura 25
Autogestão do planejamento estratégico de marketing

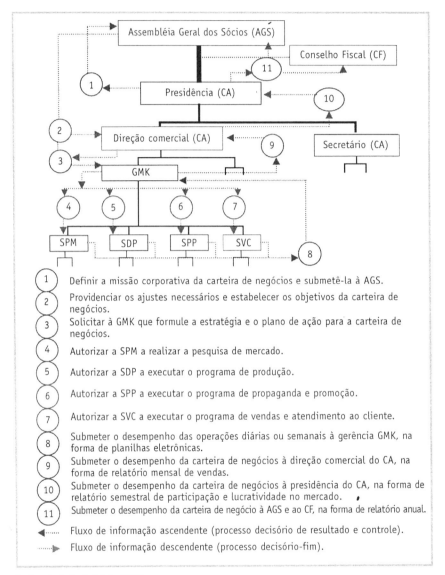

Fonte: adaptado de Crúzio (2002).

Capítulo 13

Sistemas de informações

Uma das principais razões para criar um sistema de informações mercadológicas (SIM) nas cooperativas é poder identificar as oportunidades de mercado-alvo. Tal sistema, baseado em pesquisas de marketing, pode proporcionar às cooperativas uma série de vantagens. Por exemplo:

- mensurar o tamanho, o crescimento e o potencial de lucros de cada carteira de negócios da cooperativa;
- fornecer informações atualizadas sobre as necessidades, preferências, percepções ou grau de satisfação de associados, consumidores, revendedores etc.;
- verificar qual é a percepção do público com relação à marca ou qualidade dos produtos ou serviços ofertados;
- fazer previsões sobre investimentos em novos produtos, propaganda e distribuição;
- estabelecer um nível ideal de oferta de produtos ou serviços, conforme o histórico da demanda;
- determinar as necessidades de infra-estrutura física e equipamentos, bem como de pessoal técnico nas áreas de finanças, produção e marketing;
- selecionar o melhor canal de distribuição (próprio ou de terceiros) em termos de custo e eficácia;
- desenvolver um programa de propaganda e escolher a mídia adequada ao público que se deseja alcançar;
- incutir nos associados, dirigentes e conselheiros maior senso de determinação e responsabilidade.

A principal ferramenta para a implementação de um sistema de informações mercadológicas nas cooperativas é a pesquisa de marketing. A seguir veremos os procedimentos mercadológicos necessários à realização dessa pesquisa.

Objetivos da pesquisa de marketing

Os produtos ou serviços ofertados pelas cooperativas podem enfrentar diferentes problemas de demanda. Assim, os objetivos da pesquisa de marketing serão definidos em função do problema de demanda existente, como se pode ver no quadro 49. Vale notar, porém, que tais objetivos não devem ser definidos nem de maneira muito ampla nem muito restrita.

Quadro 49
Problemas de demanda e objetivos da pesquisa de marketing

Problemas de demanda	Diretrizes para a pesquisa de marketing
Demanda negativa	➤ Corrigir a demanda = marketing de conversão
Demanda inexistente	➤ Criar demanda = marketing de estímulo
Demanda latente	➤ Iniciar a demanda = marketing de desenvolvimento
Demanda declinante	➤ Revitalizar a demanda = *remarketing*
Demanda irregular	➤ Sincronizar a demanda = *synchromarketing*
Demanda plena	➤ Manter a demanda = marketing de manutenção
Demanda excessiva	➤ Reduzir a demanda = *demarketing*
Demanda indesejada	➤ Destruir a demanda = *countermarketing*

Fonte: adaptado de Kotler (1994 e 1988).

Exemplo

Suponhamos que uma cooperativa de produtores agropecuários tenha definido o objetivo da pesquisa de marketing nos seguintes termos: *conhecer tudo sobre as necessidades dos clientes que preferem produtos à base de orgânicos*. Trata-se de um objetivo muito amplo para se obter resultados práticos em marketing.

Nesse caso, caberia à direção do CA ou aos responsáveis pela pesquisa reformular o objetivo: *pode a oferta de derivados do leite* in natura *de produção orgânica gerar lucros que compensem o investimento?*

A partir daí é possível especificar prioridades, considerando as seguintes questões:

❑ o que leva os consumidores a adquirirem derivados do leite *in natura* de produção orgânica?

❑ qual é o perfil dos consumidores que dão preferência a tais produtos?

continua

> ❏ quantos consumidores estariam dispostos a pagar o preço estipulado para esses produtos?
>
> ❏ quantos desses consumidores poderiam escolher os derivados do leite *in natura* de produção orgânica ofertados pela cooperativa?
>
> ❏ que valor seria acrescentado a longo prazo à imagem da cooperativa pelo fato de produzir tais itens?
>
> ❏ qual seria o valor de troca esperado pelo associado na comercialização desses produtos com a cooperativa?

Fonte de dados para a pesquisa de marketing

Uma vez definido o objetivo da pesquisa de marketing, a cooperativa deve decidir onde colher as informações necessárias para responder às questões levantadas.

> ### Exemplo
>
> No caso da referida cooperativa de produtores agropecuários, trata-se de responder à questão: *pode a oferta de derivados do leite* in natura *de produção orgânica gerar lucros que compensem o investimento?* Para tanto, a cooperativa poderia recorrer às seguintes fontes:
>
> ❏ *fontes de dados secundários* — são dados coletados para outra finalidade mas que podem servir para a pesquisa em questão, estando disponíveis nos institutos públicos de pesquisa que lidam com questões sociais e econômicas; a vantagem dessa fonte é o baixo custo, e a desvantagem é que os dados assim obtidos exigem uma adaptação aos objetivos da pesquisa;
>
> ❏ *fontes de dados primários* — são dados coletados por meio de entrevistas individuais ou em grupo; a vantagem dessa fonte é fornecer dados atualizados e precisos, e a desvantagem é ser mais demorada e mais cara que a pesquisa de fonte secundária.

Abordagem da pesquisa de marketing

Escolhida a fonte de dados, é preciso estabelecer um método para efetuar a pesquisa em questão.

Exemplo

Ainda no caso da cooperativa de produtores agropecuários, o responsável pela pesquisa de marketing poderia escolher um dos seguintes métodos:

- *pesquisa por observação* — o pesquisador vai às redes de supermercados ou a outros revendedores para ouvir o que os consumidores dizem a respeito dos produtos à base de orgânicos;
- p*esquisa de grupo de foco* — o pesquisador reúne um grupo de consumidores que freqüentam uma rede de supermercados e põe em discussão a oferta desse tipo de produtos; para tanto ele deve ser capaz de incentivar o debate de modo a obter o máximo de informações sobre o produto em questão;
- *levantamentos* — o pesquisador faz uma pesquisa descritiva para conhecer as preferências e o grau de satisfação de um determinado grupo de consumidores locais com relação à oferta de derivados do leite *in natura* de produção orgânica;
- *dados comportamentais* — o pesquisador utiliza os dados das caixas registradoras ou do banco de dados das grandes redes de supermercados para analisar o comportamento dos consumidores com relação à compra de itens similares aos que a cooperativa pretende lançar no mercado;
- *pesquisa experimental* — o pesquisador analisa relações de causa e efeito mediante a atribuição de preços diferenciados para o produto em questão, ou seja, preços inferiores, iguais ou superiores aos dos concorrentes; logo, qualquer diferença no volume das vendas poderia estar relacionada aos preços cobrados.

Instrumentos para a pesquisa de marketing

Uma vez estabelecido o método da pesquisa de marketing, procede-se à escolha dos instrumentos de coleta de dados ou informações.

Exemplo

No caso anteriormente mencionado, o pesquisador pode utilizar um questionário somente com perguntas fechadas ou com uma combinação de perguntas abertas e fechadas, como já foi visto no capítulo 7.

continua

Pode também empregar instrumentos eletrônicos, dependendo do grau de confiabilidade exigido nas respostas. Tal escolha deve levar em conta os custos, o tempo disponível e a competência do pesquisador para a tabulação de dados. Eis alguns dos instrumentos de auxílio à pesquisa de marketing nas cooperativas:

- *questionário com perguntas fechadas* — o entrevistado atribui ao produto em questão um conceito que vai de excelente a ruim. Por exemplo: *os derivados do leite* in natura *de produção orgânica ofertados pela cooperativa são*: *excelentes (1), muito bons (2) bons (3) razoáveis (4) ou ruins (5)?*
- *questionário com perguntas abertas* — o entrevistado opina livremente sobre o produto. Por exemplo: *qual a sua opinião sobre os derivados do leite* in natura *de produção orgânica ofertados pela cooperativa?*
- *câmara ocular* — uma câmara instalada nas gôndolas dos supermercados registra o movimento dos olhos dos consumidores pesquisados e mostra, por exemplo, por quanto tempo ele fixa o olhar no produto testado;
- *galvanômetro*: permite medir o interesse ou o impacto causado pelo anúncio ou imagem do produto testado.

Amostragem

Escolhidos os instrumentos para a coleta de dados, a cooperativa deve proceder à seleção de amostras para a pesquisa de marketing.

Exemplo

Para selecionar os elementos da população a ser analisada, o pesquisador deve seguir alguns procedimentos básicos:

- *unidade de amostragem* — determinar o tipo de consumidor que deve ser entrevistado; no caso anteriormente mencionado, pode-se considerar a totalidade dos clientes de determinada rede de supermercados ou selecioná-los por faixa etária, volume de compras etc.;
- *tamanho da amostra* — determinar quantas pessoas devem ser entrevistadas; no caso, não é necessário entrevistar toda a população que freqüenta a rede de supermercados, mas apenas uma amostra de menos de

continua

1% dos clientes, o que mercadologicamente é uma dimensão aceitável para a pesquisa;

❑ *amostragem probabilística* — pode-se escolher entre uma *amostragem aleatória simples*, na qual todos os membros da população-alvo têm a mesma chance de ser escolhidos, e uma *amostragem aleatória estratificada*, na qual o pesquisador divide os clientes da rede de supermercados em grupos mutuamente excludentes, segundo a faixa etária, o nível de renda etc.;

❑ *amostragens não-probabilísticas* — o pesquisador pode selecionar uma *amostra de conveniência*, constituída pelos clientes mais acessíveis da população-alvo, ou uma *amostra por cotas*, na qual os entrevistados são escolhidos por volume de compras, número de visitas ao supermercado etc.

Método para contato

Uma vez definida a amostragem, resta decidir como fazer contato com os entrevistados.

Exemplo

O pesquisador pode escolher um dos seguintes métodos para contatar o público-alvo:

❑ *encaminhar questionário pelo correio* — as perguntas devem ser simples e claras, a fim de que os clientes se interessem em respondê-las; a vantagem desse método é que não se exerce nenhuma influência pessoal sobre o entrevistado, e a desvantagem é a demora na obtenção de respostas;

❑ *entrevistas pelo telefone* — o pesquisador tem que ser breve nas suas questões; a vantagem é propiciar resultados rápidos e poder esclarecer eventuais dúvidas dos entrevistados quanto ao produto testado;

❑ *entrevistas pessoais* — esse método permite ao pesquisador fazer mais perguntas e colher outros dados de interesse para a pesquisa, mas tem a desvantagem de ser mais caro que os demais; além disso, a presença do pesquisador pode influenciar as respostas dos clientes;

❑ *entrevistas on-line* — elabora-se um questionário para ser apresentado na página da cooperativa na internet, podendo-se inclusive oferecer descontos ou outras promoções para o produto em questão.

Análise dos dados

Existem vários instrumentos estatísticos para proceder à análise das informações colhidas durante a pesquisa de marketing.

> ### Exemplo
>
> Voltando ao caso da cooperativa de produtores agropecuários, suponhamos que o pesquisador queira saber como as vendas unitárias dos derivados do leite *in natura* de produção orgânica seriam influenciadas por reduções nos gastos com propaganda, no tamanho da força de vendas ou nos preços.
>
> Para tanto ele pode empregar a *regressão múltipla* e verificar como o valor de uma variável dependente (preço final ao consumidor ou valor das sobras líquidas aos associados) é influenciado por outras variáveis independentes (matéria-prima, mão-de-obra etc.).
>
> Enfim, a estatística oferece vários outros instrumentos para calcular o ponto de equilíbrio entre receitas e despesas, estimar a utilização ótima de recursos etc., podendo-se também montar tabelas de distribuição de freqüência, tirar médias e fazer outras aferições importantes no mercado.

Capítulo 14

Organização e evolução da estrutura de marketing

As cooperativas precisam redimensionar sua estrutura de marketing para fazer face a eventuais mudanças no ambiente operacional, tais como a globalização, a desregulamentação de preços, os avanços das comunicações e do comércio eletrônico, os novos valores do público-alvo, a fragmentação de mercado e outras turbulências.

A estrutura de marketing nas cooperativas pode ser considerada sob três aspectos comuns às organizações em geral:[215] a evolução das estruturas organizacionais; os estágios iniciais das atividades de marketing e as demandas do órgão de marketing; e as funções especializadas de marketing.

Evolução das estruturas organizacionais

As cooperativas de maneira geral precisam capacitar sua estrutura funcional de marketing para lidar eficazmente com as forças da economia de mercado e as demandas produtivas, comerciais ou de serviços do ambiente operacional.

Reengenharia

Os dirigentes do CA devem desenvolver uma estrutura capaz de administrar tais demandas, não só agregando valor às relações de troca internas (associados) e externas (consumidores, revendedores, fornecedores, agentes financeiros, membros da comunidade local etc.), mas também eliminando possíveis barreiras funcionais e interdepartamentais.

---

[215] Kotler, 2000.

Terceirização

Os dirigentes do CA devem estar dispostos a adquirir certos produtos ou serviços complementares no mercado externo, especialmente aqueles que estão acima da capacidade de seus associados. Isso significa oferecer produtos ou serviços de qualidade com maior presteza e a menores custos.

Benchmarketing

Os dirigentes do CA devem tomar como referência outras cooperativas ou organizações similares que adotem melhores práticas, pois isso lhes permitirá adquirir novos conhecimentos e aprimorar o próprio desempenho.

Fusões ou incorporações

Os dirigentes do CA devem fazer fusões com outras cooperativas singulares do mesmo segmento, a fim de formar uma central de cooperativas em âmbito municipal, estadual, nacional ou internacional, conforme previsto na Lei nº 5.764/71. A união de cooperativas possibilita obter as economias de escala mediante a redução dos custos de produção, comercialização, armazenagem, transporte e distribuição etc. Além disso, as fusões fortalecem as pequenas cooperativas singulares, pois impedem sua aquisição pelas multinacionais, o que tira dos pequenos produtores filiados o poder de estipular os preços reais de suas mercadorias.[216]

Além disso, a integração dos diversos segmentos das cooperativas brasileiras permitiria fazer face ao forte *lobby* exercido pelas cooperativas agrícolas européias, notadamente as francesas, com relação aos subsídios mantidos para barrar os produtos agrícolas brasileiros.

---

[216] Ver o caso mais recente de fusão entre cooperativas agropecuárias e agroindustriais brasileiras. Após uma fracassada tentativa de fusão com a Centroleite, 14 cooperativas singulares do Triângulo Mineiro e do Alto Parnaíba se uniram num processo que poderá resultar na fusão de todas as cooperativas singulares do estado de Minas Gerais ou no estabelecimento de uma sociedade anônima para administrar seus negócios em conjunto, uma vez que a margem de lucro do setor leiteiro é bastante reduzida. Os produtores pretendem com isso obter economias de escala na produção e comercialização, reduzir os riscos da sazonalidade e competir com as grandes empresas locais e internacionais na produção de leite e derivados (*Valor Econômico*, 14-10-2002 e 16-9-2002).

Outras fusões entre as cooperativas singulares, ligadas aos setores da agroindústria e agropecuária, têm ocorrido como a bem-sucedida aliança de oito cooperativas do norte do Paraná. A fim de exportar a produção do leite em pó para a África, Oriente Médio, México e China, criaram

Globalização

Os associados, reunidos em AGS sob a direção do CA, devem discutir suas propostas sociais, políticas e econômicas pensando a longo prazo e globalmente. Mas precisam também encontrar meios de executá-las a médio ou curto prazo, envolvendo membros da comunidade local.

Achatamento

Os dirigentes do CA devem reduzir ao máximo os níveis hierárquicos, seja para evitar o distanciamento de seus associados do processo decisório, seja para facilitar o controle das ações dos executivos contratados. Devem igualmente enxugar os processos administrativos e burocráticos, a fim de reduzir custos e tornar a cooperativa mais ágil ante as mudanças no ambiente operacional e, principalmente, mais competitiva no mercado.

Focalização

Os dirigentes do CA devem agir estrategicamente, procurando identificar negócios atraentes para o mercado externo e ao mesmo tempo lucrativos para a cooperativa. Devem também capacitar a estrutura funcional de apoio conforme o foco de suas carteiras de negócios internos e externos.

Empowerment

Os dirigentes do CA devem incentivar os associados a desenvolverem a criatividade e o espírito de iniciativa ao lidar com os problemas cotidianos da cooperativa. Tudo isso visando à satisfação dos próprios associados, consumidores, clientes, revendedores etc.

---

uma empresa, Serlac Trading, em conjunto com algumas marcas famosas, como a Embaré (MG), Itambé (MG), Ilpisa (AL) e a Cooperativa Central de São Paulo (CCL) *(Valor Econômico,* 9-9-2001). Decisões estratégicas como estas também foram adotadas pelas cooperativas agroindustriais e/ou agropecuárias do Rio Grande do Sul, dirigidas pela Federação das Cooperativas do Rio Grande do Sul (Fecoagro) *(Valor Econômico,* 30-1-2001).

Observe também o caso da maior cooperativa de leite do Brasil, a Central Leite Nilza, resultado das fusões entre a Cooperativa Nacional Agroindustrial (Coonai), de Ribeirão Preto, no estado de São Paulo, com a Cooperativa Agroindustrial do Sudeste Mineiro (Casmil), da cidade de Passos, e a Coopercarmo, da cidade de Carmo do Rio Claro, ambas sediadas no estado de Minas Gerais *(Valor Econômico,* 3-9-2001).

Evolução das atividades de marketing nas cooperativas

Nem toda cooperativa pode ter uma estrutura de marketing completa, ou seja, funções especializadas de vendas, pesquisa de marketing, propaganda e promoção de vendas, planejamento de marketing, desenvolvimento de novos produtos ou serviços, atendimento ao cliente, logística de mercado e relações públicas.

Primeiro, porque a cooperativa, se for pequena, terá no máximo um setor ou departamento de vendas, responsável pela comercialização com seus associados e terceiros. O mesmo se pode dizer com relação às compras de matérias-primas, equipamentos etc. no mercado externo. Segundo, porque a direção do CA, seja por falta de conhecimento ou de tempo, às vezes dá pouca importância à especialização das funções mercadológicas, considerando como atividade de marketing o simples ato de vender um produto ou serviço qualquer.

As cooperativas brasileiras que contam com uma estrutura de marketing completa geralmente atuam em setores altamente competitivos ou de exportação. São as grandes cooperativas que operam com soja, cana, café, laticínios, avicultura e suinocultura nas regiões Sudeste e Sul, as cooperativas de consumo ou crédito vinculadas a conglomerados industriais (automóveis, confecções etc.) e também as cooperativas de trabalho médico. Estas normalmente contratam ou uma equipe de profissionais para estruturar um órgão de marketing ou os serviços de agências especializadas.

A seguir apresentamos os diversos estágios das atividades de marketing nas cooperativas e sua evolução organizacional.

Estágio 1: centralização das atividades de compras e vendas na direção do CA

Nesse estágio a cooperativa é pequena, tendo de 20 a 50 associados no máximo. Normalmente o sócio eleito para o cargo de diretor do CA assume as atividades comerciais, tanto internas, com os associados, quanto externas, com consumidores, revendedores, contratantes de serviços etc. Além disso, cuida das compras externas (bens de produção, matérias-primas, material de escritório etc.).

A cooperativa não faz uma pesquisa de marketing de forma planejada e sistemática, seja para encontrar um segmento de mercado onde possa atuar, seja para conhecer as necessidades, preferências, percepções ou grau de satisfação de sua clientela interna e externa.

O organograma da figura 26 mostra a estrutura de marketing no estágio 1, com a centralização das atividades de compras e vendas na direção do CA.

Organização e evolução da estrutura de marketing   289

Figura 26
Atividades de compras e vendas sob a direção do CA

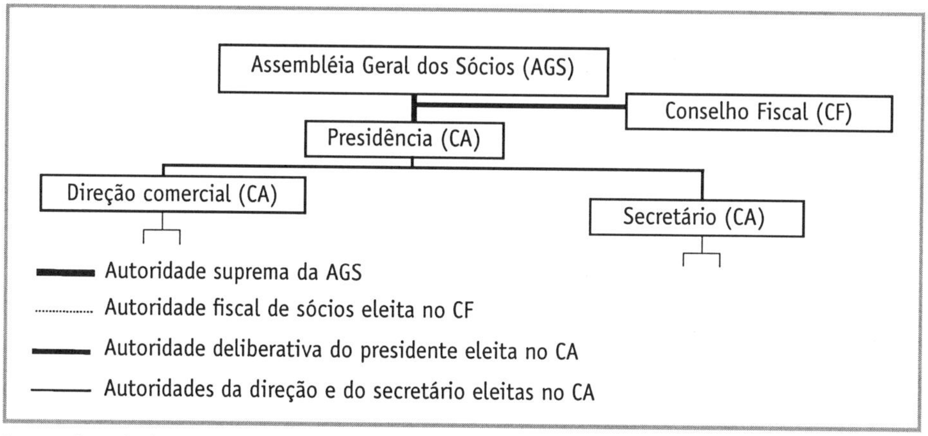

Assembléia Geral dos Sócios (AGS)

Conselho Fiscal (CF)

Presidência (CA)

Direção comercial (CA)

Secretário (CA)

━━━ Autoridade suprema da AGS
┈┈┈ Autoridade fiscal de sócios eleita no CF
━━━ Autoridade deliberativa do presidente eleita no CA
──── Autoridades da direção e do secretário eleitas no CA

Fonte: adaptado de Crúzio (2002).

Estágio 2: constituição do quadro funcional de especialistas em marketing sob a direção do CA

À medida que aumenta o número de associados da cooperativa, aumentam também suas operações produtivas e comerciais e, conseqüentemente, as atividades relacionadas ao marketing, tais como vendas de campo, atendimento ao cliente, gerenciamento de produtos ou serviços etc. Isso leva a direção do CA a contratar técnicos ou especialistas, sob sua direção, para prestar apoio operacional e administrativo, como se pode ver no organograma da figura 27.

Exemplo

Suponhamos uma cooperativa de produtores de caju e derivados cujo objetivo comercial seja propiciar a seus associados os meios materiais para o processamento da castanha e sua venda diretamente no mercado.

A direção do CA contrata um especialista para a *função de pesquisa de marketing* (FPM) e outro para a *função de desenvolvimento de novos produtos* (FDP), com as atribuições a seguir:

FPM:

❏ desenvolver e supervisionar pesquisas de mercado para novos produtos derivados do caju;

❏ identificar novos mercados para esses produtos;

continua

- controlar os resultados das pesquisas e apresentar relatórios conclusivos à direção do CA;
- outras atividades afins.

FDP:

- propor à direção comercial do CA objetivos e metas de vendas, conforme a demanda de novos produtos derivados do caju;
- formular estratégias de marketing e planos de vendas para esses produtos;
- outras atividades afins.[217]

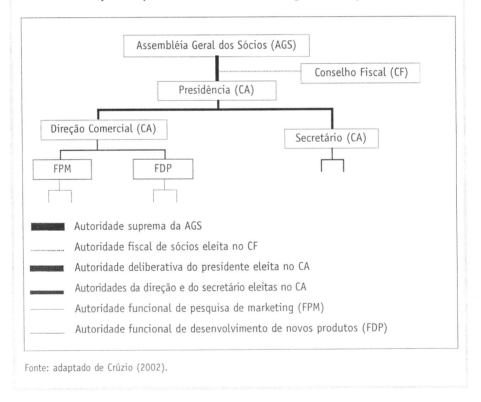

Figura 27
As funções especializadas de marketing sob direção do CA

Fonte: adaptado de Crúzio (2002).

---

[217] Sobre os critérios para criar funções, cargos e órgãos, determinar a autoridade e responsabilidade, estabelecer os fluxos das comunicações etc., ver Crúzio, 2002.

Estágio 3: a estruturação do departamento de marketing por função, sob responsabilidade do profissional de marketing

A estruturação por função é a divisão do trabalho por áreas de maior importância, como se pode ver no organograma da figura 28.

Exemplo

Voltando ao caso da cooperativa de produtores de caju e derivados, a contínua expansão de suas atividades e mercados (beneficiamento da castanha, processamento de sucos naturais, extração do bagaço para ração, pastas ou gomas diversas etc.) pode exigir investimentos adicionais em *pesquisa de marketing, desenvolvimento de novos produtos, propaganda e promoção de vendas* e *atendimento sistemático aos clientes.*

Assim, torna-se necessário contratar profissionais especializados tanto para a área de marketing, quanto para a área administrativa de apoio, ou seja, respaldo funcional para a seleção, treinamento, admissão, desenvolvimento e fixação de profissionais nas novas funções em marketing da cooperativa.

A direção do CA pode solicitar aos especialistas em administração de cooperativas a estruturação das seguintes funções: a *gerência de marketing* (GMK) e a *gerência administrativa* (GAD), ambas sob responsabilidade da diretoria comercial do CA. Como mostra o organograma da figura 28, as funções de pesquisa de marketing (FPM), desenvolvimento de novos produtos (FDP) e vendas externas (FVE) ficam sob responsabilidade da GMK, enquanto as funções de comercialização interna (FCI) e de relações trabalhistas (FRT) ficam sob responsabilidade da GAD.

Compete à gerência de marketing:

□ desenvolver estratégias de longo prazo para os produtos derivados do caju;

□ elaborar planos anuais de marketing e previsões anuais de vendas;

□ desenvolver a propaganda e campanhas mercadológicas;

□ compor a força de vendas e selecionar os canais de distribuição de terceiros;

□ reunir informações sobre o desempenho da produção de caju e derivados, o comportamento dos clientes e intermediários, e problemas e novas oportunidades de mercado;

□ aprimorar os atributos dos derivados de caju, visando atender a mercados locais ou internacionais mais exigentes;

□ coordenar as atividades de marketing e outras atividades afins.

continua

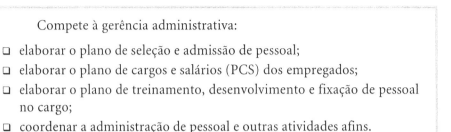

Compete à gerência administrativa:

- elaborar o plano de seleção e admissão de pessoal;
- elaborar o plano de cargos e salários (PCS) dos empregados;
- elaborar o plano de treinamento, desenvolvimento e fixação de pessoal no cargo;
- coordenar a administração de pessoal e outras atividades afins.

Figura 28
A função especializada de marketing sob gerência de profissional da área de marketing

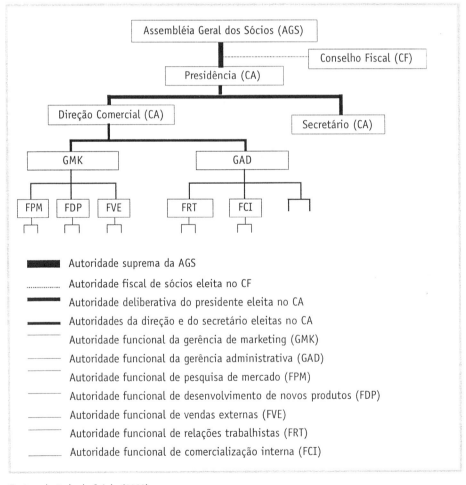

Fonte: adaptado de Crúzio (2002).

Organização e evolução da estrutura de marketing   293

A estruturação do departamento de marketing por funções pode trazer algumas vantagens para as cooperativas: agrupar subfunções técnicas de marketing sob a responsabilidade de um especialista; atualizar e utilizar ao máximo a competência técnica dos profissionais de marketing.

Mas também há desvantagens: perder a eficácia funcional à medida que os produtos e mercados se diversificam; engessar o planejamento com relação a novos produtos e mercados específicos; criar conflitos entre grupos funcionais distintos (competição orçamentária ou de *status*).

Estágio 4: a estruturação do departamento de marketing por produto

A cooperativa que produz uma linha de produtos variados pode estruturar seu departamento de marketing por produtos, como se pode ver no organograma da figura 29.

Exemplo

Suponhamos uma cooperativa de produtores agropecuários cujo objetivo seja comercializar o leite *in natura* de produção orgânica de seus associados e beneficiar e vender diretamente no mercado leite C (1), leite longa vida (2), manteiga (3) e iogurte (4).

A direção do CA pode solicitar aos especialistas em administração de cooperativas a estruturação do departamento de marketing conforme as especificidades dos processos produtivos, como mão-de-obra, maquinário, conservação e distribuição (*a*), força de venda (*b*), mídia (*c*) e orçamento (*d*). Assim, as particularidades dos produtos e processos seriam agrupadas por divisão de produtos, todas elas sob responsabilidade da gerência de marketing.

O organograma da figura 29 mostra a estruturação do departamento de marketing por divisão de produtos (1), (2), (3), (4), em função das especificidades de processos administrativos e industriais (*a*), (*b*), (*c*) e (*d*).

A estruturação do departamento de marketing por produtos pode trazer vantagens para as cooperativas: concentrar esforços administrativos e reduzir custos, no que se refere ao desenvolvimento do *mix* de marketing para um produto específico; reagir mais prontamente às mudanças no mercado ou no consumo; incrementar itens menos importantes da linha de produtos.

Mas pode haver algumas desvantagens: restringir a capacidade do profissional a um único produto; fragmentar o propósito global da cooperativa em subgrupos de interesses concentrados em determinados produtos; aumentar os gastos com pessoal, devido à especialização por produto.

Figura 29
Estruturação do departamento de marketing por produtos

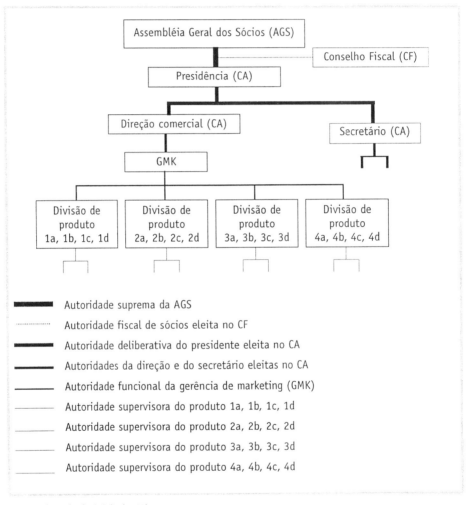

Fonte: adaptado de Crúzio (2002).

Estágio 5: a estruturação do departamento de marketing por localização geográfica

A cooperativa que opera em mercados dispersos pode estruturar seu departamento de marketing por localização geográfica, como se pode ver no organograma da figura 30.

Organização e evolução da estrutura de marketing 295

Figura 30
Estruturação do departamento de marketing por localização geográfica

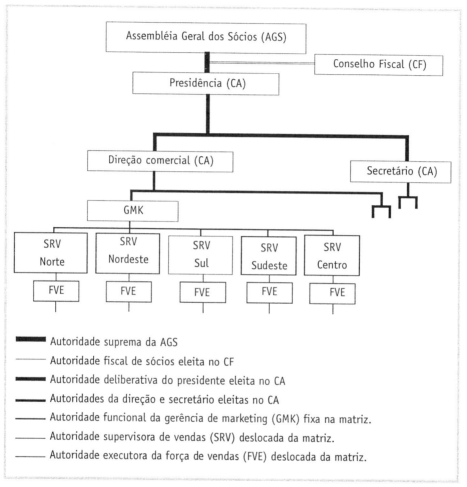

Fonte: adaptado de Crúzio (2002).

Exemplo

Tomando novamente o caso da cooperativa de produtores de caju, suponhamos que seu objetivo comercial seja comprar de seus associados caju e derivados nos municípios X, Y e Z, e vender o produto industrializado nos mercados das regiões Nordeste, Sul, Sudeste, Centro-Oeste e Norte, bem como nos mercados europeu e norte-americano.

continua

A direção do CA pode solicitar aos especialistas a estruturação de uma força de vendas da cooperativa para o mercado doméstico, sob responsabilidade da gerência de marketing, e, no mercado internacional, usar canais de distribuição de terceiros especializados na exportação de produtos de origem tropical, como mostrado no organograma da figura 30.

A gerência de marketing ficaria encarregada da coordenação de cinco *supervisores regionais de vendas* (SRV), que circulariam, respectivamente, pelas regiões Nordeste, Sul, Sudeste, Centro-Oeste e Norte. Esses supervisores, por sua vez, seriam responsáveis por uma *força de vendas* (FVE) de no máximo 10 vendedores, conforme o potencial de vendas de cada região.

Caberia à gerência de marketing:

- incentivar os supervisores de vendas e também os canais intermediários estabelecendo cotas de vendas de caju e derivados;
- levantar dados estatísticos sobre as vendas nos mercados doméstico e internacional e compará-los com as metas de vendas preestabelecidas;
- elaborar relatório mensal de vendas, comparando os resultados estimados com aqueles efetivamente alcançados, e submetê-lo à direção comercial do CA;
- identificar novas oportunidades nos mercados doméstico e internacional;
- outras atribuições afins.

Caberia aos supervisores regionais de vendas:

- estipular a carga de trabalho dos vendedores;
- atribuir cotas de vendas;
- avaliar o desempenho de cada vendedor e repassar as bonificações;
- elaborar planilhas de vendas mensais e submetê-las à gerência de marketing.

As atribuições da força de vendas seriam:

- procurar satisfazer às necessidades de compra da clientela em cada distrito de vendas;
- contatar novos clientes;
- elaborar a ficha de vendas quinzenal e submetê-la à supervisão regional de vendas;
- outras atribuições afins.

A estruturação do departamento de marketing por localização geográfica pode acarretar algumas vantagens para as cooperativas: definir responsabilidades por cotas de vendas, lucro e desempenho; adequar as cotas de vendas à demanda dos mercados territoriais, regionais ou internacionais; a proximidade com o mercado-alvo possibilita obter mais informações sobre o mesmo.

Por outro lado, existem algumas desvantagens: concentrar esforços administrativos e operacionais num determinado mercado regional em detrimento de outras áreas funcionais importantes da cooperativa; facilitar o desvio do objetivo global da cooperativa, devido à autonomia concedida à força de vendas.

Estágio 6: a estruturação do departamento de marketing por clientela

A cooperativa que atua em mercados variados (consumidores diretos, redes de varejo, atacadistas, restaurantes, lojas especializadas etc.) pode estruturar seu departamento de marketing por clientela, como mostra o organograma da figura 31.

Exemplo

Suponhamos uma cooperativa de avicultores cujo objetivo comercial seja comprar dos associados a sua produção de aves e vendê-la diretamente para consumidores, restaurantes, redes de supermercados, feirantes e indústrias de beneficiamento e também para o mercado exportador.

A direção do CA pode solicitar aos especialistas a estruturação de uma força de vendas própria por clientela. Para tanto proporcionaria aos vendedores treinamento específico e adequaria suas ofertas às exigências de cada tipo de cliente.

O organograma da figura 31 mostra a estruturação da força de vendas por clientela.

A estruturação do departamento de marketing por clientela apresenta as seguintes vantagens para as cooperativas: dar maior atenção a diferentes tipos de clientes, conforme suas necessidades de compras; adequar embalagem, transporte e canais de distribuição conforme o tipo de cliente; resolver problemas de demanda por clientela específica.

Mas também pode ter desvantagens: relegar as demais áreas funcionais da cooperativa, devido à prioridade conferida ao cliente; negligenciar outros objetivos importantes para as finanças da cooperativa, como lucratividade, produtividade e eficiência, por visar sobretudo à satisfação do cliente.

Figura 31

Estruturação do departamento de marketing por clientela

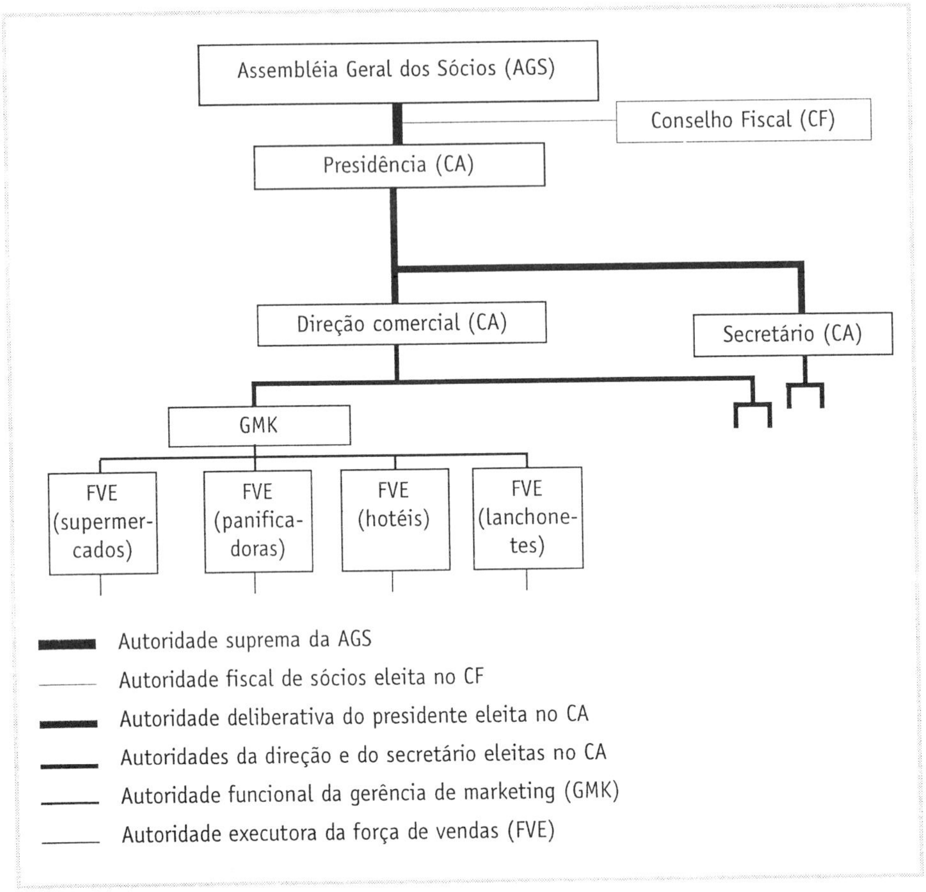

Fonte: adaptado de Crúzio (2002).

Estágio 7: a estruturação do departamento de marketing por projeto

A cooperativa que presta serviços de consultoria nas áreas de administração, contabilidade, informática etc. pode estruturar seu departamento de marketing por projetos, como se pode ver no organograma da figura 32.

Exemplo

Suponhamos uma cooperativa de profissionais consultores cujo objetivo comercial seja agenciar os serviços de seus associados junto a empresas, indústrias, escritórios médicos etc.

A direção do CA pode solicitar aos especialistas em administração de cooperativas a estruturação do departamento de marketing por projetos, conforme a demanda de serviços especializados. Por exemplo, consultores de administração para reengenharia, de direito para auditoria fiscal, de contabilidade para análise de balanço, de informática para implantação de *software*, de engenharia para manutenção de plantas industriais e assim por diante.

A direção do CA designa um especialista para trabalhar numa determinada fase do projeto em questão; tão logo ele encerre suas atividades, designa outro especialista e assim sucessivamente até o término do projeto. O organograma da figura 32 mostra como estabelecer a coordenação dos especialistas em cada fase do projeto.

Eis algumas vantagens da estruturação do departamento de marketing por projetos: criar cronograma para várias atividades especializadas, em diferentes tipos de projetos; adaptar rapidamente a estrutura do departamento de marketing às exigências de cada projeto; agrupar temporariamente diversos especialistas para prestar determinados serviços; facilitar a coordenação de especialistas para cumprir tarefas em projetos diversos; possibilitar um fluxo de trabalho contínuo aos associados, conforme a quantidade de projetos assumidos.

Há também desvantagens: gerar ociosidade de materiais, equipamentos, máquinas, mão-de-obra qualificada etc., nos intervalos entre os projetos; gerar ansiedade entre as pessoas envolvidas num determinado projeto, quando não há perspectiva de novos trabalhos.

300 Marketing social e ético nas cooperativas

Figura 32
Estruturação do departamento de marketing por projetos

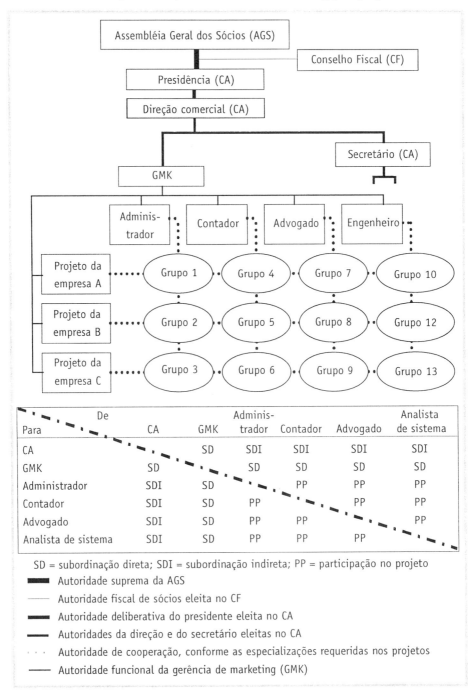

Fonte: Crúzio (2002); Kotler (2000); e Araújo (1991).

Estágio 8: a estruturação da assessoria de marketing sob direção da presidência do CA

À medida que se multiplicam as funções e os cargos na estrutura organizacional, torna-se mais difícil o controle das decisões ou ações da média gerência para baixo. Assim, para evitar possíveis desvios da missão corporativa, é preciso estabelecer funções de assessoria. Diferentemente do cargo de linha, a assessoria não tem poder de mando, e sim autoridade para fiscalizar as decisões ou ações das demais funções da cooperativa. O organograma da figura 33 mostra o posicionamento da assessoria de marketing (AMK), subordinada à autoridade administrativa máxima da presidência do CA.

Figura 33
Estruturação da assessoria de marketing sob a presidência do CA

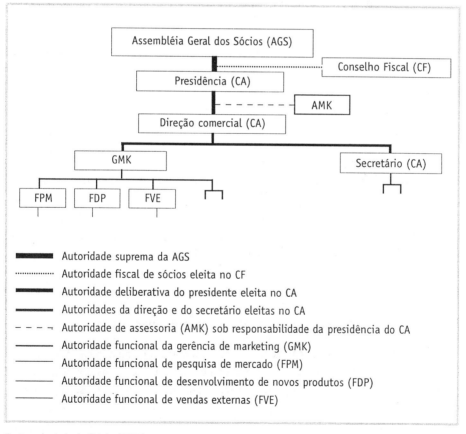

Fonte: adaptado de Crúzio (2002).

Funções especializadas de marketing

Não existe um único modelo de estrutura organizacional de marketing para todas as cooperativas. Tampouco é necessário passar por todos os estágios anteriormente descritos. No entanto, há que adequar tal estrutura aos objetivos de marketing de cada cooperativa, conforme o volume de suas atividades nos mercados-alvo.

Além disso, as cooperativas podem fazer diversas combinações ao estruturar suas funções básicas de produção, finanças, marketing e pessoal.

Exemplo

Suponhamos uma cooperativa de produtores agropecuários cujo objetivo comercial seja comercializar e processar a produção de leite *in natura*, carne bovina e grãos de seus associados, bem como vender-lhes tratores, máquinas, equipamentos, adubos etc.

A direção do CA pode solicitar aos especialistas em administração de cooperativas a estruturação de sua força de vendas combinando território (bacia leiteira A) e produto (implementos agrícolas para o manejo do pasto), território (região da soja) e mercado (grandes produtores) e assim por diante. A vantagem é poder fazer combinações para designar vendedores por linha de produtos em diferentes mercados.

O mesmo vale para a estruturação funcional das áreas de finanças, produção e pessoal. Note-se que o fator determinante dessa estruturação vai depender do negócio principal da cooperativa. Ou seja, se a cooperativa atuar no setor de crédito, o fator determinante de sua estrutura organizacional será a área financeira combinada com a área de marketing. Já numa cooperativa de laticínios, o fator determinante será a área de produção combinada com a área de marketing e assim por diante.

Quadro 50
Funções especializadas na área de marketing

Função geral de marketing: colaborar no desenvolvimento da missão da cooperativa e da estratégia de mercado; analisar os pontos fortes e fracos dos negócios internos e externos; definir objetivos, metas e planos de produtos ou serviços, de distribuição e de qualidade para a implementação de estratégias.

Função de produtos e serviços: propor à direção do CA objetivos e metas de produtos e serviços; formular estratégias e planos de produtos e de serviços; implementar estratégias de marketing e controlar seus resultados; outras atividades afins.

continua

Função de pesquisa de marketing: desenvolver e supervisionar pesquisas de mercado para os diversos públicos-alvo e controlar seus resultados; outras atividades afins.

Função de comunicação de marketing: elaborar planos de promoção seletivos ou de massa; selecionar os meios de comunicação; outras atividades afins.

Função de pessoal: selecionar e treinar o pessoal da área de marketing; formalizar as tarefas e atividades conforme a função de marketing; avaliar o desempenho em conformidade com os objetivos de marketing da cooperativa; outras atividades afins.

Função de inovações: criar novos produtos ou serviços; desenvolver testes de mercado; outras atividades afins.

Função de logística: planejar e administrar sistemas de distribuição dos produtos ou serviços da cooperativa; outras atividades afins.

Função de relações com o cliente: administrar os produtos e/ou serviços, destinados à clientela da cooperativa e outras atividades correlatas à função.

Função de relações com o governo: manter a cooperativa informada a respeito das políticas gerais de preços e controle do governo; outras atividades afins.

Função de relações públicas: comunicar e lidar com os diversos públicos-alvo, visando melhorar a imagem da cooperativa; outras atividades afins.

Função de território de vendas: administrar os produtos, os serviços e os programas da cooperativa, conforme os territórios específicos de atuação; outras atividades afins.

Capítulo 15

Questões básicas sobre o marketing social e ético nas cooperativas

Por último, procuramos resumir aqui as características básicas das *verdadeiras cooperativas*, a fim de que o leitor possa melhor distingui-las das falsas cooperativas.

- ❑ Entende-se por *cooperativa social e ética em marketing* aquela que é capaz de administrar eficientemente o composto de marketing (os "4 pês": produto, preço, ponto-de-venda e promoção) e ao mesmo tempo promover o desenvolvimento social, político e econômico dos associados ou empregados e seus familiares e membros da comunidade local; que prima pela honestidade nas relações de troca internas e externas, e pela eqüidade nas transações financeiras com associados, empregados, fornecedores, consumidores, agentes financeiros, membros da comunidade local e o público em geral; e que procura honrar os estatutos do cooperativismo e as demais leis civis.

- ❑ Entende-se por *cooperativa plenamente perceptiva em marketing* aquela que promove a participação do associado, mediante voto na Assembléia Geral dos Sócios, tanto nas decisões do Conselho de Administração quanto no controle de suas ações pelo Conselho Fiscal, ou seja, que pratica a democracia cooperativista, condição primeira e indispensável para o cumprimento de sua missão social, política e econômica; que procura conhecer periódica e sistematicamente as necessidades, percepções, preferências ou grau de satisfação de seus associados enquanto fornecedores, consumidores de produtos ou serviços e, ao mesmo tempo, donos da cooperativa; e que faz pesquisa de marketing nos mercados-alvo, visando valorizar suas relações de troca com associados e terceiros.

- ❑ Entende-se por *cooperativa proativa em marketing* aquela que zela pelo bem-estar futuro de seus clientes internos e externos, procurando estabelecer com eles um relacionamento duradouro, ou seja, que pratica o marketing *customi-*

zado, em vez do marketing *reativo*, que visa unicamente identificar uma necessidade no mercado para poder satisfazê-la.

☐ Entende-se por *cooperativa corporativa em marketing* aquela que procura compartilhar sua cultura organizacional dentro e fora de seu âmbito operacional; que conclama os associados a cumprirem com suas responsabilidades sociais e éticas; que estreita relações produtivas e comerciais com outras cooperativas singulares ou centrais, federações e confederações de cooperativas de mesmo segmento, dentro e fora do país; e que busca fortalecer o sistema cooperativista brasileiro prestigiando as Organizações Cooperativas Estaduais (OCEs) e a Organização das Cooperativas Brasileiras (OCB).

Referências bibliográficas

Aaker, Jennifer L. Dimensions of brand personality. *Journal of Marketing Research.* Aug. 1997, p. 347-56.

Administrador Profissional. Cooperativas de trabalho crescem a cada dia. São Paulo, *25*(189), mar. 2002. (Órgão informativo dos administradores de São Paulo.)

Agroanalysis. Sem as cooperativas, as perdas do produtor seriam líquidas e certas. Rio de Janeiro, FGV, *20*(9), set. 2000.

_____. Falta marketing. Rio de Janeiro, FGV, *21*(2), fev. 2001a.

_____. Qual a razão da hegemonia, na OCB, das cooperativas agropecuárias? Rio de Janeiro, FGV, *21*(5), maio/jun. 2001b.

_____. Qual será o papel estratégico da ACI, considerando um horizonte de 10 anos? Rio de Janeiro, FGV, *21*(10), out. 2001c.

_____. Novos tempos pedem reestruturação das cooperativas do agronegócio e sua adequação aos problemas do novo mercado. Rio de Janeiro, FGV, *21*(12), dez. 2001d.

ANS (Agência Nacional de Saúde Suplementar). Médicos vão à justiça contra Unimed. *O Estado de S. Paulo,* 29-11-2000.

Ansoff, H. I. Strategies for diversification. *Harvard Business Review,* Sept./Oct. 1957. p. 113-27.

Arruda, M. C. C. de. *Código de ética: um instrumento que adiciona valor.* São Paulo, Negócios, 2002.

Barelli, W. A cooperativa é a empresa do futuro. *Gazeta Mercantil,* 24-9-2002. Opinião.

Benetti, M. D. *Origem e formação do cooperativismo empresarial no Rio Grande do Sul: uma análise de desenvolvimento da Cotrijuí, Cotrisa e Fecotrigo — 1957-1980.* Porto Alegre, FEE, 1982.

Blattberg, R. C. & Neslin, S. A. *Sales promotion; concepts, methods, and strategies.* Upper Saddle River, NJ, Prentice Hall, 1990.

Bonner, Arnold. *British cooperation, the history, principles and organisation of the British co-operative movement.* Manchester, Co-operative Union Ltd./Holyoake House, 1961.

Booms, B. H. & Bitner, M. J. Marketing strategies and organizational structures for service firms. In: Donnelly, J. & George, W. R. (eds.). *Marketing of services.* Chicago, American Marketing Association, 1981. p. 47-51.

Brandt, R. *Ethical theory.* Englewood Cliffs, NJ, Prentice-Hall, 1959.

Bucklin, L. P. *A theory of distribution channel structure.* Berkeley, Institute of Business and Economic Research, University of California, 1966.

Carvalhes, C. Unimed-SP aprova plano de reestruturação. *Folha de S. Paulo,* 19-7-2001. Dinheiro.

Chang, T. & Wildt, A. R. Price, product information, and purchase intention: an empirical study. *Journal of the Academy of Marketing Science,* 1994. p. 16-27.

Cole, G, D. H., *A century of co-operation.* Manchester, Co-operative Union/Holyoak House, 1944.

Coopecred (Cooperativa de Crédito dos Servidores da Polícia Federal). PF descobre fraude em cooperativa de agente. *Jornal do Brasil,* 9-11-2001. Cidade.

Cooper, R. & Kaplan, R. S. Profit priorities from activity-based costing. *Harvard Business Review,* May/June 1991. p. 130-5.

Coopserv. Cooperativas são alternativas para clientes e associados. *Gazeta Mercantil,* 3-7-2002a. Indústria & Comércio.

_____. Sociedade Cooperativa dos Profissionais da Área da Saúde. *Revista Coopserv.* São Paulo, *2*(20), out. 2002b.

Crúzio, H. de O. Problemas organizacionais e administrativos das cooperativas agropecuárias e agroindustriais no estado da Bahia. Minas Gerais, Esal, 1989. (Dissertação de Mestrado.)

_____. O processo organizacional e administrativo nos níveis institucional, organizacional e técnico das cooperativas. *Caderno de Administração Rural.* Minas Gerais, Esal, *2*(2), jul./dez. 1990.

_____. Problemas estruturais e decisórios das cooperativas agroindustriais e agropecuárias no estado de Rondônia. In: XV Encontro da Anpad. Salvador, 1991. (Projeto de Pesquisa IC/CNPq.)

_____. Anomalias de uma organização, estrutura, administração e fiscalização que inviabilizam a comercialização do pequeno produtor na cooperativa. São Paulo, 1993. (Projeto de Pesquisa APQ/CNPq, Eaesp.)

_____. Ideologia e autogestão; contradição do cooperativismo agropecuário/agroindustrial brasileiro: o caso da inversão decisória. São Paulo, FGV/Eaesp, 1994. (Tese de Doutorado.)

_____. Organização e administração de cooperativas: problemas e alternativas. In: XXI Encontro da Anpad. Rio das Pedras, RJ, 1997.

_____. Organização e administração de cooperativas. *Revista de Administração Pública — RAP.* Rio de Janeiro, FGV/Ebap, *33*(2), mar./abr. 1999a.

_____. Por que as cooperativas agropecuárias e agroindustriais brasileiras estão falindo? *Revista de Administração de Empresas – RAE.* São Paulo, Eaesp, *39*(2), abr./jun. 1999b.

_____. *Como organizar e administrar uma cooperativa: uma alternativa para o desemprego.* 3 ed. Rio de Janeiro, FGV, 2002.

Cunningham, M. H. & Ferrel, O. C. Ethical decision-making behavior in marketing research organizations. Kingston, Ontario, School of Business, Queens University, 1999.

Daft, R. L. *Organizational theory and design.* St. Paul, Minn., West Publishing, 1983.

Davis, S. M. Who are we? *Public Relations Journal.* July 1985. p. 13-8.

Dawson, W. H. *Encyclopaedia of the Social Sciences.* New York, MacMillan, 1935. v. III e IV.

DCI — Comércio Indústria & Serviços. Cooperativas disputam mercado de carne de cordeiro em Franca. 25-8-2000. Caderno Comércio.

_____. Unimed São Paulo passa por crise financeira. 28-11-2000. Caderno Dívidas.

_____. As cooperativas agropecuárias e agroindustriais encontram novos nichos de mercado para a avicultura e suínos. 25-2-2002. Caderno Agronegócios.

_____. Central orienta criação de cooperativas de empresas de comércio. 21-5-2002. Caderno Comércio.

_____. Cooperativas de crédito já emprestam R$3,5 milhões. 12-9-2002. Caderno Comércio.

_____. Empregado opta por cooperativa para manter empregabilidade. 29-9-2002. Caderno Comércio.

_____. Cooperativa é a saída para fortalecer o setor. 25-10-2002. Caderno Agronegócios.

_____. Mandioca vira insumo para dar lucro. 30-10-2002. Caderno Agronegócios.

_____. Cooperativa moderniza extrativismo do pequi e elimina o atravessador. 6-12-2002. Caderno Agronegócios.

Diário de S. Paulo. Cooperativa de tradutores. 16-12-2001. Caderno Negócios.

_____. Cooperativas de trabalho. 20-1-2002. Caderno Empregos.

_____. Indústria vai demitir operário cooperado. 3-3-2002. Caderno Trabalho.

_____. Mesmo obrigatório, exame que pode evitar casos de deficiência mental muitas vezes não é realizado nos hospitais. 17-3-2002. Caderno em Foco.

Diário do Grande ABC. Ainda as "coopergatos". 21-5-2001. Caderno Panorama.

_____. Cooperativa faz lixo dar lucro. 30-11-2001. Caderno Economia.

_____. Cooperado questiona obra parada. 30-4-2002. Caderno Economia.

_____. Empresa doa prensas para cooperativas de reciclagem da região. 28-9-2002. Caderno Setecidades.

Diário Popular. Assembléia de médicos da Unimed acaba em baixaria. 26-11-2000. Caderno Economia.

_____. Mais dois lançamentos da Coophreal. 28-12-2000. Caderno Imóveis.

_____. Cooperativa é tema de debate. 8-9-2001. Caderno Trabalho.

Drucker, P. *Management: tasks, responsibilities and practices.* New York, Harper & Row, 1973.

Duarte, L. M. G. *Capitalismo e cooperativismo no RS; o cooperativismo empresarial e a expansão do capitalismo no setor rural do Rio Grande do Sul.* Porto Alegre, Anpocs, 1986. 96p.

Farris P. W. & Reibstein, D. J. How prices, expenditures, and profits are linked. *Harvard Business Review,* Nov./Dec. 1979. p. 173-84.

Fausto, F. TST anuncia combate a falsas cooperativas. *O Estado de S. Paulo*, 10-11-2002. Classificados.

Ferrel, O. C.; Fraedrich, J. & Ferrel, L. *Ética empresarial: dilemas, tomadas de decisões e casos*. Rio de Janeiro, Reichmann & Affonso, 2001.

Fleury, M. T. L. *Cooperativas agrícolas e capitalismo no Brasil*. São Paulo, Global, 1983.

Folha de S. Paulo. Calote levou prejuízo a 83 bancos. 5-3-2000. Caderno Dinheiro.

_____. Contratos de fachada são investigados. 5-7-2000. Caderno Brasil.

_____. Cooperativa torna-se franqueada da Vip. 19-7-2000. Caderno por Conta Própria.

_____. Cooperativa investe R$275 mil na compra de duas franquias de lavanderia. 23-7-2000. Caderno Serviços.

_____. Entenda o esquema. 24-7-2000. Caderno Brasil.

_____. Na delegacia, presidentes de cooperativas do PAS afirmam que falta de verba provocará colapso do sistema. 6-12-2000. Caderno Cotidiano.

_____. Hospitais do antigo PAS estão ociosos. 28-12-2000. Caderno Cotidiano.

_____. Portaria corta jetom de conselheiros do PAS. 13-1-2001. Caderno Cotidiano.

_____. Cooperativas estão reduzindo os juros. 18-6-2001. Caderno Folha Investimento.

_____. Desvios fazem cooperativa do ES virar banco informal. 24-7-2001. Caderno Brasil.

_____. Cooperativa exporta para os EUA e para Europa. 6-1-2002. Caderno Cotidiano.

_____. Boi e búfalo terão carne certificada. 15-1-2002. Caderno Agrofolha.

_____. Empresas confudem conceito de cooperativa. 3-2-2002. Caderno Imóveis.

_____. Camelôs do parque criam cooperativa. 3-2-2002. Caderno Cotidiano.

_____. Para catadores, organização é desafio. 11-2-2002. Caderno Cotidiano.

_____. CPI investigou as cooperativas. 28-4-2002. Caderno Brasil.

Frankena, William K. *Ética*. 3 ed. Rio de Janeiro, Zahar, 1981. 143p.

Gazeta Mercantil. A estrutura de Mondragón. 3-11-1996. Caderno Latino-Americano.

_____. Mondragon traz US$150 mil ao país. 7-6-2000. Caderno Empresas & Carreiras.

_____. Grupo Mondragón investe mais no setor de autopeças. 11-7-2000. Caderno Latino-Americano.

_____. Tecido colorido e papel reciclado. 25-7-2000. Caderno Tecnologia.

_____. Comércio e indústria aderem à cooperativa. 11-10-2000. Caderno Finanças.

_____. Bariri organiza cooperativa de criação de avestruz. 25-11-2000. Caderno Interior Paulista.

_____. Cooperativas vendem para a Europa. 30-1-2001. Caderno Nacional.

_____. Idéias para um sistema cooperativo de crédito. 17-4-2001. Caderno Finanças & Mercado.

_____. Cooperativa de criadores lança patê de escargot. 25 a 31-7-2001. Caderno por Conta Própria.

_____. Nas cooperativas como nas companhias privadas. 31-7-2001. Caderno Empresas & Carreiras.

_____. Cooperativas de trabalho em discussão. 12 a 18-9-2001. Caderno por Conta Própria.

Referências bibliográficas

Gazeta Mercantil. Economia solidária como alternativa. 17-9-2001. Caderno Nacional.

_____. Aspectos jurídicos e contábeis das cooperativas. 31-12-2001. Caderno Legal & Jurisprudência.

_____. Avicultura usa mais aditivos naturais. 14-1-2002. Caderno Finanças & Mercado.

_____. Cooperativa pode dar dinheiro. 5-3-2002. Caderno Finanças & Mercado.

_____. Banco de cooperativa tem um bom retorno. 5-3-2002. Caderno Finanças.

_____. Cooperativa de trabalho ganha força em mercado terceirizado. 30 e 31-3-2002. Caderno Grande São Paulo.

_____. Cotrijuí quer negociar dívida. 2-5-2002. Caderno Agronegócios.

_____. Cooperativas são alternativas para clientes e associados. 3-7-2002. Caderno Indústria & Serviço.

_____. Coopercarga (SC) amplia operações. 23, 24 e 25-8-2002. Caderno Comércio & Serviços.

_____. Cooperativas contra o desemprego. 11-9-2002. Caderno Opinião.

_____. Grupo de jovens forma cooperativa de informática. 30-9-2002. Caderno Iniciativa.

Gazeta Mercantil Latino-Americana. Cooperativas têm cartão de crédito no Mercosul. 18-12-2001. Caderno Fórum de Líderes.

Harrigan, K. R. Strategies for declining industries. *Journal of Business Strategy*, 1980. p. 27.

Heldey, B. Strategy and the business portfolio. *Long Range Planing*, Feb. 1977. p. 12.

Informativo Cooperplus Tatuapé. São Paulo (36), set./out. 2002. p 1.

Jornal da Tarde. Pneu "verde" para salvar floresta. 2-11-2000. Caderno Economia.

_____. Cooperativa e o CDC. 16-3-2002. Caderno Consumo.

Jornal do Brasil. Voluntários optam por cooperativa. 4-2-2001. Caderno Educação & Trabalho.

_____. PF descobre fraude em cooperativa de agente. 9-11-2001. Caderno Cidade.

_____. Unimed/Belém é investigada. 28-12-2001. Caderno Economia.

_____. Cooperativa para financiamento de imóveis. 27-10-2002. Caderno Imóveis.

Jornal do Commercio. Cooperativa leva biquíni brasileiro para Europa. 25-3-2000. Caderno Oportunidades.

Jouvenel, Bertrand de. *Du pouvoir, histore naturelle de sa croissance*. Genève, Constant Bourquin, 1947.

Kapferer, Jean-Noel. *Strategic brand management: new approaches to creating and evaluating brand equity*. London, Kogan Page, 1992.

Kotler, Philip. *Marketing para organizações que não visam o lucro*. São Paulo, Atlas, 1988.

_____. *Administração de marketing: análise, planejamento, implementação e controle*. 4 ed. São Paulo, Atlas, 1994.

_____. *Administração de marketing: edição do novo milênio*. São Paulo. Prentice Hall, 2000.

Krech D.; Crutchfield, R. S. & Ballachey, E. L. *Individual society*. New York, McGraw-Hill, 1962.

Kremer-Marietti, Angèle. *A ética*. São Paulo, Papirus, 1989. 136p.

312 Marketing social e ético nas cooperativas

Lambert, Paul. *La doctrina cooperativa.* 3 ed. Buenos Aires, Intercoop, 1970.

Lars, Marcus. Co-operatives and basic values, a report to the ICA Congress. In: ACI — XXIX Congress. Stockholm, July 1988.

Loureiro, M. R. G. *Cooperativas agrícolas e capitalismo no Brasil.* São Paulo, Cortez, 1981. 155p.

Malvessi, O. L. Criação de valor ao acionista – estudo da experiência de empresas privadas de capital aberto no Brasil, no período 1993 a 1998. São Paulo, FGV/Eaesp, 2001. (Tese de Doutorado.)

McCarthy, E. J. *Basic marketing: a managerial approach.* Homewood, Ill., Richard D. Irwin, 1964.

Melo, R. S. de. Procurador alerta para os riscos das falsas cooperativas. *Jornal do Cremesp* (181), set. 2002

Monte, A. Uma parceria doméstica de muito sucesso. *Revista Livre Mercado, 12*(141), dez. 2001.

MP (Ministério Público). Combate a fraudes na prestação de serviços em Minas. *O Estado de S. Paulo,* 30-7-2002.

Nagle, T. T. & Holden, R. K. *The strategy and tactics of pricing.* 2 ed. Upper Saddle River, NJ, Prentice Hall, 1995.

Nash, Laura L. *Ética nas empresas: boas intenções à parte.* São Paulo, Makron, 1993.

Novaes, J. R. P. Cooperativismo: acumulação e mundo social. In: Loureiro, M. R. G. *Cooperativas agrícolas e capitalismo no Brasil.* São Paulo, Cortez, 1981.

O Estado de S. Paulo. Mulheres unem-se contra o desemprego. 7-3-1999. Caderno Economia.

_____. Justiça desmascara falsas cooperativas. 5-9-1999. Caderno Economia.

_____. Cooperativas ou empresas? Eis a questão! 19-3-2000. Caderno Emprego.

_____. Devedora, escola cooperativa aciona pais de ex-alunos. 5-7-2000. Caderno Geral.

_____. Ministério Público do Trabalho traça perfil das falsas cooperativas. 27-8-2000. Caderno Classificados.

_____. O efeito devastador das falsas cooperativas. 3-9-2000. Caderno Classificados.

_____. Sindicato mobiliza-se contra as "fraudocooperativas". 3-9-2000. Caderno Classificados.

_____. Cooperativa vai comercializar ovinos. 6-9-2000. Caderno Agrícola.

_____. Crescem as cooperativas de crédito. 4-10-2000. Caderno Agrícola.

_____. Desempregados criam cooperativa têxtil em SP. 8-10-2000. Caderno Economia.

_____. Ministério Público aperta o cerco às cooperativas. 8-10-2000. Caderno Classificados.

_____. Minas entra na luta contra cooperativas. 22-10-2000. Caderno Classificados.

_____. Duas cooperativas movimentam toda economia de Serra do Mel. 24-10-2000. Caderno Negócios.

_____. Funcionários fazem campanha na rede do PAS. 26-10-2000. Caderno Especial.

_____. Cooperband paga dívidas e levanta penhora. 5-11-2000. Caderno Economia.

_____. Tomador público torna-se subsidiário do prestador. 12-11-2000. Caderno Classificados.

_____. Trabalhadora denuncia falsas cooperativas. 26-11-2000. Caderno Classificados.

O Estado de S. Paulo. Falso cooperativismo é posto em xeque. 10-12-2000. Caderno Classificados.

_____. Lei mais rigorosa pode englobar falsas cooperativas. 4-2-2001. Caderno Classificados.

_____. Está ficando cada vez mais difícil combater as falsas cooperativas no Brasil. 18-2-2001. Caderno Classificados.

_____. Cooperativa exporta cachaça para Europa. 6-5-2001. Caderno Economia.

_____. Empregados tentam reativar fábrica têxtil. 15-7-2001. Caderno Economia.

_____. Corrupção atrapalha economia, mostra tese. 28-10-2001. Caderno Política.

_____. BNDES quer reduzir taxas do microcrédito. 25-11-2001. Caderno Economia.

_____. Mulheres formam cooperativa de táxi no Rio. 25-11-2001. Caderno Agrícola.

_____. Produtor orgânico do CO pode financiar certificação. 2-1-2002. Caderno Agrícola.

_____. Associações, cooperativas e entidades como a Anpex auxiliam o empresário sobre qual o melhor caminho para vender seu produto no exterior. 3-4-2002. Caderno Economia.

_____. Recomendação da OIT reforça o combate às cooperativas fraudulentas. 14-7-2002. Caderno Classificados — Empregos.

_____. Proposta do TST de combate a pseudocooperativas é acolhida pela OIT. 21-7-2002. Caderno Classificados — Empregos.

_____. As pequenas e médias empresas começam a descobrir as cooperativas de trabalho... 23-7-2002. Caderno Negócios.

_____. TRT reconhece vínculo entre empresa e cooperado em SP. 29-9-2002. Caderno Classificados — Empregos.

_____. O pacto do microcrédito. 26-6-2003. Caderno Economia.

O Globo. Comerciantes vão à falência no Piauí. 10-6-2001. Caderno O País.

_____. Corretores criam cooperativa para vender consórcio. 11-11-2001. Caderno Morar Bem.

_____. Na Uniforja o operário venceu. 7-7-2002. Caderno O País.

_____. Cooperativas, uma opção para empreendedores. 14-7-2002. Caderno Boa Chance.

_____. A fome tem nome e endereço: Acauã no Piauí. 10-11-2002. Caderno O País.

OCB (Organização das Cooperativas Brasileiras). *Legislação cooperativista e resoluções do Conselho Nacional de Cooperativismo*. Distrito Federal, OCB, 1990.

_____. *Manual de orientação para constituição de cooperativas*. 7 ed. Brasília, OCB, 1999.

OIT (Organização Internacional do Trabalho). Recomendação da OIT reforça o combate às cooperativas fraudulentas. *O Estado de S. Paulo*, 14-7-2002.

Pérez, R. G. *Introducción a la ética social*. 2 ed. Madrid, Rialp, 1988. 228p.

Pinto, A. Pazzianoto. *Cooperativa e terceirização de mão-de-obra*. São Paulo. Gênesis, 2000.

Porter, M. E. *Competitive strategy: techniques for analyzing and competitors*. New York, Free Press, 1980.

Preços Agrícolas. Cooperativas dinamarquesas: empreendimentos econômicos. USP/Esalq/Cepea, *14*(167), set./out. 2000.

Prochnow, H. Fusão e incorporação de cooperativas — um estudo de caso. Porto Alegre, PUC-RS, 1978. (Dissertação de Mestrado.)

Rangel, D. TRT reconhece vínculo entre empresa e cooperado que prestava serviços. *O Estado de S. Paulo*, 4-8-2002. Serviços.

Revista Coop. Coop: um jeito especial de ser (224), out. 2002.

Rios, G. Sá L. Cooperativas agrícolas no Nordeste brasileiro e mudança social. Piracicaba, Esalq/USP, 1976. (Dissertação de Mestrado.)

Saad, E. G. *Consolidação das Leis do Trabalho: comentada*. 31 ed. São Paulo, LTr, 1999.

Sanchez, V. A. *Ética*. Rio de Janeiro, Civilização Brasileira, 2000. 302p.

Santos, A. L. dos. Falsas cooperativas fazem intermediação ilegal da mão-de-obra. *Folha de S. Paulo*, 7-4-2002. Dinheiro.

Schneider, J. O. *Democracia — participação e autonomia cooperativa*. São Leopoldo, Unisinos, 1991. 417p.

Schultz, D. E.; Martin, D. & Brown, W. P. *Strategic advertising campaigns*. Chicago, Crain, 1984.

Schröder, G. Estrangeiro vê dificuldade para investir no país. *O Estado de S. Paulo*, 23-2-2002. Negócios.

Singer, P. O futuro da cooperativa de trabalho. *Valor Econômico*, 10-6-2002. p. A11.

Siqueira, J. M. Empresas confundem conceito de cooperativa. *Folha de S. Paulo*, 3-2-2002. Imóveis.

Smircich, L. Concepts of culture and organizational analysis. *Administrative Science Quarterly*. Cornell University, 1983.

Spezi, L. F. Procurador diz que contratação de trabalho é ilegal. *Diário de S. Paulo*, 3-3-2002. Trabalho.

Taylor, Paul W. *Principles of ethics: an introduction to ethics*. 2 ed. Encino, Calif., Dickenson, 1975.

Teixeira, C. P. Cooperativas de profissionais de saúde dos serviços municipais e estaduais no município do Rio de Janeiro e a cooperativa do hospital geral de Nova Iguaçu: abordando as prestadoras. *Revista de Administração Pública — RAP*. Rio de Janeiro, FGV, *36*(1), jan./fev. 2002.

Tibúrcio, J. C. O cooperativismo no fio da navalha. *O Estado de S. Paulo*, 27-5-1993. Caderno Economia.

Tribuna Metalúrgica do ABC. Cooperativismo. 4-9-2002. Capa.

TST (Tribunal Superior do Trabalho). Risco ao contratar cooperativa. *DCI — Comércio Indústria & Serviços*, 9, 10 e 11-11-2002. Legislação.

Valor Econômico. Cooperativas do RS jogam as fichas em marca única. 30-1-2001. Caderno Agronegócios.

_____. Cooperativas de leite unem forças. 3-9-2001. Caderno Agronegócios.

_____. Banco Central aperta o cerco ao dinheiro sujo. 5-10-2001. Caderno Opinião.

_____. Conaprole faz parceria no Brasil. 1-11-2001. Caderno Agronegócios.

_____. A responsabilidade social e as incertezas. 8-1-2002. Empresas & Comunidade.

_____. Ensino de ofícios muda perfil de vila no Maranhão. 21-2-2002. Especial Empresa & Comunidade.

Referências bibliográficas   315

Valor Econômico. Mais espaços para grandes cooperativas. 25-2-2002. Caderno Agronegócios.

_____. Cooperativa é opção de crédito. 4-3-2002. Caderno Pequenas Empresas.

_____. 4-4-2002. Legislação & Trabalho.

_____. Cooperativa expande território e abre supermercados fora do ABC. 8, 9 e 10-3-2002. Caderno Empresas e Serviços.

_____. Cooperativa retoma produção da falida Geral. 18-3-2002. Caderno Pequenas Empresas.

_____. Cooperativas de trabalho pedem maior fiscalização. 4-4-2002. Legislação & Tributos.

_____. GE exclui Brasil dos investimentos. 10, 11 e 12-5-2002. Caderno Brasil.

_____. Podemos constituir uma organização multilateral dos grandes países emergentes. 17, 18 e 19-5-2002. Caderno Brasil.

_____. Enxuta volta ao mercado por meio de cooperativa de funcionários. 2-7-2002. Caderno Empresa.

_____. Novo prazo para aderir ao Recoop. 3-7-2002. Caderno Empresas & Tecnologia.

_____. Cooperativas avançam no vazio do crédito. 6, 7 e 8-9-2002. Caderno Finanças.

_____. Cooperativas do Paraná se unem para exportar 15 mil toneladas de leite. 9-9-2002. Caderno Agronegócios.

_____. Cooperativas se rendem a fusões. 16-9-2002. Caderno Agronegócios.

_____. A cooperativa é a empresa do futuro. 24-9-2002. Caderno Opinião.

_____. Cooperativas buscam novas soluções. 14-10-2002. Caderno Agronegócios.

_____. Leite em pó pode ser saída para cooperativas. 30-10-2002. Caderno Agronegócios.

_____. Governo abre espaço a cooperativas. 2-6-2003. Caderno Econômico.

Velasquez, M. G. *Business ethics concepts and cases.* 4 ed. Upper Saddle River, NJ, Prentice-Hall, 1998.

Zeithaml, A. How consumer evaluation processes differ between goods and services. In: Donnelly & George (eds.). *Marketing of services.* Chicago, American Marketing Association, 1981. p. 186-190.

Zylbersztajn, D. Dificuldades de gerenciamento. *Gazeta Mercantil,* 6-4-1994. p. 1-16.

Apêndice 1

Estudo de caso: cooperativa de trabalho médico

Breve histórico da cooperativa

Segundo declarou em entrevista um dos médicos associados e membro do Conselho Fiscal (CF) de uma cooperativa de trabalho médico sediada na cidade de Conselheiro Lafaiete, no estado de Minas Gerais, essa associação foi fundada em 1980 por iniciativa de 20 médicos e atualmente conta com cerca de 110 associados que atuam em quase todas as especialidades da medicina.

O presidente da cooperativa está no cargo praticamente desde a fundação da associação, após ter sido membro do CF no primeiro ano. Outros dois médicos, membros do Conselho de Administração (CA), estão há 14 anos à frente da Diretoria Administrativa e da Diretoria Financeira, respectivamente. Quanto à Assembléia Geral dos Sócios (AGS), 20 associados, em média, participam das sessões, segundo o entrevistado.

Portanto, pode-se dizer que durante todo esse período não houve nenhuma mudança nos cargos de direção da cooperativa.[218] Essa falta de alternância e o pequeno número de associados que participam das sessões da AGS se refletem na estrutura organizacional da cooperativa, como mostra o organograma da figura. No caso, suprime-se o órgão de poder máximo, a AGS, e também o órgão do CF enquanto instância de poder fiscal e consultivo da AGS.

---

[218] O mesmo ocorreu na maior cooperativa agrícola do Brasil, a Cooperativa Agrícola de Cotia (CAC), e numa cooperativa de trabalho médico da cidade de São Paulo. A primeira acabou por encerrar suas atividades devido ao desgaste nas relações de poder e aos conflitos de interesses, enquanto a segunda teve de passar por uma reestruturação para continuar operando.

Órgãos do Conselho de Administração (CA)

Fonte: cedido pelo entrevistado.

Quanto à estrutura funcional de apoio administrativo, a cooperativa em questão mantém cerca de 60 funcionários. Alguns dos profissionais responsáveis por setores-chave, como finanças, tesouraria e compra e estoque de materiais, estão no cargo há mais ou menos 10 anos.

No que se refere às operações da cooperativa, até junho de 2002, conforme registros de auditoria independente, havia cerca de 18.875 usuários dos serviços médicos, levando-se em conta os planos médicos tanto para pessoa física quanto jurídica. De acordo com a auditoria, alguns planos particulares têm apresentado prejuízo. Por outro lado, a cooperativa tem como ponto forte, no tocante aos resultados financeiros, os planos médicos vinculados às empresas locais.

Atualmente a cooperativa de trabalho médico fatura cerca de R$1,1 milhão por mês e entre R$12 milhões e R$15 milhões por ano. Um médico associado pode perceber cerca de R$10 mil mensais prestando mais de 10 consultas por dia a R$20 cada.

A intervenção fiscal do CF na administração do CA da cooperativa

Em fins de setembro de 2002, um dos membros do CF da cooperativa fez contato com o autor deste livro, a fim de solicitar um parecer sobre o *Relatório sobre a revisão dos controles internos da área financeira e sobre a revisão dos resultados contábeis do período de janeiro de 2001 a junho de 2002*.

Tal relatório, contendo 20 páginas, era resultado de uma auditoria externa feita pela AFS Auditores e Consultores S/C (CRC/MG 6.443) e pelo auditor Gederson da Silva Ferreira (CRC/MG 52.596) como parte da intervenção do CF na contabilidade da cooperativa em questão.[219]

---

[219] No ano de 2000, segundo o conselheiro fiscal entrevistado, o CF aprovara, com ressalvas, o balanço (relatório contábil anual) apresentado pela direção do CA. Em novembro de 2001, o CF convocou uma AGS, a fim de expor e corrigir os equívocos contábeis cometidos pela Diretoria Administrativa do CA.

Estudo de caso: cooperativa de trabalho médico   319

Concluído o parecer, o autor deste livro o enviou ao referido conselheiro fiscal, que por sua vez o apresentou aos demais membros do CF. Em reunião da Assembléia Geral Ordinária (AGO), realizada na cidade de Conselheiro Lafaiete (MG) em 7 de outubro de 2002, após a exposição dos fatos apurados pelos auditores externos, a presidência do CF deu a palavra ao presidente da cooperativa e também aos demais diretores do CA, mas nenhum deles se pronunciou.

A presidência do CF então solicitou ao funcionário da cooperativa responsável pelo sistema operacional de registro das Unidades de Trabalho (UTs)[220] que explicasse aos associados presentes à AGO as falhas apontadas pelos auditores externos no referido sistema, denominado "Topázio".

As explicações do funcionário originaram acaloradas discussões entre os presentes, e acusações que até então eram indiretas se transformaram em incriminações diretas dos possíveis envolvidos ou culpados.

Presente à assembléia na condição de consultor externo convidado, este autor pôde observar que os associados estavam divididos em dois grupos: um deles, aparentemente mais numeroso, sustentava as acusações, enquanto o outro procurava defender o presidente da cooperativa e os diretores do CA.

Atendendo à solicitação da presidência do CF, passei então a expor aos associados presentes à AGO os resultados de meu parecer, conforme segue na íntegra:[221]

São Paulo, 7 de outubro de 2002.

Cooperativa de Conselheiro Lafaiete (MG)
Conselho Fiscal

Prezado(s) senhor(es):

Conforme solicitado, eis as considerações pertinentes ao *Relatório sobre a revisão dos controles internos da área financeira e sobre a revisão dos resultados contábeis do período de janeiro de 2001 a junho de 2002*:

1ª — Emite-se aos dirigentes do Conselho de Administração (CA) apenas um *relatório contábil*, pertinente às operações contábeis passadas. É uma limitação gerencial que impossibilita a presidência do CA de tomar uma decisão de longo prazo, uma vez que carece de relatório financeiro contendo indicadores de desem-

continua

---

[220] A UT é uma medida ou parâmetro para aferir o número de atendimentos/consultas médicas a terceiros.

[221] O CF distribuiu cópias do referido parecer aos associados presentes à AGO.

penho semestrais ou anuais. Por exemplo: quanto expandir a prestação de serviços médicos na área da cardiologia nos próximos cinco anos, com base nos indicadores de desempenho (liquidez, índice de endividamento, capacidade de pagamento etc.) dos últimos cinco anos? Impossibilita também a direção financeira do CA de tomar uma decisão de médio prazo, uma vez que carece de relatórios baseados nos orçamentos. Em outras palavras, a referida direção está impossibilitada de elaborar o seu planejamento financeiro com base no faturamento real: quanto deve pagar e em que condições e quanto tem de recursos disponíveis. E, por fim, impossibilita a direção administrativa do CA de tomar decisões de médio e curto prazos de forma confiável, uma vez que carece de mecanismos contábeis de fluxo de caixa e capital de giro para fazer as previsões de gastos e vendas no mínimo para os três meses seguintes.

2ª — Inexistem mecanismos de controle por centros de custos, conforme as diferentes unidades de serviços da cooperativa. Isso inviabiliza qualquer diagnóstico preciso do desempenho operacional, financeiro ou econômico em áreas específicas, como cardiologia, dermatologia, urologia etc. Em outras palavras, faltam apurações por unidades de custos para verificar os déficits ou lucros diários, mensais ou semestrais e sua influência na economia global da cooperativa, conforme o exercício anual em questão.

3ª — Existem distorções nos cálculos mensais das UTs, o que se reflete nos prejuízos contábeis do exercício em questão.

4ª — Há um certo descuido quanto à provisão para cobrir o PIS e Cofins, o que faz acumular débitos e elevar as despesas do exercício seguinte.

5ª — A falta de mecanismos para quantificar e qualificar (motivos) as perdas geradas por clientes inadimplentes impede a direção administrativa do CA de tomar quaisquer medidas mercadológicas (preços mais atraentes, melhores serviços médicos, promoções etc.) visando recuperar clientes perdidos ou saldar pagamentos atrasados e, assim, manter a cooperativa competitiva no mercado.

6ª — Não se investigam as perdas da Federação das Cooperativas do Estado de Minas Gerais. Em outras palavras, aceitam-se facilmente os prejuízos da Federação, sem procurar conhecer a procedência deles. Ademais, as cooperativas singulares não podem custear prejuízos de suas representações, uma vez que elas são criadas para o exercício da atividade-meio. Com isso a presidência do CA passa a comprometer as sobras líquidas a que fazem jus os associados médicos, conforme o volume de suas operações dentro e fora da cooperativa.

7ª — Faltam mecanismos ou sistemas de controle das ligações telefônicas, principalmente aquelas relativas ao serviço DDD, o que impossibilita averiguar sua real necessidade ou utilidade.

continua

8ª — Há excesso de funcionários para a execução de tarefas que poderiam ser realizadas por mecanismos informatizados. É o caso da folha de pagamento, cujos registros das transações entre o associado e a cooperativa são feitos manualmente. Vale ressalvar que a atual direção do CA investiu na instalação de computadores. No entanto, algumas operações continuam sendo feitas manualmente, ao passo que outras não estão interligadas num verdadeiro processo informatizado, uma vez que cada funcionário desenvolve a sua planilha. Daí o retrabalho, as demoras, a imprecisão dos dados e, conseqüentemente, o serviço malfeito, os elevados custos operacionais e os mesmos encargos trabalhistas vigentes antes da informatização.

9ª — A centralização de certos processos nas mãos de alguns funcionários facilita possíveis ações de risco no que se refere a recursos financeiros e bens da cooperativa. É o caso das diversas etapas do processo de recebimento de recursos de terceiros e pagamentos diversos, sob responsabilidade de um único funcionário e livres de qualquer fiscalização.

10ª — Inexiste um fundo para cobrir eventuais despesas, o que obriga a retirar recursos do movimento financeiro diário e, conseqüentemente, dá margem a possíveis desvios, desfalques etc.

11ª — O livre acesso de estranhos a determinadas áreas, como o setor financeiro, põe em risco a segurança de cheques, numerários e outros documentos confidenciais.

12ª — A retirada de materiais cirúrgicos ou de outra natureza não está sujeita a nenhum tipo de controle, o que impede a direção administrativa do CA de tomar conhecimento de possíveis desfalques.

13ª — Devem-se criar regulamentos para impedir o recolhimento de cheques de terceiros em nome do próprio recebedor, uma vez que tal prática possibilita o desvio de valores para contas pessoais e impede a direção financeira do CA de identificar prováveis desfalques financeiros.

14ª — Inexiste uma seção fiscal independente para verificar a lisura nas atividades da Tesouraria, o que dá margem a possíveis falsificações nos resultados constantes dos relatórios contábeis encaminhados à direção financeira do CA e posteriormente submetidos à Assembléia Geral dos Sócios (AGS).

15ª — Faltam mecanismos formais para regulamentar as compras de materiais cirúrgicos e de outra natureza, o que impossibilita a direção administrativa do CA de controlar as cotações de preços, a quantidade de materiais adquiridos, os pagamentos diversos etc. Em outras palavras, falta à cooperativa uma gestão profissional que lhe permita prestar serviços médicos eficientes e eficazes, saldar seus compromissos financeiros com terceiros e, principalmente, garantir o retorno das sobras líquidas aos seus associados.

continua

16ª — Inexiste uma função com a devida autoridade para decidir sobre a folha de pagamentos e a correspondente responsabilidade por eventuais erros. Isso reflete certa ingenuidade dos associados médicos ao confiarem cegamente numa estrutura administrativa possivelmente viciada devido à longa permanência no poder.

Para resolver os problemas organizacionais e administrativos ora expostos, cumpre fazer uma reforma tanto conjuntural quanto estrutural na cooperativa. Quanto às medidas conjunturais a curto e médio prazos, é preciso apurar mais detalhadamente as falhas operacionais, financeiras e econômicas já parcialmente detectadas neste relatório. No que diz respeito à reforma estrutural, tão logo sejam identificados os problemas conjunturais, seus responsáveis e os setores envolvidos, cumpre iniciar o processo de mudança organizacional global pela reestruturação das funções, cargos e órgãos ora existentes, atribuindo-lhes formalmente novos direitos (poderes) e deveres (responsabilidades) conforme as seguintes instâncias: o poder operacional dos funcionários; o poder executor da média gerência, chefia e supervisão; o poder deliberativo das diretorias administrativa e financeira do CA; e o poder institucional, isto é, o papel dos associados (donos da cooperativa) nas AGS.

Para tanto será necessário remanejar pessoas, ajustar os procedimentos administrativos, formalizar critérios de desempenho operacional, financeiro e econômico, tudo isso levando em conta os compromissos comerciais da cooperativa com seus mercados interno (associados) e externo (clientes), bem como o volume da oferta de serviços médicos em função da demanda existente (pesquisa de mercado).

Estudos mostram que em casos similares ao da cooperativa em questão, onde o Conselho de Administração se encontra sob uma mesma direção há cerca de 22 anos, é muito difícil implantar tais reformas devido ao espírito corporativo já estabelecido. Em outras palavras, para manter seus interesses, em detrimento da associação, certos grupos tendem a resistir à mudança.

Portanto, sugere-se à Assembléia Geral dos Sócios, sob consulta do Conselho Fiscal, promover amplas reformas tanto nos cargos da média gerência para baixo quanto nos cargos do Conselho de Administração. Convém igualmente rever o estatuto social da cooperativa à luz das reais necessidades e interesses de seus associados, das novas demandas organizacionais e administrativas internas, e do conjunto de forças atuantes nos seus mercados externos, uma vez que isso permitirá à cooperativa:

a) reduzir gastos com retrabalho e auditorias externas mediante a adoção de controles padronizados e mecanizados para folha de pagamentos, compra e liberação de material médico, pagamentos ou recebimentos diversos etc.;

b) garantir aos associados a lisura ou transparência desses controles;

continua

Estudo de caso: cooperativa de trabalho médico   323

c) descentralizar procedimentos administrativos que são vitais para a segurança financeira e econômica da cooperativa;

d) implantar sistemas de informações gerenciais para a elaboração de relatórios que forneçam subsídios às decisões tomadas no âmbito do CA, do CF e, principalmente, da AGS, tendo em vista o planejamento de longo prazo das atividades da cooperativa conforme a demanda de mercado e a capacidade de atendimento;

e) evitar que a AGS seja um fórum para simples aprovação de relatórios contábeis, sem conhecimento de seu conteúdo.

Estudos sobre o desempenho organizacional e administrativo das cooperativas agropecuárias e agroindustriais brasileiras constataram problemas semelhantes aos que foram aqui apontados. Ou seja, a longa permanência de determinados sócios na direção do CA ou nos cargos do CF e também a falta de transparência nas operações financeiras dessas cooperativas acabaram por levar várias delas à falência.

Vale alertar esta AGS que em toda cooperativa que não tiver em sua razão social acrescida a designação Ltda. serão os associados responsáveis pelos débitos com fornecedores, bancos etc., podendo haver, em alguns casos, até a penhora dos bens de cada um. Assim aconteceu com a Cooperativa Agropecuária Mista de Canarana, no estado de Mato Grosso, cujos associados tiveram de vender suas terras por qualquer preço para saldar suas dívidas internas. Por tudo isso deve o associado ter em mente que, além de usuário dos serviços prestados pela cooperativa, ele é prestador de serviços a terceiros por meio dela e, acima de tudo, o próprio gestor de suas operações internas e externas, responsável pelo controle das contas financeiras mediante participação nas reuniões da AGS.

Nem tudo está perdido no caso desta cooperativa, uma vez que os membros do atual Conselho Fiscal estão exercendo o seu papel, conforme determina o estatuto social da associação. Poucas são as cooperativas que têm autonomia institucional para tomar tal atitude, pois, como mostram as pesquisas, os conselheiros fiscais, quando não fazem parte do grupo que está no poder, geralmente são cooptados de alguma maneira pelo Conselho de Administração.

Durante a minha exposição, apartearam-me para indagar se eu tinha alguma prova dos fatos mencionados em meu parecer, ao que respondi afirmando estar o mesmo fundamentado nos resultados de auditoria externa independente e devidamente credenciada nos órgãos que fiscalizam tal atividade (CRC/MG).

Finda a apresentação do parecer, antes mesmo que alguém fizesse algum pronunciamento, um dos presentes pediu a palavra, apresentando-se como assessor jurídico da Federação das Cooperativas de Trabalho Médico do Estado de Minas Gerais. Após elogiar os conselheiros fiscais pelo cumprimento de sua função, bem como os resultados da auditoria externa e o parecer por mim apresentado, disse o referido assessor jurídico que a atual presidência do CA da cooperativa está ciente dos problemas apontados e que tomará todas as providências para solucioná-los o mais rápido possível, visando preservar a marca da Federação de Cooperativas de Trabalho Médico do Estado de Minas Gerais, pertencente ao sistema de cooperativas de trabalho médico do Brasil.

Note-se que os fatos aqui expostos foram registrados na ata da AGO da cooperativa de trabalho médico de Conselheiro Lafaiete (MG) realizada em 7-10-2002. Vale igualmente destacar que o conselheiro fiscal que me solicitara o parecer tomou todas as precauções para que a minha exposição fosse o elemento surpresa na AGO. Isso porque, segundo ele, nas sessões da AGO e da AGE da cooperativa em questão, o grupo ligado à direção do CA sempre encontra um meio de abafar as queixas e insatisfações, de modo que tudo continua como antes. Assim, nas palavras do conselheiro fiscal, a direção do CA costuma trazer às AGSs fatos já consumados no tocante a decisões que envolvem os interesses de todos os associados, em vez de democraticamente discuti-las e aprová-las por maioria na AGS.[222]

Por fim, cabe informar que, segundo informou o referido conselheiro fiscal, provavelmente haverá uma intervenção jurídica externa, com a abertura de processo civil criminal, conforme a Lei nº 5.764/71, a pedido de alguns associados inconformados com as irregularidades apontadas na atual administração do CA da cooperativa em questão.

---

[222] Como parte das mudanças, a partir de julho de 2002 o CF passou a enviar aos associados médicos, confidencialmente, resumos das análises dos balancetes, a fim de que eles pudessem inteirar-se do que ocorre nas contas da cooperativa.

Apêndice 2

Informações básicas sobre a organização e administração das cooperativas de crédito

Quanto à institucionalização e regulação das cooperativas de crédito

- As cooperativas de crédito são formadas por poupadores ou tomadores de recursos financeiros e têm por objetivo a obtenção de crédito para seus associados, em condições de juros, prazos etc. melhores do que as oferecidas pelo mercado.
- O Conselho Monetário Nacional (CMN) é o órgão instituidor das leis e normas que regulam as cooperativas de crédito, enquanto o Banco Central (BC) fiscaliza suas operações.
- As cooperativas de crédito devem seguir as leis nos 4.595, de 1964, que regula as instituições financeiras, e 5.764, de 1971, que define a política nacional das sociedades cooperativas, e as resoluções nos 2.771, de 2000, e 3.058, de 2002, que disciplinam a constituição e o funcionamento dessas instituições.

Quanto à estruturação organizacional das cooperativas de crédito

- O Banco do Sistema de Crédito Cooperativo (Bansicredi), sediado em Porto Alegre, e o Banco Cooperativo do Brasil (Bancoob), sediado no Distrito Federal, denominados bancos cooperativos comerciais e múltiplos, são responsáveis pelas operações de liquidação financeira e pela compensação das cooperativas centrais de crédito e das cooperativas singulares de crédito filiadas.
- O Bansicredi e o Bancoob ofertam carteiras financeira, imobiliária e mercantil às cooperativas centrais de crédito e estas, por sua vez, as viabilizam às coope-

rativas singulares de crédito filiadas. Esses bancos ofertam também aos associados a carteira do *leasing*, para a aquisição de veículos, máquinas e equipamentos, e viabilizam o acesso às linhas de crédito do BNDES e para desconto de recebíveis.

❑ As cooperativas singulares de crédito, quando filiadas a uma cooperativa central de crédito, são constituídas por empregados de diversos segmentos da economia.

❑ As cooperativas centrais de crédito fiscalizam as operações das cooperativas singulares de crédito filiadas, assim como resolvem eventuais problemas de liquidez.

❑ Nas cooperativas de crédito os associados podem contratar profissionais para dar conta das tarefas, atividades ou funções especializadas, no tocante às operações financeiras internas ou externas. No entanto, devem participar ativamente, tanto da administração quanto da fiscalização de suas operações financeiras, elegendo de forma consciente, nas assembléias gerais dos sócios (AGS), seus dirigentes do Conselho de Administração (CA) e fiscais do Conselho Fiscal (CF).

Quanto à formação do capital social das cooperativas de crédito

❑ O capital mínimo para constituir uma cooperativa singular de crédito isolada de uma cooperativa central é de R$4,3 mil. Após dois anos, a cooperativa singular de crédito terá de apresentar um patrimônio de pelo menos R$43 mil e, após quatro anos, de R$86 mil.

❑ O capital mínimo para constituir uma cooperativa singular de crédito filiada a uma cooperativa central é de R$3 mil. Após dois anos, a cooperativa singular terá de apresentar um patrimônio de R$30 mil e, após cinco anos, de R$50 mil.

❑ O capital mínimo para constituir uma cooperativa central de crédito é de R$60 mil.

❑ O capital social mínimo para criar um banco cooperativo comercial ou múltiplo, do tipo Bansicredi ou Bancoob, varia de R$17 milhões a R$30 milhões.

Quanto às obrigações legais das cooperativas de crédito

❑ Tanto as cooperativas singulares de crédito quanto as centrais obrigam-se a dar informações sobre suas operações para a central de risco do BC.

❑ As cooperativas singulares de crédito são obrigadas a recolher parte das sobras líquidas de patrimônio para provisão preventiva.

❑ Se uma cooperativa singular de crédito fracassar financeira ou economicamente, tanto os associados quanto as demais cooperativas singulares de crédito filiadas ao Bancoob ou Bansicredi terão de arcar com os prejuízos.

Quanto às vantagens econômicas das cooperativas de crédito em relação aos bancos comuns

- ❑ Nos bancos comuns o lucro vai para um pequeno grupo de acionistas, enquanto nas cooperativas de crédito todos os associados participam dos ganhos ou prejuízos, conforme o investimento de cada um.
- ❑ Nas cooperativas de crédito não há cobrança de taxas para incluir o associado em cadastro, enquanto nos bancos comuns, além das tarifas de abertura de cadastro, há incidência de IOF.
- ❑ Nas cooperativas de crédito a análise e liberação de crédito ocorrem em menor tempo, uma vez que o tomador do financiamento é membro da própria cooperativa.
- ❑ Nas cooperativas de crédito existe menor risco de inadimplência, uma vez que o crédito é concedido sobre a folha de pagamento.
- ❑ As cooperativas de crédito podem receber doações de terceiros ou financiamentos dos governos municipal, estadual e federal. No entanto, não podem perder de vista que seu objetivo funcional é gerar renda para os associados, mediante a poupança produzida pelos recursos dos próprios associados, como ocorre nas cooperativas de crédito de mesma categoria funcional e nas cooperativas de crédito mantidas pelas cooperativas agrícolas, entre outras categorias ou segmentações.
- ❑ Nas cooperativas de crédito o *spread* (diferença entre o custo de captação e a taxa cobrada no empréstimo) é de apenas 1% ao mês, contra 2,66% nos bancos tradicionais.
- ❑ As cooperativas de crédito podem funcionar com custos menores que os dos bancos tradicionais, porque não têm muitas agências, empregando em média cerca de 20 funcionários.
- ❑ O associado pode tomar empréstimo correspondente a quatro vezes o valor de seu capital (em cotas-parte), pagando somente 1% de juros ao mês, mais TR.
- ❑ Em média, as taxas de juros são 20% inferiores às dos mesmos produtos ofertados pelos bancos comuns.
- ❑ O máximo que se paga de juros por empréstimo pessoal ou cheque especial nas cooperativas de crédito é 2,9 a 3,5% ao mês.
- ❑ Nas cooperativas de crédito não há incidência de imposto sobre operação financeira (IOF).
- ❑ Nas cooperativas de crédito o ato cooperado (transação financeira realizada entre a cooperativa e o associado) é isento de imposto de renda.
- ❑ As cooperativas de crédito estão desobrigadas do recolhimento dos compulsórios sobre os depósitos à vista e a prazo.
- ❑ As cooperativas de crédito podem abrir o capital, desde que 51% das ações continuem controladas pelas cooperativas centrais de crédito.

Quanto aos procedimentos para formar uma cooperativa de crédito

❑ As cooperativas de crédito podem ser constituídas por trabalhadores de mesma categoria funcional ou de categorias diversas. Se a cooperativa de crédito pretendida for restrita a uma única categoria funcional, reúne-se um grupo de no mínimo 20 cotistas funcionários de determinada empresa, mediante a anuência desta. Neste caso, os funcionários podem contribuir com cerca de 1 a 2% do salário bruto, sob a forma de desconto autorizado na folha de pagamento. A cooperativa também pode ser constituída por um grupo de 20 pessoas jurídicas que desenvolvam atividades idênticas ou estritamente correlacionadas. Já se a cooperativa de crédito pretendida for de livre associação (ingresso de qualquer pessoa física ou jurídica), não será exigido nenhum tipo de vínculo entre os cooperados, a não ser o requisito da delimitação geográfica.

❑ Tanto as cooperativas de crédito constituídas por funcionários de mesma categoria quanto as de trabalhadores diversos precisam eleger uma comissão de associados para redigir o estatuto social da cooperativa. Nesse momento, é fundamental que todos os associados participem, a fim de conhecer seus direitos e deveres na associação, as normas estatutárias e outros requisitos institucionais. Os novos associados, admitidos após a constituição da cooperativa, também devem conhecer seus direitos e deveres.[223]

❑ Em seguida, devem reunir a AGS para aprovar o estatuto social e eleger os membros do CA e do CF.

❑ Depois lavra-se a ata de constituição da cooperativa e a integralização do capital social, conforme os números mínimo e máximo de cotas-parte de cada associado, discutidos e estabelecidos na AGS pelos próprios associados.

Quanto aos procedimentos para formar as novas cooperativas de crédito de livre associação[224]

❑ Todas as *cooperativas de livre associação* terão, obrigatoriamente, de ser vinculadas a alguma cooperativa central.

❑ As centrais deverão ter, no mínimo, três anos de funcionamento e patrimônio de, pelo menos, R$600 mil, se estiverem localizadas nas regiões Sul e Sudeste, R$500 mil, se estiverem no Centro-Oeste, e R$400 mil nas regiões Norte e Nordeste.

---

[223] Sobre a organização e administração de cooperativas, ver Crúzio (2000).

[224] Últimas resoluções do CMN quanto à constituição das *cooperativas de crédito de livre associação* (*O Estado de S. Paulo*, 26-6-2003).

Informações básicas sobre a organização e administração das cooperativas de crédito

- ❑ O capital mínimo exigido para a criação de uma *cooperativa de livre associação* varia de acordo com o porte da cidade em que ela será instalada. Por exemplo, nos municípios com até 100 mil habitantes, o capital inicial exigido será de R$10 mil, e a cooperativa deverá ter um patrimônio de R$60 mil em dois anos, alcançando R$120 mil em quatro anos.
- ❑ Nas localidades com mais de 100 mil habitantes, será permitida apenas a transformação de cooperativas já existentes em entidades de livre associação. Nesses casos, o capital inicial exigido pelo BC será de R$6 milhões. Essa regra engloba as regiões metropolitanas em torno das capitais. No Norte e Nordeste, esse capital inicial será reduzido à metade.
- ❑ Nenhuma cidade com mais de 750 mil habitantes poderá ter uma *cooperativa de livre associação.*

Sobre o autor

Helnon de Oliveira Crúzio é graduado em administração de empresas pela Escola de Administração de Empresas da Bahia (Eaeb), mestre em administração rural pela Universidade Federal de Lavras (UFLA) e doutor em administração de empresas pela Escola de Administração de Empresas de São Paulo (Eaesp/FGV). Há mais de 15 anos pesquisa, via CNPq e Capes, as cooperativas brasileiras em seus diversos segmentos, produzindo artigos e trabalhos na imprensa especializada. É autor do livro *Como organizar e administrar uma cooperativa* (3ª ed., FGV, 2002). Tem ministrado cursos, palestras e seminários sobre questões organizacionais e administrativas das cooperativas e prestado consultoria para a formação de pequenas cooperativas de artesãos e ofícios e para a avaliação de desempenho organizacional e/ou administrativo de grandes cooperativas. É idealizador e presidente da Cooperativa Especial de Educação, Ofícios e Empreendedorismo Ltda. (Cooesp). E-mail: helnon@gvmail.br.

Esta obra foi produzida nas
oficinas da Imos Gráfica e Editora na
cidade do Rio de Janeiro